绿色税收
国际比较与借鉴

LÜSE SHUISHOU GUOJI BIJIAO YU JIEJIAN

杨向英　◎著

中国财经出版传媒集团

经济科学出版社
Economic Science Press
·北京·

图书在版编目（CIP）数据

绿色税收国际比较与借鉴/杨向英著．－－北京：
经济科学出版社，2023.10
ISBN 978 - 7 - 5218 - 5303 - 2

Ⅰ.①绿…　Ⅱ.①杨…　Ⅲ.①税收管理 - 对比研究 -
世界　Ⅳ.①F811.4

中国国家版本馆 CIP 数据核字（2023）第 201237 号

责任编辑：于　源　陈　晨
责任校对：蒋子明　孙　晨
责任印制：范　艳

绿色税收国际比较与借鉴

杨向英　著

经济科学出版社出版、发行　新华书店经销
社址：北京市海淀区阜成路甲 28 号　邮编：100142
总编部电话：010 - 88191217　发行部电话：010 - 88191522
网址：www. esp. com. cn
电子邮箱：esp@ esp. com. cn
天猫网店：经济科学出版社旗舰店
网址：http://jjkxcbs. tmall. com
北京季蜂印刷有限公司印装
710 × 1000　16 开　17 印张　290000 字
2023 年 10 月第 1 版　2023 年 10 月第 1 次印刷
ISBN 978 - 7 - 5218 - 5303 - 2　定价：68.00 元
（图书出现印装问题，本社负责调换。电话：010 - 88191545）
（版权所有　侵权必究　打击盗版　举报热线：010 - 88191661
QQ：2242791300　营销中心电话：010 - 88191537
电子邮箱：dbts@ esp. com. cn）

► 前　言 ◄

　　随着经济的发展，能源短缺、资源匮乏、环境恶化成为全世界共同面对的问题，各国都在积极寻求切实有效的解决办法。广义的绿色税收是指有利于环境保护、资源利用及生态修复的一切税费措施，通过对微观主体"税收成本"的预设，将其纳入市场体系中，以市场机制引导微观主体的行为，从而达到节约能源、保护资源、减少污染等目的。很多国家的绿色税收从诞生到完善的各个时期都具有鲜明的时代特征，因各自国情的不同而存在差异。

　　本书选取绿色税收发展较早的典型国家，把绿色税收概括为能源类、资源类、环境类三大类，对每一类绿色税收具体税种的税制要素展开了全面、系统的比较研究，在此基础上提出了相应的政策建议。此外参与本书的创作人员还有云南财经大学研究生石成思、田卓、周艰难，教师张艺。全书的内容虽经反复校对和查证，但不足甚至错误亦在所难免，恳请读者批评指正。

　　最后，谨对为本书的撰写做出贡献与帮助的学者、领导和同行表示深深的谢意。同时还要感谢云南财经大学对本书出版的资助。

杨向英

2023 年 9 月

▶ 目 录 ◀

第一章　绿色税收概述[*]

第一节　绿色税收产生和发展

一、国外绿色税收的产生和发展

伴随着经济的高速发展，资源环境逐渐恶化已成为全世界共同面对的问题，而寻求切实有效的解决办法则是世界各国共同的任务。绿色税收的产生源于环境资源问题。由于环境污染具有负向的外部性，市场机制很难对其进行有效调控，而绿色税收是通过对微观主体"税收成本"的预设，将其纳入市场体系中，以市场机制引导微观主体的经营行为，从而达到节能减排、减少污染、保护环境等目的。很多国家的绿色税制从诞生到完善的各个时期都具有鲜明的时代特征，因各自国情的不同而存在差异。

绿色税收理论最早起源于 1920 年庇古提出的"庇古税"，并由此拉开了绿色税收的大幕。根据庇古的理论，在环境领域资源分配不合理的主要原因是由于个人成本和社会成本的不匹配，使得最优化的个人利益导致了整个社会的不优化。所以，解决外部性问题的办法就是政府对经济主体的个人成本进行征税或补助。只有当国家通过各种手段，使个人收益与社会代价相等时，才能实现帕累托优化配置。这种矫正外部性的办法被称作"庇古税"。早期的庇古税主要通过税收的方式将外部费用内化，从而纠正市场价格扭曲现象，但没有深入研究其与财政的关系。其后，不少学者基

于"庇古税"理论,对庇古税作了一系列的扩展研究。1927 年,拉姆齐提出了最佳税率理论,认为"广税基和低税率"的税制要优于"窄税基、高税率"。此后,绿色税收研究从一般理论分析进一步拓展到绿色税收手段及实施效应分析,为绿色税收政策制定及实施奠定了坚实的基础。①

西方国家绿色税收的发展可分为三个阶段。

(一) 起步阶段——20 世纪 50 年代开始

20 世纪 50 年代以后,随着环境保护意识的提高,很多国家的政府开始将税收绿色化并用于环境保护。而 20 世纪 60 年代美国兴起的环境保护运动迅速席卷全国,推动了环境保护立法的发展。在 1969 年,美国出台了《国家环境保护政策法案》。70 年代以后,绿色税收观念被大多数国家所接受并付之于行动。1970 年以后,美国对《清洁空气法》和《清洁水法》进行了修订以适应更高的环保要求。荷兰于 1970 年起,便开始对污水及生活垃圾处理进行收费。1975 年欧洲提出了"污染者负担原则",要求对环境造成污染的人承担治理成本。80 年代初,各国政府相继出台了一系列的收费政策,以鼓励减少排放。其中,在法国,公共水域的排污人必须支付一定的费用,而污水处理厂的建造商则可以得到补贴;而德国的排污者在实施了减排措施之后,会得到政府的资助②。

(二) 发展与成熟阶段——20 世纪 80 年代开始

20 世纪 80 年代以来,西方国家绿色税收制度逐渐走向成熟,各国的税制都从零散的、个别的环境税种走向了一个完整的绿色税制。以德国为代表的国家,通过设立独立的环境税使绿色税收在税制中发挥更大的作用。德国在 1999 年通过了《生态税收改革法》,降低养老保险费并提高能源税。在此期间,绿色税制产生了巨大的变革,其主要体现为将生态理念与世界各国的税制相融合,从而使绿色税制走上了世界税收的舞台。随着时间发展,环境税种类越来越多,征收的范围也越来越广,相关的环保政策条款也在逐步完善。20 世纪 90 年代之后,西方发达国家的绿色税收已经走向完善。③

---

① 王金霞:绿色税收 [M]. 北京:中国环境出版社,2017:9 - 11.
② 王金霞:绿色税收 [M]. 北京:中国环境出版社,2017:12 - 14.
③ 王智烜,陈丽. OECD 环境税近期发展及启示 [J]. 国际税收,2018 (1):30 - 36.

（三）绿化程度进一步加强——21 世纪开始

在迈向零碳社会的过程中，各国的绿色税制改革主要从能源税收及碳税入手。能源税是一种既简便又经济的手段，可以有效地限制气候变化，同时也可以减少因能源污染而带来的健康危害。2020 年 9 月，经济合作与发展组织（OECD）发布的《税收改革政策 2020：OECD 及部分伙伴经济体》指出 2020 年 OECD 成员国实施环境税改革措施的数量增加了，大部分的改革都涉及能源使用税，比如法国，荷兰等。由于 2020 年的能源税上调，对电力消费税的征税也有所增加，一些国家已经调整了汽车登记税和汽车使用税，并对使用绿色燃料的汽车进行了一定的减税，以促进新能源发展。此外，各国政府都出台政策鼓励使用节能汽车等。2021 年起，韩国国土交通部门将推行氢能源燃料卡车的购置补贴[①]。美国、德国也同样大力支持新能源汽车发展，美国在奥巴马政府时期就推出了新能源汽车贷款、购买新能源汽车税款抵扣等优惠措施。而德国政府对购买新能源汽车的补贴一直在持续增加，且不用缴纳车辆税。

碳税改革方面，2005 年，日本推出碳排放交易制度。2008 年，日本开始实行核证减排制度，可以将碳汇和减排等方式产生的碳信用，用于抵消无法避免的碳排放。2012 年，日本实施"全球变暖对策税"，根据二氧化碳排放量，对进口原油和天然气等化石燃料的进口商等征税[②]。在欧洲，碳税也非常受重视。德国实行碳边境税，对生产过程中碳排放量不符合欧盟标准的进口商品征收关税。荷兰政府于 2021 年 1 月 1 日起按照向部分工厂征收二氧化碳税（以下简称"碳税"）。2021 年碳税的税率为每吨 30 欧元，此后每年增加 10.56 欧元[③]。法国政府强制要求行政机构和企业定期提交碳排放报告[④]。

---

① 商务部国际贸易经济合作研究院，中国驻韩国大使馆经济商务处，商务部对外投资和经济合作司. 对外投资合作国别（地区）指南——韩国：2022 年版［EB/OL］.［2023 - 02 - 07］. http：//www. mofcom. gov. cn/dl/gbdqzn/upload/hanguo. pdf.

② 商务部国际贸易经济合作研究院，中国驻日本大使馆经济商务处，商务部对外投资和经济合作司. 对外投资合作国别（地区）指南——日本：2022 年版［EB/OL］.［2023 - 02 - 07］. http：//www. mofcom. gov. cn/dl/gbdqzn/upload/riben. pdf.

③ 商务部国际贸易经济合作研究院，中国驻荷兰大使馆经济商务处，商务部对外投资和经济合作司. 对外投资合作国别（地区）指南——荷兰：2022 年版［EB/OL］.［2023 - 02 - 07］. http：//www. mofcom. gov. cn/dl/gbdqzn/upload/helan. pdf.

④ 商务部国际贸易经济合作研究院，中国驻法国大使馆经济商务处，商务部对外投资和经济合作司. 对外投资合作国别（地区）指南——法国：2022 年版［EB/OL］.［2023 - 02 - 07］. http：//www. mofcom. gov. cn/dl/gbdqzn/upload/faguo. pdf.

纵观各国绿色税制的发展历程，可以发现绿色税制在其构建的过程中，其生态化主要体现在税制要素的变化中。

征收范围方面，绿色税收的征税范围比较宽泛，并且范围也在逐渐扩大。大致分为几个部分：开发利用资源产品、生产后对环境有负面影响的产品、消费具有污染性的产品、固体废物、废气、废水、高能耗产品等。

税基方面，各国根据本国不同的经济情况、环境特点等实际情况对税基进行了细致的设计。总体分为三种：一是以污染排放量为税基，例如水污染税。二是以污染企业的产量作为税基，例如对一次性用品征税。三是以消费品中所包含的污染物数量作为税基。这种方法需要高技术手段作为支撑。

税率方面，各国设计的环保税税率与其外部性成本的大小紧密相关，是市场机制和政府管制共同作用的结果。在不影响本国竞争力的前提下，税率大小的设定一般遵循不可再生资源的税率高于可再生资源的税率，稀缺程度高的资源税率高于稀缺程度低的资源税率，再培育成本高的资源税率高于再培育成本低的资源税率的生态化原则。而税率的形式由最初较为简单的定额税率，扩大到比例税率和复合税率。

征税环节方面，征税环节分布于多个方面，从资源的开发到最后的污染处理。从近些年的趋势来看，征税环节有后移的倾向，一方面减少对经济的影响，另一方面也为纳税人提供了防治和治理的时间。

税收优惠方面，西方发达国家的绿色税制体系相对完善，并与其他环保政策相结合，形成了相对完善的环保税制。同时为了保障其产品和服务在世界范围内的竞争而采取了一些优惠政策，如减免税款、退税等。不同国家在税收政策上有着各自的特点因此存在差异，但总体来说税收优惠主要从减税、免税、税收减免、税收返还等几种方式展开。[①]

二、中国绿色税收的产生和发展

我国绿色税收的起步相对较晚，但随着税制改革的不断推进，目前已初步建立了具有中国特色的绿色税收体系。我国绿色税收发展大致可以分为三个阶段：一是从中华人民共和国成立后至 1978 年改革开放的萌芽阶段；二是从改革开放到 1994 税制改革的探索阶段；三是 1994 年至今的发展

---

① 王金霞：绿色税收［M］. 北京：中国环境出版社，2017：138－155.

阶段。

（一）萌芽时期——1949年中华人民共和国成立至1978年改革开放

中华人民共和国成立初期恢复和发展经济是经济建设的首要目标，把人民从一贫如洗的窘境中解放出来是国家的主要任务，并没有把经济可持续问题作为一个重要方面放在国民社会经济发展的议事日程上来。在此之后，因为中国对工业化进程快速发展的要求和对经济发展的片面追求，导致了对环境资源的过度使用，从而引起一些环境和资源方面的问题。大气、水源、固体废物污染逐步显现，再加上矿产资源的不合理开采，环境污染日益严重，对人民的生产生活产生了严重的负面影响。

在此阶段，由于新的税收体制还没有确立，为了不让税收相关工作出现混乱，现行税制只在原有基础上稍作修改或加以调整，目的是维护当时刚刚取得的革命胜利果实，使国民经济得以恢复和发展。直到改革开放前，我国也没有开征新的和环保直接相关的税种。但是，在此期间开征的一些其他税种和相关的税收政策为我国未来绿色税制的发展奠定了基础并提供了经验。比如1950年开征的工商业税中的产品税对石油、化工产品和鞭炮等征税，为后来消费税引导绿色消费奠定了基础；1951年开始征收车船使用牌照税，目的是增加税收，规范车船使用，虽然在当时并未关注到车船废气排放引发的环境污染问题，但是为现在的车船税的调整制定提供了经验。这些政策由于所处的历史阶段不同，其作用虽然对资源环境并不产生有利影响，但是对未来绿色税种的设立奠定了强有力的基础。

（二）探索阶段——1978年改革开放至1994年税制改革

20世纪七八十年代，随着中国经济的快速发展，环境资源问题日益凸显，其对经济发展的负面影响也越来越严重。我们对环境问题的认识也逐步提高，政府把环境问题和经济问题结合在一起，"预防为主，防治结合""谁污染，谁治理""加强环境治理"三条方针，初步形成了环境保护的法律制度体系。

1979年，《中华人民共和国环境保护法（试行）》的通过，标志着我国环境保护及绿色税收开始走上法治化的轨道。这是新中国第一部环境保护基本法。此后，《中华人民共和国海洋环境保护法》《中华人民共和国矿产资源法》《中华人民共和国渔业法》《中华人民共和国水污染防治法》《征收排污费暂行办法》等一系列法律法规相继出台。1984 年实行的《中华人民共和国产品税条例（草案）》，对鞭炮、矿产品、成品油等产品增加了税负，并对"三废"回收后的产品实行了减税、免税等政策，这是中国税法史上首次将税收优惠用于促进绿色产业的发展，具有开创性的意义。1986 年国务院颁布的《节约能源管理暂行条例》规定使用节能技术的企业可以减免关税，对节能产品可以减免增值税。这些举措使企业更加积极地改进技术，节约资源，保护环境。中国的绿色税制已在多个方面进行了尝试，并逐步深入。

1987 年，世界环境与发展委员会发表了《我们共同的未来》，首次提出了"可持续发展"的概念，它突破了经济发展和环境保护之间的隔阂，将两者融为一体。可持续发展思想深刻地影响着中国的经济发展方式和税收制度。在可持续发展观念成为共识之后，中国又对绿色税收体系进行了补充和完善。在 1994 年的税制改革中，着重加强了对环境资源的调控。首先，在资源税方面进行了改革，扩大了征收范围，提高了一些资源的税率。对增值税进行了调整，对废旧商品回收企业的再次销售行为实行了免税，新的消费税将限制人们在环保方面的消费。这一时期的环境税通过强化国家对资源、能源和公共环境的管理，在一定程度上促进了资源的节约和高效利用，抑制了对环境的污染和破坏，促进了绿色经济的发展。[①]

（三）发展阶段——1994 年税制改革至今

2003 年，中国共产党第十六届中央委员会第三次全体会议通过的《中共中央关于完善社会主义市场经济体制若干问题的决定》提出"坚持以人为本，树立全面、协调、可持续的发展观"，按照统筹城乡发展、统筹区域发展、统筹经济社会发展、统筹人与自然和谐发展、统筹国内发展和对外开放的要求，完善社会主义市场经济体制。该阶段以科学发展观为指导，强化税收对环境保护的政策引导作用，逐步调整原有税制，实现税收"绿化"效果。

随着可持续发展观念的深入，在环境资源形势严峻的情况下，国家坚持以科学发展观为指导，转变经济发展战略，努力实现资源节约和环境友好型社会，特别是党的十八大以来，中国加快转变经济发展方式，致力于经济社会与生态环境的协调发展。在"转方式、调结构、促发展"的方针

---

① 王金霞：绿色税收［M］. 北京：中国环境出版社，2017：169 - 172.

下，中国的环保税制改革得到了进一步的发展：对高能耗、高污染的商品、某些不鼓励出口的矿产资源进行了限制；对资源税的征收范围和税率进行了大幅调整，针对小轿车的能源消耗，制定了 1%～40% 的不同税率，能源消耗越大，税率就越高；对成品油的消费税税率进行了调整，并按其洁净程度进行了设计；在企业所得税优惠中，对资源综合利用给予税收优惠，对节能环保项目给予"三免三减"半优惠，环保设备投资享受抵免优惠等。

党的十八大报告指出，"建设中国特色社会主义，总依据是社会主义初级阶段，总布局是'五位一体'总体布局"。"五位一体"总体布局要求统筹协调全面推进经济建设、政治建设、文化建设、社会建设、生态文明建设，实现以人为本、全面协调可持续的科学发展。同时，党的十八大也为深化财税体制改革作出了顶层设计，要求加快财税体制改革。《中共中央关于全面深化改革若干重大问题的决定》提出对消费税的征收范围、环节、税率进行调整，对高耗能高污染产品和部分高端消费品征税；推进资源税的改革，推进环保费改税；按照资源有偿使用、破坏生态补偿的原则，将资源税的范围扩大到对各类自然生态空间的占有。党的十八大后，随着消费税、资源税的改革，环保税的立法，以及税制的逐步健全，中国的绿色税收制度也日趋完善。

2020 年 9 月 22 日，习近平主席在第七十五届联合国大会一般性辩论上宣布，"中国将提高国家自主贡献力度，采取更加有力的政策和措施，二氧化碳排放力争于 2030 年前达到峰值，努力争取 2060 年前实现碳中和"[①]。这一承诺充分体现了中国作为一个大国的责任感，它将为世界经济的绿色复苏注入新的生机。但是，中国是全球最大的碳排放国之一，其减排工作是非常艰巨的。作为国家治理的基石和支柱，财政迫切需要在税收制度中起到导向和调控作用，而税收制度"绿化"的重心也从降污转移到了减排。

国务院于 2021 年 10 月 24 日发布了《2030 年前碳达峰行动方案》，其中明确指出，"十四五"时期，中国工业结构和能源结构的优化调整将会有显著的进步，为实现碳达峰提供了良好的基础；"十五五"时期，碳达峰行动会贯穿经济、社会发展的方方面面，确保实现碳达峰目标，必须"建立和完善节能、节水、综合利用、综合利用等税收政策，充分发挥税收对市场主体绿色低碳发展的促进作用"[②]。

---

① 习近平在第七十五届联合国大会一般性辩论上发表重要讲话 [N]. 人民日报，2020 - 09 - 23：01.

② 白彦锋，柯雨露. 中国税制"绿化"进程演变研究 [J]. 新疆财经，2022（2）：5 - 16.

第二节　税制绿化的国际比较

一、国际环境现状

2020 年 6 月，耶鲁大学环境法律与政策中心、哥伦比亚大学国际地球科学信息网络中心（CIESIN）及世界经济论坛（WEF）联合发布了《2020 年全球环境绩效指数报告（*Environmental Performance Index，EPI*）》。中国在此次评估中的得分为 37.3 分，在参与评估排名的 180 个国家和地区中位列 120 位，排名前 5 位的分别是丹麦、卢森堡、瑞士、英国、法国，排名最后 5 位的分别是科特迪瓦、塞拉利昂、阿富汗、缅甸、利比里亚。丹麦（82.5 分）、英国（81.3 分）和法国（80.0 分）是 2020 年环境绩效指数（EPI）排名很高的国家。在环境健康政策目标下，法国在空气质量领域表现突出。此外，英国在不安全的饮用水和不安全的卫生设施指标上名列前茅，丹麦在铅暴露指标上得分最高。丹麦以 EPI 得分 82.5 分领先全球反映了其在大多数政策类别上的强劲表现，特别是生态系统活力目标下，丹麦在气候变化和水资源领域排名第一，但是，丹麦生物多样性与栖息地排名较低，这主要是因为特殊的地理环境导致物种栖息地指数较低。法国和英国在生物多样性和栖息地方面的成绩是最好的，分别是海洋保护区和物种保护指数位居第一的国家，而法国则是世界上陆地生物群落保护做得最好的国家之一。

总体而言，EPI 得分高的国家和区域在保护公共健康、保护自然资源、使其与经济活动相结合方面都有显著的优势。EPI 分数较低表明有必要在几个方面尤其是在空气质量、气候变化和污染排放等方面进行可持续努力。历年 EPI 评价的结果显示，中国在 EPI 评价中处于较低水平。

全球环境质量指数评估着重于环境卫生和生态系统的活力。不同的社会、经济发展阶段，不同的环境问题呈现出不同的形态，反映出不同的环境治理方式和影响。另外是否有足够的资料和数据对评价的结果具有决定性的影响。就具体的评价指标而言，EPI 所使用的资料大多来自某些国家的抽样调查或某些研究结果，其数据的代表性有待商榷。①

---

① 郝春旭，邵超峰，董战峰，赵元浩. 2020 年全球环境绩效指数报告分析 ［J］. 环境保护，2020，48（16）.

二、国外税收绿化现状

发达国家对绿色税制进行了 40 多年的探索，现已卓有成效，大多已建立起一套完善的生态税制，对环境的污染进行了有效的控制。

环境税[①]税负是衡量税制绿化程度最直接的方式之一，[②] 它衡量了一个国家环境相关税收收入占国内生产总值（GDP）的比重，体现了一个国家对环境生态的重视程度。同时，环境税税负与经济发展水平、基础设施建设、环境污染状况有很大关系，欧洲几国之间虽然存在较大环境税负差异，但总体来说税负水平较高，超过 OECD 国家的平均水平，这反映了这些国家经济发展水平较高，同时非常重视采用税收措施保护生态环境。特别是荷兰和丹麦作为全球绿色化程度较高国家的代表，其环境税税负占比最高。比较国家中，中国和美国的税制绿化水平较低。[③] 如图 1 - 1 所示。2018 ~ 2020 年各国环境相关税收收入占 GDP 的比重，如表 1 - 1 所示。

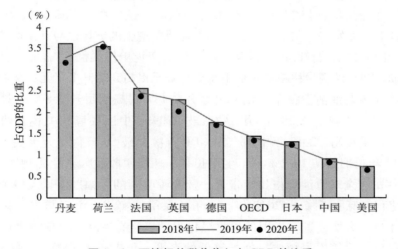

图 1 - 1　环境相关税收收入占 GDP 的比重

---

① 环境税是广义的环境税，税基包括能源产品（包括车辆燃料）；机动车辆和运输服务；测量或估计的空气和水排放、消耗臭氧层物质、某些非点源水污染、废物管理和噪声，以及水、土地、土壤、森林、生物多样性、野生动物和鱼类资源的管理。

② 环境税负水平只能一定程度体现一个国家的税制绿化程度，并不一定准确反映一个国家的税收制度是否对环境友好。因为环境税的征收可能引发公司和家庭的行为改变，使环境税税基减少。高税率也有可能导致经济主体行为改变而使税收收入减少，税负水平降低。

③ 潘楠，蒋金法 . OECD 成员国环境税收发展趋势及经验借鉴 [J]. 税务研究，2022（8）：82 - 87.

表1-1   2018~2020 年各国环境相关税收收入占 GDP 的比重

年份	丹麦	荷兰	法国	英国	德国	OECD	日本	中国	美国
2018	3.62	3.55	2.56	2.3	1.77	1.45	1.32	0.92	0.74
2019	3.29	3.68	2.46	2.28	1.76	1.41	1.21	0.87	0.72
2020	3.17	2.56	2.38	2.03	1.71	1.35	1.25	0.84	0.66

注：俄罗斯和韩国由于资料缺失，故表中并未体现。
资料来源：笔者根据 OECD 环境政策工具数据库相关数据整理所得。

三、中国的税收绿化现状

20 世纪初期，中国的环境税税负很低，远远低于国际平均水平，造成这种状况主要是因为当时中国的绿色税收体系与国际接轨不久，尚未发展起来。此外，当时的行政管理能力、政策执行能力以及税务征收能力的薄弱，相关法律法规不完善，征收源较少，导致环境税税负较低。2000~2012 年我国环境税税负处于一个不断上升的状态。这时中国的经济快速增长，各行各业飞速发展。与此同时，中国的环境所遭受的破坏也与日俱增。2008 年由于国家的消费税改革，提高了成品油消费税单位税额，汽油、石脑油、溶剂油、润滑油消费税单位税额由每升 0.2 元提高到每升 1.0 元；柴油、航空煤油和燃料油消费税单位税额由每升 0.1 元提高到每升 0.8 元；原油从 0.2 元/升上调到了 0.28 元/升；这使得 2009 年中国环境相关税收收入占 GDP 的比重提高。2012 年中国全国 GDP 首次突破 50 万亿美元大关，并且在 2013 年仍旧保持 10.1% 的年度增长率，环境税收收入占比出现了下降。[①] 2016 年由于全球原油价格持续走低，资源税收入的大幅度降低，中国的税收绿化程度有所下降。[①] 2018 年，由于环保税的实施，由于与之前排污收费统计口径有所差别，中国的税收绿化程度仍略有下降。目前，中国的环境税税负与比较国家相比，处于较低的水平，仍有较大的提升空间[②]，如图 1-2 所示。

---

① 邓晓兰，王赟杰. 提高中国税收制度绿化程度的思考 [J]. 经济体制改革，2013（6）：127-131.

② 吴云军. 绿色税收体系与指数研究综述 [J]. 财政监督，2017（17）：83-87.

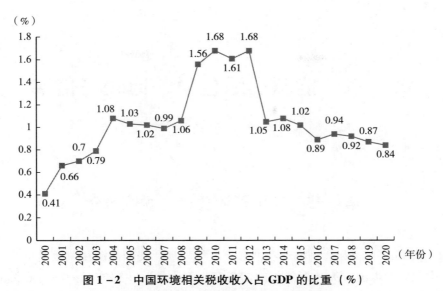

图1-2 中国环境相关税收收入占GDP的比重（%）

资料来源：笔者根据OECD环境政策工具数据库相关数据整理所得。

第二章　能源类绿色税收比较与借鉴

第一节　美国能源类绿色税收政策

从 1981 年开始，为推动石油和天然气发展，美国能源税收政策的重点集中在增加本国石油和天然气的储备和生产上面，主要实行两项对石油和天然气的税收优惠政策。20 世纪 70 年代，世界上爆发了两次能源危机，这促使美国能源税收政策的设计重心转向了能源节约和可替代能源的开发。美国政府税收优惠从各个方面对提高能源效率和加快可再生能源技术的发展起到了很好的促进作用。20 世纪 80 年代，里根政府认为政府的能源税收政策应该保持中性，减少对市场的扭曲，这期间许多能源法案停止生效。从 1988 年开始，美国又开始局部修复能源税收政策。①

美国能源类绿色税收相关的税种有燃油消费税、石油税、备用税、地方燃油税、地方电力税、地方能源和可再生能源税、联邦企业所得税、联邦个人所得税、州所得税、州财产税、州销售税、州消费税等。

一、燃油消费税②

（一）燃油消费税

适用于汽油、柴油和煤油的运输、入境或销售。具体税率如表 2 - 1 所示。

---

① 龚振中．中美能源税制体系演变的比较研究 [J].经济社会体制比较，2008（5）：171 - 174.

② Excise Taxes（Including Fuel Tax Credits and Refunds）[EB/OL]. https://www.irs.gov/pub/irs - pdf/p510.pdf.

表 2 - 1 美国燃油税税率

税目	单位税额（美元/加仑）
汽油	0.184（汽油混合料可能需要缴纳每加仑 0.001 美元的未按时报税罚款）
柴油和煤油	0.244（染色柴油和染色煤油须缴纳每加仑 0.001 美元的未按时报税罚款）
压缩天然气（CNG）	0.183

资料来源：Excise Taxes（Including Fuel Tax Credits and Refunds）［EB/OL］. https：//www.irs.gov/pub/irs - pdf/p510. pdf.

（二）特别税率

（1）航空汽油税 0.194 美元/加仑，当用于部分所有权项目飞机时，汽油还需缴纳 0.141 美元/加仑的附加税。

（2）柴油—水—燃料乳化液是指至少 14% 为水的柴油燃料，其乳化添加剂由美国制造商根据 2003 年 3 月 31 日生效的《清洁空气法》第 211 节要求向美国环境保护署（EPA）注册。优惠税率为每加仑 0.198 美元。出售或使用柴油—水—燃料乳化液的人必须在美国税务局（IRC）注册，才有资格享受减税。如果柴油—水—燃料乳化液不符合上述要求，或者销售或使用该燃料的人没有注册，则柴油—水—燃料乳化液按 0.244 美元每加仑征收。

（3）一般来说，煤油的税率为 0.244 美元/加仑。

第一，对于直接从终端移入飞机油箱用于非商业航空的煤油，税率为每加仑 0.219 美元。如果煤油从合格的加油卡车或油罐车中被移入飞机，而该油罐车是从位于机场内的终端装载煤油的，那么也适用每加仑 0.219 美元的税率。

第二，对于直接移入飞机油箱用于商业航空的煤油，税率为每加仑 0.044 美元。对于从合格的加油卡车或油罐车中移入飞机的煤油，只有在卡车或油罐车在位于机场安全区域内的终端装载时，才适用 0.044 美元的税率。

第三，对于根据《清洁空气法》第 4041（C）条免于征税的用途（如用于州或地方政府专用的飞机）而直接移入飞机油箱的煤油，税率为 0.001 美元。

第四，对于直接移入飞机油箱用于对外贸易的煤油，不征税。煤油必须从合格的加油车或油罐车中取出，并在位于机场安全区域内的终端装载。

第五，对于直接从航站楼移入部分所有权项目飞机油箱的煤油，适用每加仑 0.141 美元的附加税。

第六，其他燃料是指除天然气、燃料油或规定应纳税的产品外的任何燃料液体。其他燃料包括替代燃料。替代燃料包括：液化石油气（LPG）、"P 系列"燃料、压缩天然气（CNG）、液化氢、通过费托法从煤（包括泥炭）衍生的任何液体燃料、从生物质中提取的液体燃料、液化天然气（LNG）和从生物质提取的液化气体。①

二、石油税②

（一）纳税人

（1）炼油厂收到的原油，税款应由美国炼油厂的经营者支付。

（2）进口石油产品，征收的税款应由进口产品的消费、使用或仓储人支付。

（3）部分用途或出口的产品，税款应由使用或出口原油的人支付（视情况而定）。

（二）征税对象

原油包括原油冷凝液和天然汽油。石油产品包括原油、精炼油和渣油以及其他液态烃精炼产品。

（1）在美国炼油厂接收的原油。

（2）为消费、使用或仓储而进入美国的石油产品。

（3）部分用途和出口税：一般而言，任何国内原油在美国境内使用或从美国出口，在使用或出口之前，如果没有对该原油征收过税款，应对该原油征税。

（4）在生产场所使用的例外情况：不适用于在生产原油处使用原油开采石油或天然气。

（三）税率

美国石油税的税率为 0.09 美元每桶。

---

① ② Excise Taxes（Including Fuel Tax Credits and Refunds）[EB/OL].[2023 - 02 - 01]. https://www.irs.gov/pub/irs - pdf/p510.pdf.

三、备用税[①]

美国柴油或煤油动力车辆的经营者需要缴纳备用税，税率为每加仑0.244 美元。

四、地方燃油税、地方电力税、能源和可再生能源[②]

美国 50 个州和一个特区都开征了燃油税，征税对象有生物柴油、天然气、乙醇、汽油、液化石油气、甲醇、柴油、煤油等，各州征税对象范围和税率略有差异，北卡罗来纳州、伊利诺伊州、佛蒙特州三个州除了燃油税外，还对电力征税。部分州燃油税、电力税率如表 2 - 2 至表 2 - 8 所示。

表 2 - 2　　　　　　　　　康涅狄格州：燃油税税率

税目	单位税额（美元/加仑）
生物柴油	0.2600
柴油	0.4620
乙醇	0.2500
无铅汽油	0.2500
液化石油气	0.2600
甲醇	0.2500
天然气	0.2600

表 2 - 3　　　　　　　　　康涅狄格州：电力税税率

税目	单位税额（美元/兆瓦时）
发电量	2.50

---

① Excise Taxes（Including Fuel Tax Credits and Refunds）［EB/OL］.［2023 - 01 - 07］. https：// www. irs. gov/pub/irs - pdf/p510. pdf.

② OECD 环境政策工具数据库［DB/OL］. https：//pinedatabase. oecd. org/QueryResult_4. aspx? Key = c4aaa53a - 60d2 - 4100 - b1c4 - ca9e5d7474c4&QryCtx = 3&QryFlag = 3.

表 2 – 4 北卡罗来纳州：燃油税税率

税目	单位税额（美元/加仑）
生物柴油	0.3250
压缩天然气	0.3250
柴油	0.3250
乙醇	0.3250
汽油醇	0.3250
无铅汽油	0.3250
液化天然气	0.3250
甲醇	0.3250
丙烷	0.3250

表 2 – 5 亚拉巴马州：燃油税税率

税目	单位税额（美元/加仑）
航空燃气	0.0950
无铅汽油：本地部分	0.01 ~ 0.06
无铅汽油：国家部分	0.1600
喷气燃料	0.0350
润滑油	0.0400
汽车燃料（柴油）	0.1900
丙烷	0.1700

表 2 – 6 阿拉斯加：燃油税税率

税目	单位税额（美元/加仑）
航空汽油	0.0470
柴油：汽车	0.0800
柴油：船	0.0500
汽油醇	0.0800
无铅汽油	0.0800
喷气燃料	0.0320

表 2 - 7　　　　　　　　　　亚利桑那州：燃油税税率

税目	单位税额（美元/加仑）
非喷气和非涡轮内燃机飞机使用的航空燃料	0.0500
生物柴油	0.2600
柴油：26 000 磅以下的车辆	0.1800
柴油：超过 26 000 磅的车辆	0.2600
汽油醇	0.1800
无铅汽油	0.1800

表 2 - 8　　　　　　　　伊利诺伊州：能源和可再生能源税税率

税目	单位税额（美元）
电力：非住宅	如果该账户在上一个日历年中使用的峰值需求少于 10 兆瓦，每个账户每月 0.5000 美元；如果该账户在上一个日历年使用的峰值需求超过 10 兆瓦的，每个账户每月 37.50 美元
天然气：非住宅	如果账户在上一个日历年收到的天然气少于 400 万热，则非住宅天然气每个账户每月 0.5000 美元；如果账户在上一个日历年收到超过 400 万热的天然气，则非住宅交付天然气每个账户每月 37.50 美元
电力：住宅	住宅供电每个账户每月 0.0500 美元
天然气：住宅	住宅输送每个账户每月 0.0500 美元

五、联邦企业所得税

美国联邦税能源激励措施主要见于联邦个人所得税与联邦企业所得税。在制度内容上，更多地体现为通过减免所得税的方式，实现税法对利用可再生能源和提高能源效率的正向激励作用。美国能源税收优惠措施主要有两种形式：第一种形式是税收抵免。税收抵免政策运用非常广泛，且大部分是投资税收抵免。如依据 IRC 第 48 条及相关税法文件，地热、微型燃气轮机、热电联产等能源设备的所有人，其能源投资额的 10% 可以从企业所得税应纳税额中扣除；燃料电池、太阳能产业、小型风能的投资适用 30% 的抵免。上述税收抵免于 2016 年 12 月 31 日到期，到期没有抵免完的优惠额，最长可以顺延 20 年。新建、扩建或者改建的高端能源生产项目的主体，如果该类能源项目经过国税局和美国能源部的协同认证，通过申请和审批程序获得资格证书，可以享受该纳税年度投入使用的能源财产投资额 30%

的税收抵免。第二种形式是税前扣除，主要有节能商业建筑和能源设施的联邦所得税税前扣除两种情形。如依据 IRC 第 179 条及相关规定，已投入使用的美国境内的节能商业建筑的所有者，或是设计改造联邦政府、州政府或地方政府及其机构建筑的主要责任人，可以税前扣除其节能建筑的全部成本费用。该税前扣除还可以由财产所有人分配给作为设计者的纳税人。再如，根据 IRC 第 168（E）（3）之规定，安装了符合 1986 年 9 月 1 日实施的《美国法典》第 16 条 3 款（17）（C）项下之规定在美国境内拥有第二代生物燃料生产工厂的所有者，可以享受该设施价值 50% 的所得税折旧扣除以回收成本。此外，由于能源领域的投资周期较长和存在回报风险，美国学界也在研究运用不动产投资信托基金（real estate investment trust）等替代方式鼓励能源投资。

六、联邦个人所得税

联邦个人所得税法规定了住宅和非商业建筑节能设施的美国联邦个人所得税抵免。如 IRC 之 5C 规定，个人可以因其住房安装了符合要求的节能建筑外部围护措施，而享受该纳税年度为该项维护措施所支付费用 10% 的联邦个人所得税的税收抵免（tax credit）；IRC 之 25D 规定，个人如果在其住宅安装了符合要求的太阳能发电设施、太阳能热水器、燃料电池设施、小型风力能源设施、地源热泵设施等能源效率设施，可以享受该设施成本 30% 的个人所得税抵免。

七、州相关规定

美国各州能源税收激励具有税种多元、形式多样的特点。俄勒冈州、俄克拉何马州、新墨西哥州、密苏里州、艾奥瓦州等大部分地区的地方税采用了所得税（income tax）、财产税（property tax）、销售税（sales tax）等多种税收激励措施进行能源税收减免，南达科他州还规定了可再生能源电力生产设施消费税（excise tax）优惠制度。

（一）财产税

亚利桑那州实行可再生能源财产税减税政策，从事推广或者进行可再生能源制造业的，可以享受最高 75% 的财产税减免，纳税人必须是可再生能源或者生物能源的不动产所有者。可再生能源财产税减免政策将于 2023 年 12 月 31 日到期。该州还对能源效率和可再生能源设备免税。加利福尼亚州规定，任何安装了具有独立收集、储存、分配太阳能的太阳能系统或在现有物业上安装了该系统的建筑，其所有者或者该类建筑的第一手购买商均可以就其成本的 75% ~ 100% 享受该财产税的税收免除。艾奥瓦州规定，风能和地热能生产总收入的 3% 可以享受财产税的税收抵免。内华达州规定，在住宅、商业建筑或者工业建筑安装太阳能、地热、固体废物、水电等可再生能源系统以及用于该建筑的温控、冷热水和发电的，对其房屋所有人可以免征财产税。此外，该州各大城市可以向所在地可再生能源和能源效率技术的所有者提供财产税的融资选择方案。符合绿色建筑评价体系（LEED）认证的能源效率绿色建筑的所有者，可以享受 25% ~ 35% 不等的财产税减免。艾奥瓦州还规定了风能设施净购置成本的财产税评估政策。根据该政策，风能转换设施的所有者可以根据该设施的净购置成本，书面申请地方政府评估人员对购置成本做出财产税方面的评估认定。财产税上认定的购置成本在第一评估年度为零，随后每年按净购置成本的 5% 递增，在第七年时将达到 30%。

（二）所得税

亚利桑那州规定，安装电动汽车充电网点、在住宅安装太阳能热水管道的纳税人可以就其建设费用享受州个人所得税 100% 的税收抵免；住宅安装太阳能设备的，可以就其安装费用享受个人所得税 25% 的税收抵免；改造现有木壁炉达到合格标准的，其全部费用可以享受该州个人所得税的税收抵免。艾奥瓦州对符合要求的风能设备发电的所有者，采取每千瓦时 0.01 美元的所得税税收抵免；生物柴油零售商等所得税纳税人，采用每加仑 0.045 美元的税收抵免；乙醇燃料的销售商，其所得税享受 0.04 ~ 0.08 美元每加仑的所得税抵免。

（三）销售税

亚利桑那州规定，安装环保技术设备的，可以享受销售税 100% 的税收减免；加利福尼亚州规定了绿色生产设备可以享受 100% 的销售税减免；艾奥瓦州规定，水电、太阳能、风能设备或者其他用于该类设备制造、安装或者建设的材料，其购买者均可以享受 100% 的销售税税收减免；生物柴油混合燃料的购买者可以享受每加仑 0.02 美元的销售税税收返还。

（四）营业税

华盛顿州规定，对太阳能制造商提供营业税 43% 的税收减免。该州还规定，风力发电、太阳能等照明或者电力企业税的纳税人为鼓励业主利用其可再生系统产生的电力而支付给业主的激励费用，可以享受 100% 的营业税税收抵免，其年度税收抵免不得超过其年度到期应纳税的电力销售额的 0.5% 或 10 万美元。

（五）消费税

南达科他州规定，对于太阳能、风能、地热能或者生物质能等可再生能源发电设施的承建合同方，给予 100% 的消费税税收返还。该州法律规定，大型风力发电设施的所有人，可以享受 45%~55% 的消费税、使用税和营业税税收返还。①

第二节　俄罗斯能源类绿色税收政策

俄罗斯的《俄罗斯联邦税法典》《俄罗斯联邦地下资源法》《俄罗斯联邦大陆架法》与《俄罗斯联邦专属经济区法》对石油的地矿资源勘探、开采、使用及环境保护工作、监测地质生态环境等相关税收问题做出详细规定，尽可能减少主观因素的扰动，保证经营者的合法权益和国家的根本利益。②

俄罗斯能源类绿色税收相关的税种有消费税。

消费税税目规定了原油和天然气，燃料油类产品：动力汽油、柴油、航空煤油、中质馏分油、机油、直馏汽油等产品。

消费税纳税人是指生产、销售应税消费品的机构、组织和个人，也包括向俄罗斯进口货物的组织、私营企业和其他个人；进口消费品的纳税人是俄罗斯海关法规定的企业和个人；由在俄罗斯境内注册的订货人提供原材料并在境外加工的消费品，其消费税的纳税人是支付加工费并销售这些消费品的俄罗斯企业。具体税目税率如表 2-9 所示。

---

① 蒋亚娟. 美国能源税收激励法律制度介评 [J]. 西南政法大学学报，2016，18（5）：103-110.

② 刘晓凤. "金砖四国"石油税制比较研究 [J]. 财会研究，2011（12）：31-34.

表 2 - 9　　　　　　俄罗斯消费税税率表（能源部分）　　　　单位：卢布/吨

税目	2019 年	2020 年	2021 年
车用汽油：不符合 5 级	13 100	13 100	13 624
车用汽油：5 级	12 314	12 752	13 262
柴油	8 541	8 835	9 188
柴油及汽化器发动机机油	5 400	5 616	5 841
航空煤油	2 800	2 800	2 800
中质馏分油	9 241	9 535	9 916

资料来源：国家税务总局国际税务司国别（地区）投资税收指南课题组. 中国居民赴俄罗斯投资税收指南：2022 ［EB/OL］. ［2023 - 04 - 05］. https：//www. chinatax. gov. cn/chinatax//n810219/n810744/n1671176/n1671206/c2069894/5116155/files/6f6625fdc8cf4cadbfbcd933f02350b4. pdf.

天然气的消费税税率为 30%，俄罗斯签署的国际条约另有规定的除外。[①]

第三节　日本能源类绿色税收政策

日本能源税最初主要通过合理利用差别税制，分情况给予税收优惠来实现保护环境和有效利用能源的政策目标。因此，从 20 世纪 70 年代开始，日本注重通过税收优惠鼓励传统产业转型升级，促进新兴产业和高新技术产业发展。为了鼓励企业淘汰落后产能，引进节能技术和设备，1978 年日本设立了促进投资税制：在适用期间内（1978 年 4 月 1 日至 1979 年 3 月 31 日），允许将相当于购置对象设备（节能、公害防治及中小企业经营者等的设备）10% 的贷款作为税额扣除（以试用期间税额的 20% 为限额，超过部分可分摊在 3 年内的成本中）。1979 年又设立了促进产业转换投资税制，适用期间（1979 年 4 月 1 日至 1938 年 3 月 31 日）内购置的对象设备，按购置价格的 10% 进行税额扣除。为了支持节能汽车的推广和使用，1973 年日本对符合尾气排放规定的车辆实行减征物品税措施；对从 1975 年采取汽车排放尾气限制对策的车辆，在 1973 年和 1974 年上半年，实施物品税和车辆

---

① 国家税务总局国际税务司国别（地区）投资税收指南课题组. 中国居民赴俄罗斯投资税收指南：2022 ［EB/OL］. ［2023 - 04 - 05］. https：//www. chinatax. gov. cn/chinatax/n810219/n810744/n1671176/n1671206/c2069894/5116155/files/6f6625fdc8cf4cadbfbcd933f02350b4. pdf.

购置税减税措施。[①] 2007 年日本开始对石油和天然气等化石能源课税。[②]

日本能源类绿色税收相关的税种有汽油税和地方道路税、液化石油气税、汽油交易税、航空燃油税、柴油税、推进电力资源开发税、法人税、车辆购置税、汽车重量税、固定资产税。

一、汽油税和地方道路税

（一）纳税人

国内生产汽油的制造商和进口汽油的进口商。当国内生产汽油从工厂运出时，国内汽油制造商承担纳税义务；进口商从保税区域取得进口汽油时承担纳税义务。

（二）征税对象

汽油税和地方道路税的征税对象为汽油。具体指温度15℃时比重不超过 0.8017 的碳氢油。

（三）税率

汽油税和地方道路税为从量税，计税依据为汽油的容量，计量单位为千升。现行的税率是：汽油税为每千升 48 600 日元，地方道路税为每千升 5 200 日元，合计 53 800 日元。根据 2019 年税制改革，预计在 2034 年汽油税改为每千升 48 300 日元，地方道路税改为每千升 5 500 日元。

二、液化石油气税

日本液化石油气税是根据《道路建设紧急措施法》规定而设置的。它是作为与汽油税相对应的一种调整措施，也就是说，汽车使用汽油（包括柴油）时征汽油税，汽车使用液化石油气时也相应征税。

---

① 韩仁月，李润雨. 碳中和目标下日本促进能源转型的财税政策 [J]. 现代日本经济，2022，41（2）：20 - 35.

② 张荣静. "双碳"背景下碳税制度设计的国际经验借鉴 [J]. 中国注册会计师，2022（3）：122 - 126.

（一）纳税人

国内生产的液化石油气供气者，当液化石油气从其贮气场所运出时发生纳税义务；进口液化石油气则为进口商从保税区取得液化石油气时发生纳税义务。

（二）征税对象

汽车用液化石油气容器中注入的液化石油气。这里的汽车用液化石油气容器指给汽车加气的加气站的容器。

（三）税率

液化石油气税为从量税，计税依据为液化石油气的重量，计量单位为千克。税率为每千克17.5日元。

免税类型包括：出口的液化石油气；用于制造的液化石油气；用于加热目的的液化石油气。

三、汽油交易税

汽油交易税为都道府县税，属于都道府县的特定财源税，其税收专项用于道路的建设与维护。纳税人为从汽油生产经营者或批发经营者处购进汽油的经营者。汽油交易税为从量税，计税依据为汽油的容量。标准税率为每千升32 100日元。①

四、日本对能源开征的税收以及航空燃油税、柴油税、推进电力资源开发税

日本航空燃油税、柴油税、推进电力资源开发税税率，如表2-10所示。

---

① 国家税务总局国际税务司国别（地区）投资税收指南课题组. 中国居民赴日本投资税收指南：2022 ［EB/OL］. ［2023－04－05］. https://www. chinatax. gov. cn/chinatax/n810219/n810744/n1671176/n1671206/c2183143/5116165/files/7c168eaec9b746adb142bcde087283d0. pdf.

表 2-10 　　　　　 日本航空燃油税、柴油税、推进电力资源开发税税率

征税对象	单位税额
航空燃料	每升 1.80 日元
柴油	每升 32.10 日元
电力供应	每兆瓦时 375.00 日元

资料来源：笔者根据 OECD 环境政策工具数据库相关数据整理所得。

五、法人税

法人税是对法人的业务活动所产生的所得征收的税金，是广义的所得税的一种。日本法人税税额扣除中包含促进能源需求结构调查投资的法人税税额特别扣除。①

六、可再生能源税收优惠

（一）直接税收减免

日本规定，购买电动型汽车、天然气汽车、充电汽车、混合动力汽车以及柴油类新车免予缴纳车辆购置税和汽车重量税，符合上述标准的二手车购买同样享受一定额度的税收减免优惠，针对新能源汽车的设备也有相应的税收减免政策，例如，针对电动汽车、天然气汽车和燃料电池汽车的燃料供应设备购买金额在 300 万日元以上的企业和个人，减免固定资产税额度的 1/3。

（二）所得税抵扣

日本的《能源供需结构改革投资促进税制》规定，企业购买安装太阳能、风电等可再生能源设备，可以抵扣设备购买价款 7% 的所得税，扣除限额为所得税额的 20%。《推广太阳能发电行动计划》则提出对利用太阳能而承担贷款的家庭，可以在连续 10 年的年限内从所得税额中抵扣贷款余额的

---

① 国家税务总局国际税务司国别（地区）投资税收指南课题组．中国居民赴日本投资税收指南：2022 ［EB/OL］．［2023-04-05］. https://www.chinatax.gov.cn/chinatax/n810219/n810744/n1671176/n1671206/c2183143/5116165/files/7c168eaec9b746adb142bcde087283d0.pdf.

1%，对于采取了节能方面改革的企业，可以从所得税中扣除改革成本的 10% 但不超 500 万日元。

（三）　特别加速折旧

日本政府为加快可再生能源的应用，减少厂商投资的风险，对于符合条件的节能设备允许企业采取特别折旧法，在设备正常折旧之外还可以再享受特别折旧，即"普通折旧 + 特别折旧"。另外企业购买安装太阳能、风电等可再生能源设备，可以抵扣设备购买价款的所得税或者可以根据设备的取得金额进行特别折旧。对企业用于特定技术开发所购置的机器设备和不动产，实行 5 年期的特别折旧。①

第四节　韩国能源类绿色税收政策

20 世纪 80 年代以来，韩国政府开始注重采用经济手段治理环境污染。最早引入韩国的经济手段是 1079 年开始实施的《塑料垃圾的收费制度》，通过向制造商和树脂塑料进口商征税来收取塑料的回收和处理成本。1983 年 9 月，《排污收费制度》与《环境污染控制基金》开始共同实行，基金通过向污染企业提供借款的方式，来为公共部门的环境污染控制设施项目和加速工业环境控制设施部门提供资金来源。基金的来源正是当年的排污费收入。20 世纪 90 年代中期，韩国政府在各种环境政策领域采用了很多的经济刺激手段，截至 2004 年末，环境部共启动了 24 个环境税费制度。②

韩国能源类绿色税收相关的税种有个别消费税、交通·能源·环境税、汽车燃料税、交通能源环境教育税。

一、个别消费税

个别消费税是对特定物品或进入特定场所及在特定场所娱乐的行为征收的消费税。涉及能源具体税率如表 2 – 11 所示。

---

① 景蕊. 美日可再生能源税收优惠政策的比较与借鉴 [J]. 福建质量管理，2016 (3)：129.
② 葛察忠. 环境税收与公共财政 [M]. 北京：中国环境科学出版社，2006：123.

表 2-11　　　　　　韩国个别消费税（能源部分）应税货物税率

税目	单位税额
煤油	每升 90 韩元
重油	每升 17 韩元
丙烷	每千克 20 韩元
丁烷气体	每千克 275 韩元
天然气（包括液化形态）	每千克 60 韩元

资料来源：笔者根据 OECD 环境政策工具数据库相关数据整理所得。

二、交通·能源·环境税

交通·能源·环境税对生产、进口汽油、柴油或类似的替代汽油和柴油实行从量定额征收。汽油及类似的替代汽油：529 韩元/升；柴油及类似的替代柴油：375 韩元/升。

三、汽车燃料税

汽车燃料税的征税对象是柴油和汽油，税率为应纳交通、能源和环境税的 26%。

四、交通能源环境教育税

交通能源环境教育税对部分能源产品征收，具体税率如表 2-12 所示。

表 2-12　　　　　　韩国交通能源环境教育税应税货物税率

税目	单位税额
丁烷	37.80 韩元/升
柴油	56.00 韩元/升
重燃油	2.55 韩元/升
煤油	13.50 韩元/升
无铅汽油	79.00 韩元/升

资料来源：笔者根据 OECD 环境政策工具数据库相关数据整理所得。

第五节　英国能源类绿色税收政策

英国能源类绿色税收相关的税种有燃油税、气候变化税、增值税。

一、燃油税

燃油税是对生产、进口或使用燃油类产品征收的税收。燃油税适用于车辆中使用的汽油、柴油和其他燃料、供暖和其他用途，例如非道路移动机械（不包括天然气、电力和煤炭等固体燃料，这些燃料将被征收气候变化税）。纳税义务人为生产者、进口商或使用者。具体税率如表 2－13 所示。

表 2－13　　　　　　　　　英国燃油税税率

税目	原单位税额（英镑/升）	新单位税额（2022 年 3 月 23 日起）（英镑/升）
轻油		
无铅汽油	0.5795	0.5295
轻油（无铅汽油或航空汽油除外）	0.6767	0.6267
航空汽油（Avgas）	0.3820	0.3629
轻油交付给经批准的人员用作熔炉燃料	0.1070	0.0978
重油		
重油（柴油）	0.5795	0.5295
标记的瓦斯油	0.1114	0.1018
燃油	0.1070	0.0978
用作燃料的燃料油、瓦斯油或煤油以外的重油	0.1070	0.0978
煤油用作发动机的燃料（道路车辆除外）或用于取暖	0.1114	0.1018
生物燃料		
生物乙醇	0.5795	0.5295
生物柴油	0.5795	0.5295

续表

税目	原单位税额 （英镑/升）	新单位税额 （2022 年 3 月 23 日起） （英镑/升）
生物燃料		
非道路用生物柴油	0.1114	0.1018
与瓦斯油混合的生物柴油，不用于道路燃料	0.1114	0.1018
道路燃气		
液化石油气（LPG）	0.3161 英镑/千克	0.2888 英镑/千克
道路燃料天然气，包括沼气	0.2470 英镑/千克	0.2257 英镑/千克
其他燃料		
水—甲醇	0.0790	0.0722

注：在 2022 年春季声明中，政府宣布燃油税税率将暂时降低 12 个月。这包括将柴油和无铅汽油和含铅汽油的税率每升降低 5 便士（ppl），其他较低税率和回扣燃料的税率按比例降低（相当于主要燃油税税率 57.95ppl 的 5ppl）。航空汽油（Avgas）的费率将降低 5%。该变更将从 2022 年 3 月 23 日下午 6 点开始生效，为期 12 个月。

资料来源：UK Trade Tariff：excise duties，reliefs，drawbacks and allowances on or before 31 July 2023［EB/OL］．［2023 - 01 - 07］．https：//www．gov．uk/government/publications/uk - trade - tariff - excise - duties - reliefs - drawbacks - and - allowances/uk - trade - tariff - excise - duties - reliefs - draw- backs - and - allowances#reliefs - from - excise - duty.

减税免税规定：

1. 烃油

（1）用于包括气垫船在内的船只，但不用于海上航行的游艇，轻油退税，重油免税或退税。

（2）经税局和海关批准的炼油厂内加工，生产为烃油以外的物质，免关税。

（3）用于园艺的重油退税。

（4）交付给经委员会批准的，用于除作为发动机燃料（包括作为发动机燃料的增量剂或添加剂）或加热燃料以外的用途，免关税或退还已缴纳的消费税。

（5）在炼油厂或生产商处生产，在处理或生产石油能源的发电厂中用作燃料的回扣油，如果有资格获得全部减免，则免征消费税，如果有资格获得部分减免，则退还消费税。

（6）在炼油厂或生产商处生产，在处理或生产石油能源的发电厂中用作燃料的再生油，如果有资格获得全部减免，则免征消费税，如果有资格获得部分减免，则退还消费税。①

2. 航空涡轮燃料

若飞机消耗航空涡轮燃料，不是为了私人飞行且满足所有其他必要条件，则不征燃油税。

3. 海上航行

以下情况可以就海上航行中使用的重油（柴油）或轻油（汽油）申请减免：

（1）船只不是私人游艇。

（2）在航程中，船只处于在港口范围内或一直在海上，而不是在任何内陆水道上。

4. 园艺生产者的返还

园艺生产商可以要求偿还用于符合条件的重矿物（烃）油的关税。

5. 农村燃油税减免

零售商在以下地区销售无铅汽油或柴油作为道路燃料，可以申请农村燃油税减免：内赫布里底群岛和外赫布里底群岛、北岛、克莱德群岛、锡利群岛。

6. 再生油

燃料生产商或分销商的红色柴油和标记煤油等（称为"受控油"）享有较低的关税。上述再生油不能用作道路燃料。②

二、气候变化税

气候变化税面向特定能源（主要是电力、天然气、液化石油气、液态形式的气态碳氢化合物、煤、褐煤、焦炭、石油焦炭等）的供应者（主要供应给工业、商业及公共部门）一次性征收。根据不同能源的能量含量实行差别税率。由于在发电、运输和输送至用户的过程中电力损耗比较大，所以对电力征收的税率最高。对于天然气、液化石油气和固体燃料的税率

---

① UK Trade Tariff：excise duties，reliefs，drawbacks and allowances on or before 31 July 2023 ［EB/OL］. ［2023 – 01 – 07］. https：//www. gov. uk/government/publications/uk – trade – tariff – excise – duties – reliefs – drawbacks – and – allowances/uk – trade – tariff – excise – duties – reliefs – drawbacks – and – allowances#reliefs – from – excise – duty.

② Fuel Duty：reliefs ［EB/OL］. ［2023 – 02 – 03］. https：//www. gov. uk/guidance/fuel – duty – reliefs.

则相对较低。此外，气候变化税也有一些优惠措施，例如，由可再生、废弃固体物为原料产生的电力可免除气候变化税；不对国内消费者和慈善团体征收气候变化税等。英国气候变化税税率如表 2 – 14 所示。①

表 2 – 14　　　　　　　　英国气候变化税税率②

应税商品	2019 年 4 月1 日起的税额	2020 年 4 月1 日起的税额	2021 年 4 月1 日起的税额	2022 年 4 月1 日起的税额	2023 年 4 月1 日起的税额
电（英镑/千瓦时）	0.00847	0.00811	0.00775	0.00775	0.00775
天然气（英镑/千瓦时）	0.00339	0.00406	0.00465	0.00568	0.00672
液化石油气（英镑/千克）	0.02175	0.02175	0.02175	0.02175	0.02175
任何其他应税商品（英镑/千克）	0.02653	0.03174	0.03640	0.04449	0.05258

资料来源：Climate Change Levy rates［EB/OL］.［2023 – 01 – 07］. https：//www. gov. uk/guid-ance/climate – change – levy – rates.

减税免税规定：

1. 气候变化税税率豁免

（1）不用于在英国境内燃烧或消费（出口）。

（2）用于转售的液化石油气和固体燃料。

（3）用于部分交通工具。

（4）对电力以外的应税商品的生产者。

（5）电力生产商（热电联产站、小型发电站和备用发电站除外）。

（6）热电联产站。

（7）小型发电站（热电联产除外）用于生产任何非自供电的电力。

（8）不用作燃料。

（9）在某些情况下，来自优质热电联产站的电力。

（10）用于冶金和矿物工艺。

2. 用于以下运输方式中使用的供应品豁免

（1）电气化火车线路。

（2）为运送乘客的渡轮或非铁路车辆提供动力。

---

① 何杨，王文静. 英国税制研究［M］. 北京：经济科学出版社，2018：219 – 220.

② 2001 年 4 月 1 日首次开始实施，税率为 0.43 便士/千瓦·时。以后的税率提前一年宣布，并于次年 4 月 1 日开始实施。

（3）轻型载客的铁路车厢。

（4）运输货物的货运列车驾驶室内部照明。

（5）轻型海运船舶——例如在英国水域以外航行的船舶。

3. 供国内使用或慈善机构用于其非商业活动的，不征收气候变化税

（1）国内使用包括：武装部队住宅、大篷车、儿童之家、老人院和残疾人院、临终关怀、船屋、房屋、公寓或其他居住地（包括同时使用的车库）、宗教房屋（包括修道院和尼姑庵）、学校和大学宿舍、自助式度假住宿、社区供暖计划供应。

（2）小部分燃料和电力即使仅将少量能源供应给企业，仍会被视为供家庭使用。

（3）捐赠给慈善机构使用

慈善机构将用品用于非商业活动不在免征税范围内。

（4）来访部队

为美国来访部队提供燃料和电力，而无须缴纳征税。

（5）能源密集型企业可以获得以下减免：电费减少 92%、气体减少 86%、液化石油气减少 77%、煤炭和其他固体化石燃料减少 86%。

三、增值税

英国增值税有三档税率，标准税率 20%，适用于大多数商品和服务，低税率 5%，适用于部分商品和服务，例如，儿童汽车座椅和家庭能源，零税率适用于部分商品和服务，如大多数食品和儿童服装。[①] 1993 年之前，家用燃料的增值税率一直是零，这使得家用燃料相对于其他商品的价格较低，扭曲了消费者的消费行为。从 1993 年开始，英国政府决定要对家用燃料征收增值税。家用燃料增值税从 1994 年 4 月 1 日开始征收，最初的税率为 8%。英国政府原本计划在 1995 年 4 月 1 日将税率提高到 17.5%，遭到了来自国内民众的强烈反对，大部分的担忧是税率的提升会导致低收入家庭不得不支付更高的能源费用。由于征税对贫困者尤其是领取抚恤金的人的处境带来不好的影响，随后政府增加了一项补贴，发放一定的财政拨款给低收入家庭用于取暖和管道用气。家用燃料增值税的 8% 税率一直维持到 1997

---

① 商务部国际贸易经济合作研究院，中国驻英国大使馆经济商务处，商务部对外投资和经济合作司. 对外投资合作国别（地区）指南——英国：2022 年版［EB/OL］.［2023 - 02 - 07］. http:// www. mofcom. gov. cn/dl/gbdqzn/upload/yingguo. pdf.

年9月，随后其税率降低到5%。①

（一）燃料和动力

以下符合条件的燃料和电力适用于增值税低税率，即5%。

（1）家用燃料和电力；

（2）慈善非商业用途的燃料和电力；

（3）供应量不超过少量供应的燃料和电力；

（4）燃料和动力部分用于符合条件用途，部分用于其他用途时，其中60%或以上部分用于符合条件用途的。

（二）供家庭使用的燃料和电力享受低税率

提供者必须确定供应的是住宅或某些类型的住宅。供应的住宅包括：

（1）武装部队住宅；

（2）大篷车；

（3）儿童之家；

（4）为老年人或残疾人、过去或现在依赖酒精或药物的人、过去或现在有精神障碍的人提供护理的院舍；

（5）船屋；

（6）房屋、公寓或其他住所；

（7）临终关怀住所；

（8）居民的唯一或主要住所；

（9）修道院、尼姑庵和类似的宗教团体住所；

（10）学生或学生的学校和大学宿舍；

（11）自助式度假住宿。

另外，以下不视为住宅：医院、监狱或类似机构，酒店、旅馆或类似场所。

（三）慈善非商业用途

用于此类非商业活动的燃料和电力供应按低税率征税。如果向在同一场所开展商业和非商业活动的慈善机构提供燃料和电力，需要在商业和非商业活动之间进行分配。

---

① 何杨，王文静．英国税制研究［M］．北京：经济科学出版社，2018：213-214.

（四）混合使用

（1）如果为部分用于符合条件用途和部分用于不符合条件用途的场所提供燃料或电力，应该按照提供的供应品的相关税率向客户收取增值税。

（2）如果60%或更多的燃料或电力用于符合条件用途，应将整个供应视为符合条件用途并按优惠税率征收税款。

（3）如果少于60%的燃料或电力用于符合条件用途，应按以下收取增值税：一是用于符合条件的部分使用低税率；二是不符合条件部分使用标准税率。

（4）批发燃气、电力增值税反收费。

在英国，某些天然气和电力的批发供应需要反向收费，这有时被称为"国内反向收费"。

（五）影响气候变化的以下商品也征收增值税

以下商品用于农业、工业、商业、公共行政和其他服务的照明、取暖和电力供应应征税：

（1）煤和褐煤（褐煤）；

（2）电；

（3）液态石油和烃类气体；

（4）焦炭和煤或褐煤的半焦炭；

（5）天然气公用事业公司提供的天然气；

（6）石油焦。

另外，该征税不适用于国内消费者或慈善机构用于非商业用途的应税商品。少量能源（最低限度）的供应也被排除在外。

（六）气体

符合条件用途提供以下气体，应按低税率缴纳增值税：

（1）煤气、水煤气、发生炉煤气等非烃类可燃气体；

（2）用于家庭燃烧的氢气；

（3）无论是否液化的烃类气体（仅包括完全由碳和氢组成的气体），例如甲烷、天然气和液化石油气；

适用低税率的气体还有：乙炔、煤气、甲烷、天然气、丙烯、丁烯、液化石油气（例如丙烷或丁烷）、发生气、水煤气、氢气作为天然气的替代品输送到家庭住宅。

（七）油

燃料油、瓦斯油或煤油（包括石蜡、现代航空煤油和航空涡轮用煤油）的供应不作为道路燃料、1979 年《碳氢化合物油法》意义上的"重油"、以折扣税率征收消费税、免除消费税或享有特殊豁免的，适用于低税率征税：

（1）少量（微量）供应；

（2）合并交货；

（3）单独供应；

（4）私人游艇和 AVTUR 私人游艇的重油最低限度供应。

用作道路燃料的重油应按总价缴纳增值税，包括消费税。出海船舶、飞机用燃料是零税率。

（八）电力

以下适用低税率征税：

（1）提供的电力用于符合条件使用。符合条件使用包括：家庭使用、慈善非商业用途；

（2）少量供应，即在用户的任何一处场所向一位用户提供平均每天不超过 33 千瓦时、每月不超过 1 000 千瓦时的电力；

（3）移动式发电机供电。使用移动发电机供电，为符合条件的用途供电并自行操作设备，则总供电量将按低税率缴纳增值税。

（九）固体燃料

如果煤炭、焦炭和其他固体可燃材料的供应仅作为燃料出售或以合理的形式和价格作为燃料出售，则适用于低税率征税：

（1）少量（微量）供应；

（2）木材、泥炭和木炭；

（3）木柴；

（4）固体燃料。

另外，包括为符合条件的用途而提供的，并且仅作为燃料进行销售：烧烤燃料、秸秆和废物或其他可燃材料的煤球、任何来源的木炭、煤（包括无烟煤和褐煤）、型煤、煤炭粉末、引火物（例如木棍、浸渍木制品、制成品、果冻或半固体引火器）、木柴（包括边角料、木片、刨花、废料或损坏的木材以及压缩或黏合的锯末）、泥炭块、草皮或煤球、煤粉、无烟燃料、固体多聚甲醛（固体甲基）、原木。

（十）　蒸汽和热水

（1）蒸汽和热水供应不符合适用于水的零税率。出于增值税的考虑，将蒸汽和热水视为一种热量。通过地热、太阳能、其他自然热或能源有意加热的水被视为加热水。

（2）蒸汽和热水供应按低税率征税。这适用于在厨房、洗衣房和类似用途中用于加热、洗涤使用的蒸汽或热水供应。

（十一）　通风制冷

空调、冰箱和速冻用品按低税率征税。由中央工厂提供的通风、空调或制冷设备在用于符合条件的用途时按低税率征税。

（十二）　以下情况燃料和电力的供应适用低税率征税

（1）供应给学校和其他教育机构；

（2）批发商向零售商供货；

（3）商店和其他零售商的供应；

（4）供应给房东；

（5）地方当局的供应；

（6）由非地方当局的房东提供的供暖、空调或冷藏住宿；

（7）公共区域服务费；

（8）供暖合同；

（9）需要燃料和动力的设施；

（10）常规收费①。

（十三）　低税率项目（5%）

在住宅和建筑物中安装的节能材料，包括空气源热泵、锅炉或木材燃料、中央供暖和热水控制、通风系统、地源热泵、隔热保湿设施、微型热

---

① Supplies taxed at the reduced rate ［EB/OL］．［2023 - 01 - 07］．https：//www. gov. uk/guid-ance/vat - on - fuel - and - power - notice - 70119#gases.

和电源单元、太阳能电池板以及水和风力涡轮机。

由某些资助者向 60 岁以上的人或某些福利领取人提供捐赠的供热设备和煤气供应连接，包括封闭式固体燃料防火盒、带工厂绝缘热水罐的电动双浸入式热水器、电储加热器、燃气锅炉、带恒温控制装置的燃气室加热器、燃气锅炉、散热器、安装、维修和维护锅炉、散热器、管道和控制装置，形成中央供暖系统（包括微型热电系统）、可再生能源供热系统的安装、维修和维护；使用可再生能源的空间或水加热系统，包括太阳能、风能和水力发电；或靠近可再生能源，包括地面和空气热以及连接或重新连接到电源供气。①

第六节 法国能源类绿色税收政策

法国能源类绿色税收主要包括矿物油税、海外社区的特殊燃油税、煤炭消费税、电网业务税、增值税、跨区域资产统一税、个人所得税。

一、矿物油税

矿物油税的征税对象是轻质燃料油和重质燃料油，具体税率如表 2－15 所示。

表 2－15   法国燃油税税率

税目	税率
轻质燃料油	0.1566 欧元/升
重质燃料油	0.0219 欧元/千克

资料来源：笔者根据 OECD 环境政策工具数据库相关数据整理所得。

税收优惠：矿物油用于生物燃料的部分或出租车、公共交通、公路货运、农业部门（非运输用途）的部分免征矿物油税（能源产品国内消费税）。

① 国家税务总局国际税务司国别（地区）投资税收指南课题组. 中国居民赴英国投资税收指南：2021 ［EB/OL］. ［2023－04－05］. https：//www. chinatax. gov. cn/chinatax//n810219/n810744/n1671176/n1671206/c4394378/5116224/files/74d0712fc20642a0bc12e2843db7bb86. pdf.

二、污染税

法国污染税税率，如表 2 – 16 所示。

表 2 – 16 法国污染税税率

税目	税率
柴油生物燃料	柴油价值的 7.7%，与掺入的生物燃料量成比例减少
无铅汽油生物燃料	汽油（TGAP 生物碳化剂）价值的 7%，与掺入的生物燃料量成比例减少

资料来源：笔者根据 OECD 环境政策工具数据库相关数据整理所得。

三、海外社区的特殊燃油税

海外社区的特殊燃油税针对其他交通用能源产品征收，具体税率取决于燃料的类型。

四、电网业务税

法国电网业务税相关信息，如表 2 – 17、表 2 – 18 所示。

表 2 – 17 法国电网业务税税率

征税对象	税目	税率
电力生产	电力变压器：50 千伏 < 电压 ≤ 130 千伏	13 915.0 欧元
	电力变压器：130 千伏 < 电压 ≤ 350 千伏	48 445.0 欧元
	电力变压器：电压 > 350 千伏	142 756.0 欧元
	水力发电厂	每千瓦装机容量 3.00 欧元
	陆上发电厂利用来自风能和水力机械能流的机械能发电	每千瓦装机容量 7.21 欧元
	利用核能或热能火焰发电的发电厂	每兆瓦装机容量 3 003.0 欧元
	太阳能光伏电站	每千瓦装机容量 7.21 欧元

资料来源：笔者根据 OECD 环境政策工具数据库相关数据整理所得。

表 2 – 18   电塔税（费泰尔河畔电塔税）税率

征税对象	税额
电力生产电压在 200 千伏和 350 千伏之间的塔架	每年 2 146.0 欧元
电力生产电压大于 350 千伏的塔架	每年 4 289.0 欧元

资料来源：笔者根据 OECD 环境政策工具数据库相关数据整理所得。

此外，电力分销商的收入需缴纳 0.44% 至 2.2% 的税收。

五、煤炭消费税

法国煤炭消费税税率，如表 2 – 19 所示。

表 2 – 19   法国煤炭消费税税率表

一般税基	具体税基	税率
煤炭	煤、褐煤和焦炭用作燃料	每兆瓦时 2.29 欧元

资料来源：笔者根据 OECD 环境政策工具数据库相关数据整理所得。

六、增值税

法国增值税标准税率为 20%，对于能源有相应的税率优惠。5.5% 的减免税率，适用于每名用户最高可达 36 千伏的电网电力认购。订购网络供应的可燃天然气减按 5.5% 的税率征税。[1]

七、跨区域资产统一税

2010 年开始，法国对跨区域设立的集团所持有的资产按照统一税率征税，以促进区域当局或其公共机构之间的合作，同时有利于"法国大巴黎"的公共设施建设。

以下九类资产跨区域分布时按照统一税率征税：

---

① 国家税务总局国际税务司国别（地区）投资税收指南课题组. 中国居民赴法国投资税收指南：2022 ［EB/OL］.［2023 – 04 – 05］. https：//www. chinatax. gov. cn/chinatax//n810219/n810744/n1671176/n1671206/c2581097/5116171/files/3c19ba384ccb4c919e39e6d507e65084. pdf.

（1）风力和船用涡轮机；

（2）核能或化石燃料发电厂；

（3）光伏或水力发电设施；

（4）公共输配电网变压器；

（5）广播电台；

（6）国家铁路网用于运送旅客的车辆；

（7）法兰西岛公共交通线路使用的车辆（这部分税金收入将分配给"法国大巴黎"公共机构）；

（8）铜局部回路主配电架及部分电话交换机设备；

（9）天然气及其他化石燃料的天然气设施及管道、化工产品运输管道。

上述资产在法国境内都要适用统一税率征税，与纳税人注册地址无关。每年，法国税务机关将根据当年消费者指数对每个类别适用的计税基础与税率进行调整。①

八、个人所得税

员工为私人目的使用公司配备的纯电动能源车辆也被视为一种实物福利，按照车辆实际发生费用或一年总支出计税，该笔实物福利50%的部分为免税收入（最高不超过 1 800 欧元），其余应按照实际支出或每年总支出的金额计算缴纳个人所得税（雇主为车辆充电产生的费用不计入计税基础）。

对于中等收入家庭的纳税人在 2020 年 1 月 1 日后购买的自住住宅用符合条件的家用节能设备（例如节能供热系统、隔热设备），在特定条件下最高可以享受 30% 的税收抵免优惠。对于低收入家庭，由国家住房机构支付补贴，以替代税收抵免优惠。

从 2021 年 1 月 1 日起，在法国的个人购买和安装电动汽车充电桩时，对于在 2021 年 1 月 1 日至 2023 年 12 月 31 日期间实际支付的符合条件的支出，可享受 75% 的税收抵免（每个充电桩的税收抵免上限为 300 欧元）。②

---

①② 国家税务总局国际税务司国别（地区）投资税收指南课题组．中国居民赴法国投资税收指南：2022 ［EB/OL］．［2023 – 04 – 05］．https：//www．chinatax．gov．cn/chinatax//n810219/n810744/n1671176/n1671206/c2581097/5116171/files/3c19ba384ccb4c919e39e6d507e65084．pdf．

第七节　德国能源类绿色税收政策

德国能源税的开征由来已久，早在 1879 年德国政府便对进口石油征收石油税。[①] 1999 年，德国政府实施了能源税改革。改革的特点是增加某些能源的使用税，然后将增收的税收收入用来再循环。增税的能源涉及无铅汽油、柴油、汽油、天然气和电。[②]

德国能源类绿色税收包含的税种有矿物油税、核燃料税、可再生能源税。

一、矿物油税

矿物油税是属于德国联邦政府的直接税，是直接税中的最大税种。对于汽车使用者来说，不但要缴纳机动车辆税，还要负担矿物油税。矿物油税的纳税人是矿物油的生产和进口单位。但是，他们可以通过价格把税负直接转移到消费者身上。

矿物油税与汽车的使用强度相关，使用汽车时间多的人，汽油用得多，缴纳的税就越多。近年来，德国采取为环境保护服务的税收政策。矿物油税视为汽车使用者对环境破坏的赔偿。通过矿物油税，促进人们少用个人小汽车，多使用公共交通设施，以达到保护环境的目的。德国矿物油税税率如表 2 - 20 所示。

表 2 - 20　　　　　　　　　　德国矿物油税税率

税目	税率
柴油（含硫量≤10 毫克/千克）	每升 0.4704 欧元
柴油（含硫量 > 10 毫克/千克）	每升 0.4857 欧元
商业用加热用瓦斯油：轻质燃料油（含硫量 > 50 毫克/千克）	每升 0.0600 欧元

---

① 许闲. 财政视角下德国能源税收征管及其对我国的借鉴 [J]. 德国研究, 2011, 26（3）: 44.

② 梁本凡. 绿色税费与中国 [M]. 北京: 中国财政经济出版社, 2002: 205.

续表

税目	税率
商业用加热用瓦斯油：轻质燃料油（含硫量≤50毫克/千克）	每升 0.0450 欧元
非商业用加热用瓦斯油：轻质燃料油（含硫量≤50 毫克/千克）	每升 0.0614 欧元
非商业用加热用瓦斯油：轻质燃料油（含硫量 >50 毫克/千克）	每升 0.0764 欧元
重型燃料油	每 1 000 千克 25.00 欧元
煤油，用作推进剂	每升 0.6545 欧元
含铅汽油	每升 0.7210 欧元
液化石油气用作推进剂	每千克 0.1803 欧元
商用加热用液化石油气	每 1 000 千克 36.36 欧元
非商业用途，用于加热目的的液化石油气	每 1 000 千克 60.60 欧元
非商业用途供暖用天然气	每兆瓦时 5.50 欧元（兆瓦时：天然气能量计量单位）
用作推进剂的天然气	每兆瓦时 13.90 欧元
私人家庭对煤、焦炭和褐煤的非商业使用	每十亿焦耳 0.3300 欧元
无铅汽油（含硫量≤10 毫克/千克）	每升 0.6545 欧元
无铅汽油（含硫量 >10 毫克/千克）	每升 0.6698 欧元

资料来源：笔者根据 OECD 环境政策工具数据库相关数据整理所得。

二、核燃料税

德国核燃料税税率，如表 2－21 所示。

表 2－21　　　　　　　　　德国核燃料税税率

课税对象	税率
核燃料棒中使用的钚 239、钚 241、铀 233 或铀 235	每克 145.0 欧元

资料来源：笔者根据 OECD 环境政策工具数据库相关数据整理所得。

三、可再生能源税

德国核燃料税税率如表 2-22 所示。此外，德国政府正利用碳定价计划的收入来抵消不断上涨的电力成本。它通过降低"可再生能源（EEG）附加费"来实现这一目标，EEG 附加费是一种向电力消费者征收的税，旨在推广可再生能源。如果来自碳定价的收入增加，政府减少附加费的补贴也会增加，这反过来会降低整体电价。这尤其有助于低收入人群。

表 2-22　　　　　　　　　　德国核燃料税税率

课税对象	税率
电	每千瓦时 0.0624 欧元

资料来源：笔者根据 OECD 环境政策工具数据库相关数据整理所得。

负担得起的电价将鼓励人们购买电动产品，如电动汽车和热泵。此外，对电网进行大规模扩建和升级也至关重要。这将在德国内部进行，但也将与欧洲邻国联合进行。电力消费和储存的灵活性也将在未来带来更多回报。[①]

四、碳排放税

2021 年，德国加大应对气候变化的力度，在运输和取暖方面实施全国性的二氧化碳价格，适用于汽油、柴油、取暖油和天然气等燃料。

德国国家排放交易系统从 2021 年 1 月 1 日开始实行每吨二氧化碳 25 欧元的固定价格，这意味着每升汽油价格上涨 7 美分左右，每升柴油价格上涨 8 美分，每升取暖用油价格上涨 8 美分，每千瓦时天然气价格上涨 0.6 美分。到 2025 年，二氧化碳固定价格将逐步提高到 55 欧元。而从 2026 年起，价格将通过竞拍确定，价格区间可能在 55～65 欧元。

2022 年 1 月 1 日起，房东要承担一半二氧化碳税，也就是说在房屋取

---

① 德国联邦财政部网站，https://www.bundesfinanzministerium.de.

暖费方面，房东要替房客承担一部分。①

五、税收优惠

德国政府推出德国人人气候行动，气候和环境目标是德国政府面向未来的补贴政策的核心。企业所得税规定自 2020 年 1 月 1 日至 2030 年 12 月 31 日期间，对于新购买的电动车辆，可以在其购置当年享受购置成本 50% 的额外折旧扣除；② 自 2020 年 1 月 1 日起，居民和非居民企业都可以在每年不超过 200 万欧元的范围内申请 25% 的研发补贴。德国政府 2021 年 8 月 18 日通过了《德国政府关于 2019 年至 2022 年期间联邦财政援助和税收优惠趋势的报告》（以下简称《第 28 次补贴报告》）。《第 28 次补贴报告》重点关注为实现德国政府气候行动和环境保护目标而采取的措施。例如，关于实现 2030 年气候目标的决定和近期气候行动方案将获得与其优先重要性相称的资金。在这些领域，以财政援助和税收优惠形式提供的联邦补贴将从 2019 年的欧元 246 亿美元增加到 2022 年的欧元 472 亿美元。联邦税收优惠预计将从 2019 年的欧元 163 亿美元增加到 2022 年的欧元 196 亿美元。这是电动汽车和插电式混合动力汽车税收优惠增加的结果，也是餐馆和餐饮服务增值税临时下调的结果，该政策适用至 2022 年底。这项措施也有助于克服新冠疫情的一些经济影响。③

第八节　荷兰能源类绿色税收政策

荷兰政府于 1988 年开始对燃料征收环境税。当初，征收环境税的目的是弥补环境政策性开支的不足。1992 年，荷兰环境税进入财政，环境税成为政府正常财政收入的一部分。1996 年，除了电力以外，其他所有能源资

---

① 商务部国际贸易经济合作研究院，中国驻德国大使馆经济商务处，商务部对外投资和经济合作司. 对外投资合作国别（地区）指南——德国：2022 年版［EB/OL］.［2023 – 02 – 07］. http：//www. mofcom. gov. cn/dl/gbdqzn/upload/deguo. pdf.

② 国家税务总局国际税务司国别（地区）投资税收指南课题组. 中国居民赴德国投资税收指南：2022［EB/OL］.［2023 – 04 – 05］. https：//www. chinatax. gov. cn/chinatax//n810219/n810744/n1671176/n1671206/c2352715/5116161/files/64a27b3d7c54468daaec6b253bf32235. pdf.

③ 德国联邦财政部网 https：//www. bundesfinanzministerium. de.

源都课环境税。但是，能源密集工业税率较低，环境税可以得到部分减免。[①]

荷兰的能源类绿色税种包括能源税、矿物油消费税、汽油消费税、煤炭税、增值税、企业所得税、个人所得税。

一、能源税

荷兰主要能源税税率，如表 2 - 23 至表 2 - 27 所示。另外，对库存矿物油，包括各种用途的柴油和煤油、含铅汽油、无铅汽油、轻质燃料油、液化石油气需缴纳每升 0.0080 欧元的矿物油税。对矿物油征收的燃料税与对矿物油征收的消费税一起缴纳。纳税人主要是燃料的进口商和制造商。[②]

表 2 - 23   荷兰用电量税率

税目	税率
每年≥1 000 万千瓦时，用于商业用途	每千瓦时 0.0005 欧元
每年≥1 000 万千瓦时，用于非商业用途	每千瓦时 0.0010 欧元
10 000 千瓦时 < 每年用电量≤50 000 千瓦时	每千瓦时 0.0431 欧元
50 000 千瓦时 < 每年用电量≤1 000 万千瓦时	每千瓦时 0.0115 欧元
每年用电量≤10 000 千瓦时	每千瓦时 0.1185 欧元

资料来源：笔者根据 OECD 环境政策工具数据库相关数据整理所得。

表 2 - 24   荷兰使用天然气税率

税目	税率
每年 1 000 万立方米及以上	每立方米 0.0117 欧元
每年 100 万立方米至 1 000 万立方米	每立方米 0.0163 欧元
每年 170 000 立方米至 100 万立方米	每立方米 0.0446 欧元

资料来源：笔者根据 OECD 环境政策工具数据库相关数据整理所得。

① 梁本凡. 绿色税费与中国［M］. 北京：中国财政经济出版社，2002：204.
② 参见 OECD 环境政策工具数据库。

表 2 – 25 荷兰矿物油消费税税率

税目	税率
重油	每千克 0.0358 欧元
其他运输用能源产品：液化石油气等	每千克 0.3222 欧元

资料来源：笔者根据 OECD 环境政策工具数据库相关数据整理所得。

表 2 – 26 荷兰汽油消费税税率

税目	税率
含铅汽油	每升 0.8455 欧元
无铅汽油	每升 0.7592 欧元

资料来源：笔者根据 OECD 环境政策工具数据库相关数据整理所得。

表 2 – 27 荷兰煤炭税税率

课税对象	税率
煤炭	每 1 000 千克 14.27 欧元

资料来源：笔者根据 OECD 环境政策工具数据库相关数据整理所得。

二、增值税

为特定的运输工具（如救援船只、战船等）提供补充燃料和补给的相关货物适用零税率。

三、企业所得税

节能投资扣除：除一般投资扣除额，还可享受节能投资扣除。享受该税收优惠，需要满足以下条件：一是在提高能源节约的资产上至少投资 2 500 欧元（每项资产）。二是能源投资扣除相当于一年能源投资总额的 45%（2018 年为 54.5%）。三是当投资总额超过 1.21 亿欧元时，扣除额为零。[①]

---

① 国家税务总局国际税务司国别（地区）投资税收指南课题组. 中国居民赴荷兰投资税收指南：2022［EB/OL］.［2023 – 04 – 05］. https：//www.chinatax.gov.cn/chinatax//n810219/n810744/n1671176/n1671206/c5140117/5140117/files/124e5be67d2641d3b1da91da717ede92. pdf.

四、个人所得税

如果距离超过 10 公里，搭乘公共交通工具往返于住所和工作单位之间的费用可减免。如果距离超过 80 公里，最高减免额为 2 116 欧元。雇主可为雇员提供免税补偿，以支付通勤费用，但补偿均会降低通勤费减免额。[①]

自 2017 年 1 月 1 日起，如果雇员或经营者拥有一辆由雇主或企业提供的供其使用的汽车，并将该汽车用于私人旅行，其目录价的 22%（包括汽车税和增值税）需增加到其年度应纳税所得额中，但私人旅行每年少于 500公里的除外。22% 的税率适用于 2017 年 1 月 1 日或之后新登记的汽车。这个比例在 2017 年之前是 15% 和 21%，具体根据汽车的二氧化碳排放情况确定。自 2019 年 1 月 1 日起，纯电动汽车的税率下调 4%，但这仅适用于目录价的第一个 5 万欧元。自 2020 年 1 月 1 日起，自行车（包括电动自行车）以自行车零售价的 7% 来计税。[②]

五、税收优惠

近年来，荷兰政府为了促进企业创新、发展节能环保产业等，出台了多项鼓励措施，符合条件的外资企业也可享受。节能环保方面的支持政策：能源效益投资补贴（Energy Investment Allowance，EIA）计划，由荷兰经济部负责，对节能项目投资税收减免最高达 41.5%。

"SDE + 计划"是"State Designated Entity"的缩写，意思是"国家指定实体"，对可再生能源生产进行补贴。2013 年，荷兰可持续增长能源协议设定能源发展目标，即到 2020 年，可再生能源比例占 14%；到 2023 年，占16% 的目标。2018 年春季，荷政府拨款 60 亿欧元面向风能、太阳能、生物质能、地热能和水能等可再生资源发电新项目。

绿色项目计划，对节能环保型项目融资实行较低的利率。钢铁、造纸、塑料等行业，如因碳排放配额原因导致高能源成本，可以申请碳排放交易

①② 国家税务总局国际税务司国别（地区）投资税收指南课题组. 中国居民赴荷兰投资税收指南：2022［EB/OL］.［2023 - 04 - 05］. https：//www. chinatax. gov. cn/chinatax//n810219/n810744/n1671176/n1671206/c5140117/5140117/files/124e5be67d2641d3b1da91da717ede92. pdf.

补贴。欧盟相关支持政策：智慧欧洲能源（IEE）计划，鼓励更加广泛地使用新能源和可再生能源并提高能源利用效率，加速实现欧盟可再生能源目标。[1]

第九节 丹麦能源类绿色税收政策

1917 年丹麦开始对石油征税。可以说，丹麦是世界上对能源进行征税的最早的国家之一。对能源征税，并不等于这个国家就产生了能源税。真正意义上的能源税，主要是指对能源的生产与消费进行征税，从这个意义上讲，丹麦的石油税是一种资源税，虽然这种资源税也与石油生产有关，但仍不属于能源税范畴。丹麦真正意义上的能源税是 1978 年及以后才逐渐确立的。首先确立的是电能税（以下简称"电税"），然后是轻重油税。1979 年开始对灌装气征税，1982 年开始对煤征税，1996 年开始对天然气征税，此后几乎各种石油及煤产品都征收能源税。[2] 丹麦是世界上最早实施碳税的国家之一，1990 年丹麦议会提出在 2005 年之前二氧化碳排放水平较 1988 年减少 20%，由此，碳税正式施行。

丹麦碳税确立经历了两个阶段，1992 年碳税指向家庭能源产品消费；1993 年扩展到商业领域。根据在 1995 年出台的税收政策体系，丹麦第二年就设立了一个包含三个税种（主要是能源、CO_2 和 SO_2 的税收）的新税。20 世纪末，丹麦将能源税再次提高近 20%，将企业供暖能源税率上调到 100 欧元/吨二氧化碳，生产用和照明用能源结构性调整至 12.1 欧元/吨二氧化碳。为完成气候行动计划，2020 年 6 月，丹麦政府提出进行绿色税收改革。[3]

丹麦绿色税收有矿物油税、二氧化碳税、煤炭税、天然气税、汽油费。

① 国家税务总局国际税务司国别（地区）投资税收指南课题组. 中国居民赴荷兰投资税收指南：2022 [EB/OL]. [2023 - 04 - 05]. https：//www. chinatax. gov. cn/chinatax//n810219/n810744/n1671176/n1671206/c5140117/5140117/files/124e5be67d2641d3b1da91da717ede92. pdf.

② 梁本凡. 绿色税费与中国 [M]. 北京：中国财政经济出版社，2002：192.

③ 商务部国际贸易经济合作研究院，中国驻荷兰大使馆经济商务处，商务部对外投资和经济合作司. 对外投资合作国别（地区）指南——荷兰：2022 年版 [EB/OL]. [2023 - 02 - 07]. http：//www. mofcom. gov. cn/dl/gbdqzn/upload/helan. pdf.

一、矿物油税

丹麦矿物油税税率，如表 2 - 28 所示。

表 2 - 28   丹麦矿物油税税率

税目	税率（丹麦克朗）	税率
液化石油气	每升 1. 91 丹麦克朗	每升 0. 2549 欧元
生物油	每升 2. 25 丹麦克朗	每升 0. 3014 欧元
汽化器液体	每升 4. 93 丹麦克朗	每升 0. 6596 欧元
含硫量低的柴油	每升 2. 81 丹麦克朗	每升 0. 3758 欧元
不含硫的柴油	每升 2. 81 丹麦克朗	每升 0. 3758 欧元
柴油当量的能源税	每吉焦（热量单位，等于十亿焦耳）78. 30 丹麦克朗	每吉焦 10. 48 欧元
汽油当量的能源税	每吉焦 134. 5 丹麦克朗	每吉焦 18. 00 欧元
轻质燃料油：燃油	每千克 2. 55 丹麦克朗	每千克 0. 3415 欧元
燃料焦油	每千克 2. 30 丹麦克朗	每千克 0. 3074 欧元
来自炼油厂的气体	每千克 2. 89 丹麦克朗	每千克 0. 3866 欧元
用作发动机燃料的汽油和柴油	每升 3. 15 丹麦克朗	每升 0. 4211 欧元
用作发动机燃料以外的其他用途的汽油和柴油	每升 2. 25 丹麦克朗	每升 0. 3014 欧元
煤油：不用作发动机燃料	每升 2. 25 丹麦克朗	每升 0. 3014 欧元
煤油：用作发动机燃料	每升 3. 15 丹麦克朗	每升 0. 4211 欧元
含铅汽油	每升 5. 21 丹麦克朗	每升 0. 6968 欧元
轻柴油	每升 3. 03 丹麦克朗	每升 0. 4048 欧元
润滑油和液压油	每升 2. 25 丹麦克朗	每升 0. 3014 欧元
甲醇	每升 0. 9910 丹麦克朗	每升 0. 1326 欧元
用作发动机燃料的其他气体（液化石油气）	每千克 3. 50 丹麦克朗	每千克 0. 4687 欧元
无铅汽油	每升 4. 42 丹麦克朗	每升 0. 5914 欧元
含 4. 8% 生物燃料的无铅汽油	每升 4. 34 丹麦克朗	每升 0. 5813 欧元

资料来源：笔者根据 OECD 环境政策工具数据库相关数据整理所得。

二、二氧化碳税

丹麦二氧化碳税税率如表 2 – 29 所示。

表 2 – 29　　　　　　　丹麦二氧化碳税税率

税目	税率（丹麦克朗）	税率
汽车燃气（液化石油气）	每升 0.2880 丹麦克朗	每升 0.0385 欧元
沼气：用作发动机燃料	每吉焦 1.30 丹麦克朗	每吉焦 0.1740
煤	每吨 474.6 丹麦克朗	每吨 63.51 欧元
天然气	每标准立方米 0.4030 丹麦克朗	每标准立方米 0.0539 欧元
用作燃料的非生物降解废物	每吨 178.5 丹麦克朗	每吨 23.89 欧元

资料来源：笔者根据 OECD 环境政策工具数据库相关数据整理所得。

三、煤炭税

丹麦煤炭税税率如表 2 – 30 所示。

表 2 – 30　　　　　　　丹麦煤炭税税率

特定税基	税率（丹麦克朗）	税率
废物焚烧加热	每吉焦（热量单位）52.30 丹麦克朗	每吉焦 7.00 欧元
褐煤	每吉焦 62.80 丹麦克朗	每吉焦 8.40 欧元
石油焦	每吉焦 62.80 丹麦克朗	每吉焦 8.40 欧元
沥青煤	每吉焦 62.80 丹麦克朗	每吉焦 8.40 欧元
在焚烧厂用作燃料的废物	每吉焦 31.80 丹麦克朗	每吉焦 4.27 欧元

资料来源：笔者根据 OECD 环境政策工具数据库相关数据整理所得。

四、天然气税

丹麦天然气税税率如表 2 – 31 所示。

表 2 – 31　　　　　　　　　　丹麦天然气税税率

税目	税率（丹麦克朗）	税率
天然气和城市煤气	每标准立方米（Nm³）2.49 丹麦克朗	每标准立方米 0.3327 欧元
用作发动机燃料的天然气	每标准立方米 3.10 丹麦克朗	每标准立方米 0.4151 欧元
天然气：来自特定气体分配网络的城市气体	每标准立方米 2.49 丹麦克朗	每标准立方米 0.3327 欧元

资料来源：笔者根据 OECD 环境政策工具数据库相关数据整理所得。

丹麦没有对外商投资绿色产业制定专门优惠政策，但对绿色转型行业有一定的拨款支持，例如：计划从 2024 年起设立为期 20 年的资金池，每年投入 8 亿丹麦克朗分阶段用于碳捕捉、储存和利用 2020～2030 年，补贴 25 亿丹麦克朗用于电气化提高能效，29 亿丹麦克朗用于沼气和绿色气体生产，用于不能直接使用绿色电力的工业部门等。①

第十节　中国能源类绿色税收政策*

中国 1994 年税制改革对汽油和柴油两种成品油征收消费税。目前，中国的能源类绿色税种包括消费税、增值税、企业所得税、房产税、城镇土地使用税、车船税、车辆购置税。收费项目有政府基金。

一、消费税

（一）税目

消费税中涉及能源产品的有成品油。成品油包括汽油、柴油、石脑油、溶剂油、航空煤油、润滑油、燃料油 7 个子目。航空煤油暂缓征收。

（1）汽油是指用原油或其他原料加工生产的辛烷值不小于 66 的可用作

---

① 商务部国际贸易经济合作研究院，中国驻丹麦大使馆经济商务处，商务部对外投资和经济合作司. 对外投资合作国别（地区）指南——丹麦：2022 年版［EB/OL］.［2023 – 02 – 07］. http://www. mofcom. gov. cn/dl/gbdqzn/upload/danmai. pdf,

* 本节所引资料，除非特别说明，均来自中国注册会计师协会. 税法［M］. 北京：中国财政经济出版社，2022.

汽油发动机燃料的各种轻质油。取消车用含铅汽油消费税，汽油税目不再划分二级子目，统一按照无铅汽油税率征收消费税。以汽油、汽油组分调和生产的甲醇汽油、乙醇汽油也属于本税目征收范围。

（2）柴油是指用原油或其他原料加工生产的倾点或凝点在 −50℃ ~ 30℃的可用作柴油发动机燃料的各种轻质油和以柴油组分为主、经调和精制可用作柴油发动机燃料的非标油（以柴油、柴油组分调和生产的生物柴油也属于本税目征收范围）。

经国务院批准，从 2009 年 1 月 1 日起，对同时符合下列条件的纯生物柴油免征消费税：

①生产原料中废弃的动物油和植物油用量所占比例不低于 70℃。

②生产的纯生物柴油符合国家《柴油机燃料调合生物柴油（BD100）》标准。

（3）石脑油又叫化工轻油，是以原油或其他原料加工生产的用于化工原料的轻质油。

石脑油的征收范围包括除汽油、柴油、航空煤油、溶剂油以外的各种轻质油。非标汽油、重整生成油、拔头油、戊烷原料油、轻裂解料（减压柴油 VGO 和常压柴油 AGO）、重裂解料、加氢裂化尾油、芳烃抽余油均属轻质油，属于石脑油征收范围。

（4）溶剂油是用原油或其他原料加工生产的用于涂料、油漆、食用油、印刷油墨、皮革、农药、橡胶、化妆品生产和机械清洗、胶粘行业的轻质油。橡胶填充油、溶剂油原料，属于溶剂油征收范围。

（5）航空煤油也叫喷气燃料，是用原油或其他原料加工生产的用作喷气发动机和喷气推进系统燃料的各种轻质油。航空煤油的消费税暂缓征收。

（6）润滑油是用原油或其他原料加工生产的用于内燃机、机械加工过程的润滑产品。润滑油分为矿物性润滑油、植物性润滑油、动物性润滑油和化工原料合成润滑油。

润滑油征收范围包括矿物性润滑油、矿物性润滑油基础油、植物性润滑油、动物性润滑油和化工原料合成润滑油。以植物性、动物性和矿物性基础油（或矿物性润滑油）混合掺配而成的"混合性"润滑油，不论矿物性基础油（或矿物性润滑油）所占比例高低，均属于润滑油征收范围。

另外，用原油或其他原料加工生产的用于内燃机、机械加工过程的润滑产品均属于润滑油征税范围。润滑脂是润滑产品，生产、加工润滑脂应当征收消费税。变压器油导热类油等绝缘油类产品不属于润滑油，不征收消费税。

（7）燃料油也称重油、渣油，是用原油或其他原料加工生产，主要用作电厂发电、锅炉用燃料、加热炉燃料、冶金和其他工业炉燃料。蜡油、船用重油、常压重油、减压重油、180CTS 燃料油、7 号燃料油、糠醛油、工业燃料、4～6 号燃料油等油品的主要用途是作为燃料燃烧，属于燃料油征收范围。

另外，根据《财政部 国家税务总局关于对废矿物油再生油品免征消费税的通知》（财税〔2013〕105 号）的规定，纳税人利用废矿物油为原料生产的润滑油基础油、汽油、柴油等工业油料免征消费税。但应同时符合下列条件：

①纳税人必须取得省级以上（含省级）环境保护部门颁发的《危险废物（综合）经营许可证》，且该证件上核准生产经营范围应包括"利用"或"综合经营"字样。

②生产原料中废矿物油重量必须占到 90% 以上。产成品中必须包括润滑油基础油，且每吨废矿物油生产的润滑油基础油应不少于 0.65 吨。

③利用废矿物油生产的产品与利用其他原料生产的产品应分别核算。财政部、国家税务总局发布的《关于延长对废矿物油再生油品免征消费税政策实施期限的通知》（财税〔2018〕144 号）规定将该免征消费税政策实施期限延长至 2023 年 10 月 31 日。

（二）税率

中国消费税成品油税率如表 2－32 所示。

表 2－32　　　　　　　中国消费税成品油税率　　　　　　单位：元/升

税目	税率（额）
1. 汽油	1.52
2. 柴油	1.2
3. 航空煤油	1.2
4. 石脑油	1.52
5. 溶剂油	1.52
6. 润滑油	1.52
7. 燃料油	1.2

二、增值税

（1）同时符合下列条件的合同能源管理服务，免征增值税。

①节能服务公司实施合同能源管理项目相关技术，应当符合国家市场监督管理总局和国家标准化管理委员会发布的《合同能源管理技术通则》（GB/124915－2010）规定的技术要求。

②节能服务公司与用能企业签订节能效益分享型合同，其合同格式和内容符合《中华人民共和国民法典》（合同）和《合同能源管理技术通则》（GB/T24915－2010）等规定。

（2）向居民供热取得的采暖费收入免征增值税。

（3）暖气、冷气、热水、煤气、石油液化气、天然气、沼气、居民用煤炭制品适用9%的增值税税率。

（4）自2015年7月1日起，对纳税人销售自产的利用风力生产的电力产品，实行增值税即征即退50%的政策。

（5）自2022年3月1日起，增值税一般纳税人销售自产的资源综合利用产品和提供资源综合利用劳务，可享受增值税即征即退政策。具体有：

①煤炭开采过程中产生的煤层气（煤矿瓦斯）生产的电力，产品燃料95%以上来自前列资源，100%退税。

②煤矸石、煤泥、石煤、油母页岩生产的电力、热力，产品燃料60%以上来自前列资源，退税50%。

③工业生产过程中产生的余热、余压生产的电力、热力，产品原料100%来自前列资源，退税100%。

④废弃动物油和植物油生产的生物柴油、工业级混合油，产品原料70%以上来自前列资源，退税70%。

⑤废矿物油生产的润滑油基础油、汽油、柴油等工业油料，产品原料90%以上来自前列资源，退税50%。

⑥煤焦油、荒煤气（焦炉煤气）生产的柴油、石脑油，产品原料95%以上来自前列资源，退税50%。

⑦垃圾以及利用垃圾发酵产生的沼气生产的电力、热力，产品燃料80%以上来自前列资源，退税100%。

⑧餐厨垃圾、畜禽粪便、稻壳、花生壳、玉米芯、油茶壳、棉籽壳、三剩物、次小薪材、农作物秸秆、蔗渣，以及利用上述资源发酵产生的沼

气生物质压块、沼气等燃料、电力、热力，产品原料或者燃料80%以上来自前列资源，退税100%。[①]

三、企业所得税

企业所得税的优惠政策如下：

（1）从事节能项目的所得，自项目取得第一笔生产经营收入所属纳税年度起，享受"三免三减半"的优惠。

（2）自2011年1月1日起，对符合条件的节能服务公司实施合同能源管理项目，符合《中华人民共和国企业所得税法》（以下简称《企业所得税法》）有关规定的，自项目取得第一笔生产经营收入所属纳税年度起，享受"三免三减半"的优惠待遇，按照25%的法定税率减半征收企业所得税。

（3）根据《企业所得税法》及其实施条例的有关规定，居民企业从事符合《公共基础设施项目企业所得税优惠目录（2008年版）》规定条件和标准的电网（输变电设施）的新建项目，可依法享受"三免三减半"的企业所得税优惠政策。基于企业电网新建项目的核算特点，暂以资产比例法，即以企业新增输变电固定资产原值占企业总输变电固定资产原值的比例，合理计算电网新建项目的应纳税所得额，并据此享受"三免三减半"的企业所得税优惠政策。

（4）从事符合条件的节能节水项目的所得定期减免企业所得税：企业从事符合条件的节能节水项目的所得，自项目取得第一笔生产经营收入所属纳税年度起，第一年至第三年免征企业所得税，第四年至第六年减半征收企业所得税。节能项目包括四类：第一，既有建筑节能与可再生资源利用项目；第二，热泵技术改造项目；第三，工业锅炉、工业窑炉节能改造项目；第四，数据中心节能改造项目。

（5）企业购置并实际使用《节能节水专用设备企业所得税优惠目录》规定的节能节水专用设备的，该专用设备的投资额的10%可以从企业当年的应纳税额中抵免；当年不足抵免的，可以在以后5个纳税年度结转抵免。

（6）企业以《资源综合利用企业所得税优惠目录》规定的资源作为主要原材料，生产国家非限制和禁止并符合国家和行业相关标准的产品取得

---

① 资源综合利用产品和劳务增值税优惠目录（2022版）[EB/OL].[2023-02-07]. https：//www.gov.cn/zhengce/zhengceku/2022-02/28/5676109/files/0f30bfd034414d7dab06ff12e476cf80.pdf.

的收入，减按90%计入收入总额。涉及能源的包括：

①废生物质油、废弃润滑油生产生物柴油、工业级混合油等，产品原料90%以上来自前列资源。

②焦炉煤气、转炉煤气、高炉煤气、矿热炉尾气、化工废气、石油（炼油）化工废气、发酵废气、炭黑尾气、二氧化碳、氯化氢废气，生物质合成气生产的电力、热力、可燃气、轻烃、天然气，且产品原料100%来自前列资源。

③生活垃圾焚烧炉渣生产的电力、热力，且产品原料100%来自前列资源。

④农作物秸秆及壳皮（粮食作物秸秆、粮食壳皮、玉米芯等）、林业三剩物、次小薪材、蔗渣、糠醛渣、菌糠、酒糟、粗糠、中药渣、废旧家具、畜禽养殖废弃物、畜禽屠宰废弃物、农产品加工有机废弃物生产的生物天然气、热解燃气、沼气、生物油、电力、热力、生物炭、活性炭，产品原料70%以上来自前列资源。

⑤厨余垃圾生产沼气等，产品原料80%以上来自前列资源。①

四、其他税种

（1）对向居民供热收取采暖费的供热企业，为居民供热所使用的厂房及土地免征房产税、城镇土地使用税。

（2）对新能源车船，免征车船税。免征车船税的新能源汽车是指纯电动商用车、插电式（含增程式）混合动力汽车、燃料电池商用车。

（3）对节能汽车，减半征收车船税。

（4）对购置的新能源汽车免征车辆购置税。

（5）水电站部分用地免征城镇土地使用税。

（6）分布式光伏发电自发自用电量免收国家重大水利工程建设基金。

（7）分布式光伏发电自发自用电量免收可再生能源电价附加。

（8）分布式光伏发电自发自用电量免收大中型水库移民后期扶持基金。

（9）分布式光伏发电自发自用电量免收农网还贷资金。

（10）核电站部分用地免征城镇土地使用税。

---

① 资源综合利用产品和劳务增值税优惠目录（2022版）[EB/OL]．[2023 - 02 - 07]. https：//www. gov. cn/zhengce/zhengceku/2022 - 02/28/5676109/files/0f30bfd034414d7dab06ff12e476cf80. pdf.

第十一节　能源类绿色税收政策国际比较

一、各国能源储量及消费量比较

对比国家中，美国和俄罗斯既是资源生产大国，也是资源消费大国。韩国自然资源匮乏，可开采能源有无烟煤，但储藏量不大。日本自然资源贫乏，90%以上依赖进口，其中石油完全依赖进口。日本政府积极开发核能等新能源，截至 2011 年 2 月，拥有 54 个核电机组，总发电装机容量为 4 946.7 万千瓦，位居世界第三位。① 英国的主要矿产资源有煤、铁、石油和天然气。法国能源自给率为 49.8%。煤储量已近枯竭，所有煤矿均已关闭。有色金属储量很少，几乎全部依赖进口。绝大部分的石油、天然气和煤依赖进口。能源主要依靠核能，接近 80% 的电力靠核能提供。此外，水力和地热资源的开发利用也比较充分。德国属于自然资源相对贫乏的国家，在工业原料和能源方面主要依靠进口。德国拥有少量铁矿和石油，天然气需求量的 1/3 可以由国内满足。德国是世界上最大的褐煤生产国，硬煤、褐煤、钾盐的贮量较丰富。德国的能源主要来源于化石燃料，其次是核电，类似生物质能的可再生能源（木材和生物燃料）、风能、水能和太阳能。荷兰自然资源贫乏，除天然气和少量的石油以外，几乎没有什么自然资源。丹麦自然资源种类少，除石油和天然气外，其他矿藏很少。具体国家能源产量及消费量如表 2-33 所示。

二、各国能源绿色税收比较

（一）各国能源相关税种比较

各国开征的能源税种有所区别，具体如表 2-34 所示。

---

① 国家税务总局国际税务司国别（地区）投资税收指南课题组. 中国居民赴日本投资税收指南：2022［EB/OL］.［2023-04-05］. https：//www. chinatax. gov. cn/chinatax//n810219/n810744/n1671176/n1671206/c2183143/5116165/files/7c168eaec9b746adb142bcde087283d0. pdf.

表 2－33

各国能源产量、消费量量对比

国家	一次能源			石油		天然气		煤炭		核能	水电	可再生能源		电力
	消费量(艾焦)	占比(%)	人均消费(吉焦/人)	产量(千桶/天)	消费量(千桶/天)	产量(十亿立方米)	消费量(十亿立方米)	产量(艾焦)	消费量(艾焦)	消费量(艾焦)	消费量(艾焦)	消费量(艾焦)	发电量(太瓦时)	发电量(太瓦时)
美国	92.97	15.6	279.9	16 585	18 684	934.2	826.7	11.65	10.57	7.4	2.43	7.48	624.5	4 406.4
俄罗斯	31.3	5.3	214.5	10 944	3 407	701.7	474.6	—	3.41	2.01	2.20	0.06	5.4	1 157.1
日本	17.74	3	140.8	—	3 341	—	103.6	0.02	4.8	0.55	0.73	1.32	130.3	1 019.7
韩国	12.58	2.1	245.1	—	2 813	—	62.5	0.02	3.04	1.43	0.03	0.44	40.2	600.4
英国	7.18	1.2	106.9	874	1 236	—	76.9	0.03	0.21	0.41	0.05	1.24	116.9	309.9
法国	9.41	1.6	144.0	—	1 424	32.7	43	—	0.23	3.43	0.55	0.74	62.8	574.2
德国	12.64	2.1	152.0	—	2 045	4.5	90.5	1.15	2.21	0.62	0.18	2.28	217.6	584.5
荷兰	3.47	0.6	198.2	—	742	18.1	35.1	—	0.23	0.03	<0.005	0.43	40.1	121.6
丹麦	0.67	0.1	114.9	65	128	1.3	2.3	—	0.05	—	<0.005	0.27	26.0	33.4
中国	157.65	26.5	109.1	3 994	15 442	209.2	378.7	85.15	86.17	3.68	12.25	11.32	1 152.5	8 534.3

资料来源：《BP 世界能源统计年鉴 2022》。

表 2 - 34 能源相关税种比较

国家	能源相关税种
美国	能源税类：燃油消费税、石油税、备用税、地方燃油税、地方电力税、地方能源和可再生能源税
	税收优惠涉及税种：联邦企业所得税、联邦个人所得税、州所得税、州财产税、州销售税、州消费税
俄罗斯	能源税类：消费税
日本	能源税类：汽油税和地方道路税、液化石油气税、汽油交易税、航空燃油税、柴油税、推进电力资源开发税
	税收优惠涉及税种：法人税、车辆购置税、汽车重量税、固定资产税
韩国	能源税类：个别消费税、交通·能源·环境税、汽车燃料税、交通能源环境教育税
英国	能源税类：燃油税、气候变化税
	税收优惠涉及税种：增值税
法国	能源税类：矿物油税、海外社区的特殊燃油税、煤炭消费税、电网业务税
	税收优惠涉及税种：增值税、跨区域资产统一税、个人所得税
德国	能源税类：矿物油税、核燃料税、可再生能源税、碳排放税
	税收优惠涉及税种：企业所得税
荷兰	能源税类：能源税、矿物油消费税、汽油消费税、煤炭税
	税收优惠涉及税种：增值税、企业所得税、个人所得税
丹麦	能源税类：矿物油税、二氧化碳税、煤炭税、天然气税、汽油费
中国	能源税类：消费税
	税收优惠涉及税种：增值税、企业所得税、车船税、车辆购置税、城镇土地使用税

（二）能源税课税范围比较

各国开征的能源税课税范围有所不同，具体如表 2 - 35 所示。

表 2 - 35 能源税征税范围比较

国家	能源税课税范围
美国	汽油、柴油和煤油、压缩天然气（CNG）、原油和石油产品、生物柴油、柴油、乙醇、无铅汽油、液化石油气、甲醇、天然气、发电量
俄罗斯	车用汽油、柴油、柴油及汽化器发动机机油、航空煤油、中质馏分油

续表

国家	能源税课税范围
日本	汽油、液化石油气、航空燃油税、柴油、电力
韩国	煤油、重油、丙烷、丁烷气体、天然气（包括液化形态）、汽油、柴油
英国	重油（柴油）、标记的瓦斯油、燃油、用作燃料的燃料油、瓦斯油或煤油以外的重油、煤油用作发动机的燃料，道路车辆除外或用于取暖；生物燃料分为生物乙醇、生物柴油、非道路用生物柴油、不用于道路燃料与瓦斯油混合的生物柴油
法国	轻质燃料油、重质燃料油、其他交通能源产品、电力、煤炭
德国	汽油、柴油、轻质燃料油、重型燃料油、液化气、天然气、煤炭、核燃料和电力
荷兰	电力、天然气、重油、液化石油气、汽油、煤炭
丹麦	液化石油气、生物油、柴油、轻质燃料油、煤油、润滑油和液压油、沼气、煤炭、天然气、用作燃料的非生物降解废物等
中国	汽油、柴油、航空煤油、石脑油、溶剂油、润滑油、燃料油

（三）税负比较

选择常用的无铅汽油和柴油两种比较，具体如表 2－36 所示。

表 2－36　　　　　　　　成品油能源税税率及税负水平

国家	无铅汽油能源税税率（美元/升）	无铅汽油能源税的价格占比（%）	柴油能源税税率（美元/升）	柴油能源税的价格占比（%）
美国	0.05	5	0.06	5
俄罗斯	0.14	18.71	0.11	13.03
日本	0.41	32.72	0.25	22.89
韩国	0.60	55.27	0.42	36.08
英国	0.66	35.97	0.66	31.20
法国	0.31	24.02	0.33	15.87
德国	0.72	37.19	0.52	23.58
荷兰	0.83	41.94	0.35	18.06

国家	无铅汽油能源税税率（美元/升）	无铅汽油能源税的价格占比（%）	柴油能源税税率（美元/升）	柴油能源税的价格占比（%）
丹麦	0.65	29.13	0.41	18.74
中国	0.22	18.22	0.18	16.78

注：（1）价格数据根据 GlobalPetrolPrices.com 最新汽油柴油汽油价格查询（2023 年 1 月 23 日），汇率按 2023 年 1 月 28 日汇率计算。

（2）能源税率包括前文介绍的专门针对能源的税种，不包括一般性的如增值税之类的税种。美国数据为联邦能源税收，各州征收不同税率的能源税，没有计算在内。考虑州燃油税费，汽油税负率约为 15% 左右。

从以上各表可以看出，各国出于限制化石能源消费的目的，对能源均征收能源税，从能源税税负水平看，美国石油制品的税率相对来说处于较低水平，一方面，美国属于能源大国，能源的储备水平较高；另一方面，美国国土辽阔，汽车的使用普遍，人均汽油消费量远超其他发达国家，所以汽柴油税率较低。俄罗斯属于能源丰沛的国家，税负水平较低，和中国的税负水平相当。其余国家能源税负水平较高。此外，大多数国家针对不同的能源项目规定了相应的税收优惠。总体来看，各国的绿色能源税收仍各有特点。

1. 美国能源绿色税收政策特点

美国税收分为联邦税和州税，从征税范围来看，联邦燃油消费税涉及能源的绿色税收部分规定较为简单，税负水平也较轻。此外，各州均开征了税率不一的地方能源税，征税范围较广，有的州税率没有差异，有的州税目不同，税率有所差异。美国对新能源规定了较为全面的税收优惠政策，所得税规定了投资税收抵免和节能商业建筑和能源设施的联邦所得税税前扣除。州级的优惠政策更为多样化，包括可再生能源或者生物能源的不动产所有者可享受财产税减免、安装节能设备，包括太阳能设备、风能设备的个人可享受个人所得税税收抵免，销售清洁能源，如生物柴油、乙醇的销售商可享受所得税税收抵免，另外，销售税、消费税和营业税对节能设备、可再生能源生产均有税收减免或税收返还的规定。对于可再生能源、清洁能源的税收优惠政策涵盖各种能源项目，包括投资、生产和消费各个环节。

2. 俄罗斯能源绿色税收政策特点

俄罗斯是世界上重要的石油生产国和出口国。俄罗斯的能源税收有消费税，征税税目分为车用汽油：不符合 5 级、车用汽油：5 级、柴油、柴油及汽化器发动机机油、航空煤油、中质馏分油。政策特点为对车用汽油分为两种不同税率，符合 5 级的税率较低，不符合 5 级的税率较高，以此鼓励低排量汽车的消费。除了航空煤油外，近三年税率逐年提高。另外，天然气按 30% 的比例税率缴税。

3. 日本能源绿色税收政策特点

日本主要对汽油、液化石油气、航空燃油税、柴油、电力征税，征税相对简单。日本非常重视能源研发和利用，对新能源也规定了相应的税收优惠政策。主要有直接减免、所得税抵扣和加速折旧三种方式，如对于新能源汽车免征车辆购置税和汽车重量税，新能源燃料供应设备可享受税收减免，企业购买安装太阳能、风电等可再生能源设备，可以抵扣设备购买价款 7% 的所得税，对于符合条件的节能设备允许企业采取特别折旧法，在设备正常折旧之外还可以再享受特别折旧等。

4. 韩国能源绿色税收政策特点

韩国是一个石油资源极为缺乏但炼油能力严重过剩的国家。为了满足国内需求，韩国几乎全部依靠进口获得原油资源。出于限制消费、节约能源的目的，韩国采取了对成品油课以较重税收的政策，其成品油的税收占价格比例在亚洲国家中属于较高水平。[①] 对能源征税对象的规定较为简单。

5. 英国能源绿色税收政策特点

英国的燃油税税目根据用途划分，细分程度较高，如重油划分为重油（柴油）、标记的瓦斯油、燃油、用作燃料的燃料油、瓦斯油或煤油以外的重油、煤油用作发动机的燃料（道路车辆除外）或用于取暖；生物燃料分为生物乙醇、生物柴油、非道路用生物柴油、不用于道路燃料与瓦斯油混合的生物柴油，不同的税目规定了不同的税率。此外，燃油税还规定了较多的减税免税政策，主要给予船只、航空涡轮燃料和园艺生产者，体现对这些行业的照顾。自 2001 年起，英国开征气候变化税，并将其用于弥补社会保障费用、通过碳信托公司开展相关能源研究活动等领域。就纳税人而言，英国气候变化税的纳税人包括大型工商企业，而小规模企业、家庭消费者等则无须缴纳气候变化税，这与部分北欧国家实行碳税政策初期就对家庭征税存在较大的区别。此外，与北欧国家有所不同的是，英国为降低税收征管成本，在上游生产企业获得能源时征收气候变化税，而非在消费

---

① 张静. 韩国的成品油价格与税收 [J]. 化学工业，2009，27（8）：43 – 45.

环节进行征税。[①] 税率上不同税目实行差异化税率。此外，税收优惠方面，针对不同的用途规定了诸多减免政策，如对非商业用途豁免，武装部队住宅、大篷车、儿童之家、老人院和残疾人院、学校和大学宿舍、社区供暖计划供应等，体现了对居民生活的保障。此外，对部分商业项目豁免，如运输方式中使用的供应品豁免：电气化火车线路、为运送乘客的渡轮或非铁路车辆提供动力、轻型载客的铁路车厢等。英国增值税针对能源有较多的特殊规定，家用燃料和电力、慈善非商业用途的燃料和电力规定增值税5%的低税率，以保障居民的生活，针对新能源的优惠措施如在住宅和建筑物中安装的节能材料，由某些资助者向60岁以上的人或某些福利领取人提供捐赠的供热设备和煤气供应连接，使用可再生能源的空间或水加热系统，包括太阳能、风能和水力发电等适用5%的增值税低税率。

6. 法国能源绿色税收政策特点

从征税范围来看，法国能源征税范围包括轻质燃料油、重质燃料油、其他交通能源产品、电力、煤炭。就税率设定来看，法国对轻质燃料油和重质燃料油分别实行不同的税率，轻质燃料油比重质燃料油税负重。电力生产电压不同适用的税率不同，电压低的适用税率较低。此外，电力生产水力发电厂、陆上发电厂、利用核能或热能火焰发电的发电厂和太阳能光伏电站分别对应不同的税率，水力发电厂的税率较低。法国增值税标准税率为20%，对于部分符合条件的电力和天然气能源有5.5%的减免税率优惠。

针对新能源的税收鼓励主要体现在矿物油税和个人所得税的规定中。如矿物油用于生物燃料的部分或出租车、公共交通、公路货运、农业部门（非运输用途）的部分免征矿物油税，员工为私人目的使用公司配备的纯电动能源车辆也被视为一种实物福利，该笔实物福利50%的部分为免税收入。购买的自住住宅用符合条件的家用节能设备，中等收入家庭最高可以享受30%的税收抵免优惠，低收入家庭，由国家住房机构支付补贴，以替代税收抵免优惠。让低收入家庭也能享受到对应的优惠。个人购买和安装电动汽车充电桩时，可享受75%的税收抵免。可以看出，法国对新能源的税收鼓励主要从消费环节入手，优惠力度比较大。

---

① 张荣静. "双碳"背景下碳税制度设计的国际经验借鉴 [J]. 中国注册会计师，2022（3）：122–126.

7. 德国能源绿色税收政策特点

德国能源税的征税对象包括汽油、柴油、轻质燃料油、重型燃料油、液化气、天然气、煤炭、核燃料和电力，能源产品和动力只有在被用作动力燃料或供热燃料时才能被征以能源税。① 德国能源税的特点是有些能源根据不同的指标、不同的用途区分不同的税率，如柴油、轻质燃料油、无铅汽油根据含硫量不同规定了不同的税率，商业用和非商业用税率也不一样，含硫量低的税率较低，含硫量高的税率较高，商业用途的税率较低，非商业用途的税率较高。德国政府正利用碳定价计划的收入来抵消不断上涨的电力成本，鼓励人们购买电动产品，如电动汽车和热泵，电动汽车和插电式混合动力汽车也有相应的税收优惠。为了保护本国工业的竞争力，煤炭只有在私人家庭对煤、焦炭和褐煤的非商业使用的情况下才需要缴税，此外，工业用能的税率比家庭用能的税率低，这也鼓励家庭用能转向更清洁的能源。作为供热燃料适用的能源税率普遍低于作为动力燃料使用的能源，客观上对工业用途与民生用途的能源使用予以区别对待，既能达到降低能源污染和提高环保意识的财政目的，同时也减少民生用途能源使用的税收成本在家庭生计开支上的负担，达到宏观经济与个体福利实现双赢的局面。② 如非商业用途供暖用天然气税率每兆瓦时 5.50 欧元，用作推进剂的天然气每兆瓦时 13.90 欧元。

8. 荷兰能源绿色税收政策特点

荷兰能源税的征税对象包括电力、天然气、重油、液化石油气、汽油、煤炭。电力按用量及用途不同规定不同的税率，商业用途的税率较低，非商业用途的税率较高。天然气根据用量不同规定不同的税率，用量越多，税率越低。此外，汽油分为含铅汽油和无铅汽油，含铅汽油的税率更高。荷兰对于节能项目给予鼓励，如企业所得税节能投资扣除，节能项目投资税收减免，个人搭乘公共交通工具往返于住所和工作单位之间的费用可减免个人所得税。对可再生能源生产主要实行补贴的政策。

9. 丹麦能源绿色税收政策特点

丹麦能源税的征税范围比其他国家大，把甲醇和用作燃料的非生物降解废物等都列入了征税范围。同类征税对象还根据分类不同适用不同的税

---

①② 许闲. 财政视角下德国能源税收征管及其对我国的借鉴 [J]. 德国研究，2011，26 (3)：44-49.

率。如煤油不用作发动机燃料和煤用作发动机燃料的税率不同，用作发动机燃料的税率更高。柴油也做了轻柴油和含硫量低的柴油的划分，含硫量低的柴油的税率较低。煤炭分为废物焚烧加热、在焚烧厂用作燃料的废物、褐煤、石油焦、沥青煤几种，前两种适用的税率较低。

10. 中国绿色能源税收特点

针对能源征收的直接税种有消费税，征税范围较窄。税收占价格比重整体来看，税负水平较低。税收优惠政策主要集中于三个方面：一是针对可再生能源的税收优惠。增值税规定了对风电产业、生物质能产业的税收优惠，优惠形式为即征即退。如对纳税人销售自产的利用风力生产的电力产品，实行增值税即征即退 50% 的政策；餐厨垃圾、畜禽粪便、稻壳、花生壳、玉米芯、油茶壳、棉籽壳、三剩物、次小薪材、农作物秸秆、蔗渣，以及利用上述资源发酵产生的沼气生物质压块、沼气等燃料、电力、热力，退税 100% 等，退税力度较大。对符合条件的纯生物柴油免征消费税。企业所得税方面，对生物质能产业规定了减计收入政策，如生活垃圾焚烧炉渣生产的电力、热力，且产品原料 100% 来自这些资源，减按 90% 计入收入总额等。水电站部分用地免征城镇土地使用税。分布式光伏发电自发自用电量免收国家重大水利工程建设基金、可再生能源电价附加、大中型水库移民后期扶持基金及农网还贷资金。二是促进节能的税收优惠。增值税节能服务公司的合同能源管理项目免征增值税，企业所得税规定了减免税和税收抵免。如企业从事符合条件的节能节水项目的所得，自项目取得第一笔生产经营收入所属纳税年度起"三免三减半"，企业购置并实际使用《节能节水专用设备企业所得税优惠目录》规定的节能节水专用设备的，该专用设备的投资额的 10% 可以从企业当年的应纳税额中抵免；当年不足抵免的，可以在以后 5 个纳税年度结转抵免等。其他税种中对节能汽车，减半征收车船税；对新能源车船，免征车船税；对购置的新能源汽车免征车辆购置税。三是资源综合利用的税收优惠。增值税采用退税的形式，如工业生产过程中产生的余热、余压生产的电力、热力，产品原料 100% 来自前列资源，退税 100% 等。消费税采用免税的形式，对纳税人利用废矿物油为原料生产的润滑油基础油、汽油、柴油等工业油料免征消费税。企业所得税规定为减计收入，如废生物质油、废弃润滑油生产生物柴油、工业级混合油等，产品原料 90% 以上来自前列资源，减按 90% 计入收入总额等。

第十二节 能源类绿色税收政策的借鉴

我国是世界第一大能源消费国，第一大碳排放国以及第四大石油进口国[1]。"十三五"时期，我国能源结构持续优化，低碳转型成效显著，非化石能源消费比重达到 15.9%，煤炭消费比重下降至 56.8%，常规水电、风电、太阳能发电、核电装机容量分别达到 3.4 亿千瓦、2.8 亿千瓦、2.5 亿千瓦、0.5 亿千瓦，非化石能源发电装机容量稳居世界第一（见表 2 - 37）。"十四五"时期是为力争在 2030 年前实现碳达峰、2060 年前实现碳中和打好基础的关键时期，必须协同推进能源低碳转型与供给保障，加快能源系统调整以适应新能源大规模发展，推动形成绿色发展方式和生活方式。"十四五"现代能源体系规划提出：展望 2035 年，能源高质量发展取得决定性进展，基本建成现代能源体系。能源安全保障能力大幅提升，绿色生产和消费模式广泛形成，非化石能源消费比重在 2030 年达到 25% 的基础上进一步大幅提高，可再生能源发电成为主体电源，新型电力系统建设取得实质性成效，碳排放总量达峰后稳中有降。[2]

表 2 - 37   "十三五"能源发展主要成就

指标	2015 年	2020 年	年均/累计
能源消费总量（亿吨标准煤）	43.4	49.8	2.8%
能源消费结构占比，其中：1. 煤炭（%）	63.8	56.8	〔-7.0〕
2. 石油（%）	18.3	18.9	〔0.6〕
3. 天然气（%）	5.9	8.4	〔2.5〕
4. 非化石能源（%）	12.0	15.9	〔3.9〕
一次能源生产量（亿吨标准煤）	36.1	40.8	2.5%
发电装机容量（亿千瓦）	15.3	22.0	7.5%
其中：1. 水电（亿千瓦）	3.2	3.7	2.9%
2. 煤电（亿千瓦）	9.0	10.8	3.7%

---

① 王金龙. 论税收优惠对新能源产业的导向作用 [J]. 经济研究导刊，2017（20）：85 - 87.
② "十四五"现代能源体系规划 [EB/OL]. [2023 - 01 - 20]. http://www.nea.gov.cn/1310524241_16479412513081n.pdf.

指标	2015 年	2020 年	年均/累计
3. 气电（亿千瓦）	0.7	1.0	8.2%
4. 核电（亿千瓦）	0.3	0.5	13.0%
5. 风电（亿千瓦）	1.3	2.8	16.6%
6. 太阳能发电（亿千瓦）	0.4	2.5	44.3%
7. 生物质发电（亿千瓦）	0.1	0.3	23.4%
"西电东送"能力（亿千瓦）	1.4	2.7	13.2%
油气管网总里程（万公里）	11.2	17.5	9.3%

注：（1）〔　〕内为 5 年累计数。
（2）水电包含常规水电和抽水蓄能电站。
资料来源："十四五"现代能源体系规划 ［EB/OL］. ［2023 – 01 – 20］. http：//www. nea. gov. cn/1310524241_16479412513081n. pdf.

"十四五"可再生能源发展规划进一步明确"十四五"可再生能源发展主要目标：一是可再生能源总量目标。2025 年，可再生能源消费总量达到 10 亿吨标准煤左右。"十四五"期间，可再生能源在一次能源消费增量中占比超过 50%。二是可再生能源发电目标。2025 年，可再生能源年发电量达到 3.3 万亿千瓦时左右。"十四五"期间，可再生能源发电量增量在全社会用电量增量中的占比超过 50%，风电和太阳能发电量实现翻倍。三是可再生能源电力消纳目标。2025 年，全国可再生能源电力总量消纳责任权重达到 33% 左右，可再生能源电力非水电消纳责任权重达到 18% 左右，可再生能源利用率保持在合理水平。四是可再生能源非电利用目标。2025 年，地热能供暖、生物质供热、生物质燃料、太阳能热利用等非电利用规模达到 6 000 万吨标准煤以上。[①]

能源绿色税收可以通过直接针对传统化石能源征税，增加其成本矫正其负外部性，通过价格传导减少化石能源的使用。同时对鼓励发展的可再生能源、新能源等实施税收优惠，相当于对正外部性进行补贴，以鼓励这些能源的生产和消费。通过对比中国与其他国家在能源类税收的差异与共性，借鉴比较国家的经验，中国能源类绿色税收可从以下方面完善。

---

① "十四五"可再生能源发展规划 ［EB/OL］. ［2023 – 01 – 07］. https：//www. ndrc. gov. cn/ xwdt/tzgg/202206/P020220601502009073293. pdf.

一、进一步完善成品油消费税

（一）扩大成品油消费税征税范围

我国专门能源税收体现在成品油征收消费税，存在以下问题：一是征税范围太窄，我国成品油消费税征税范围 1994 年设立了两个子税目，2006年至今一直是七个子税目。征税范围包括汽油、柴油、航空煤油、石脑油、溶剂油、润滑油、燃料油，其中航空煤油从设立子税目至今一直暂缓征收，而比较国家征税范围都较广，如美国征税税目包括汽油、柴油和煤油、压缩天然气（CNG）征收，石油税对原油和石油产品、生物柴油、柴油、乙醇、无铅汽油、液化石油气、甲醇、天然气、发电量，德国能源税的征税对象包括汽油、柴油、轻质燃料油、重型燃料油、液化气、天然气、煤炭、核燃料和电力，征税范围既包括传统的原油等化石燃料，也包括新兴的生物质燃料，涵盖了汽油、柴油和煤油、石脑油、燃料油、润滑油、溶剂油等成品油，以及可用于调和油品、做添加剂使用的石油化工产品，从而有效避免了借调和油、添加剂等名目逃避消费税的漏洞。[1] 二是未被纳入征税范围的一些石油产品如石油焦、石油沥青等同样会污染环境。应扩大我国成品油消费税的征税范围，尽可能涵盖更多的化石能源包括煤炭等，时机成熟时再对天然气、电力等征税。

（二）提高成品油消费税税负水平，根据指标不同设置差别税率

我国于 1994 年开始征收成品油消费税时，只对汽油和柴油征收，汽油和柴油税率分别为 0.2 元/升和 0.1 元/升，之后历经六次调整，增加了应税品目，税率逐渐提升。目前税率水平除了能源大国美国和俄罗斯以外，大幅低于其他欧盟国家和日韩两国。较低的税率水平不利于对燃油的消费调节。欧盟《能源税收指令（2003/96/EC）》规定，无铅汽油和柴油的最低税率标准分别为 0.359 欧元/升和 0.33 欧元/升，我国可以借鉴欧盟的规定，结合我国实际情况，逐步提高成品油消费税税率。另外，在税率的设置上，可借鉴国外经验，区分不同含硫量标准制定不同的税率，提升税种的绿色程度。为了减轻企业负担，可以区分商业部门和家庭部门，商业部门适用

---

[1]　厉荣，孙岩岩. 改革完善成品油消费税制度浅议 ［J］. 税务研究，2019（3）：15－19.

较低税率，要遵循循序渐进的原则，给予市场主体能源转型的空间和时间。根据用量多少设置"累退式"级差税率，对于清洁能源的消费，用量多的适用较低税率，用量少的适用较高税率，鼓励能源消费向清洁化方向转型。

（三）增加成品油消费税零售环节课税

我国消费税从开征以来征税环节选择在生产环节，这有利于方便征收，节约征收成本。但是，生产环节征收容易引发产品的应税与非应税区分困难，生产企业容易通过"变票"等方式将应税产品变为非应税产品，从而不利于成品油消费税的征收，容易导致成品油消费税收入职能与作用的失灵。现实中，石油化工产业链结构复杂，石油产品种类繁多，部分应税产品与非应税产品在形态、颜色、结构或用途等方面具有高度的相似性。石油化工企业，作为生产应税成品油和非应税石油化工产品的源头，更熟悉自己的产品品名、特征、规格、属性和类别等，更懂得相关石化产品界定的国家规则和行业标准，更知晓相关产品应税和非应税的区分边界，因此更能对自产产品做出应税与否的准确界定。然而，受利益驱使，生产企业往往借助其对产品界定的优势，通过"变票"方式将应税产品变为非应税产品，导致成品油消费税收入流失。① 可以通过依托加油机的税控装置，通过加油站增加在零售环节课税，这样不仅有利于税收征管，消费者在加油时可以看到自己缴纳的消费税，有利于增加消费者的"税感"，从而有利于提高消费税的调控作用。

二、优化可再生能源税收优惠政策

（一）增加可再生能源优惠范围

《中华人民共和国可再生能源法》（以下简称《可再生能源法》）定义可再生能源，是指风能、太阳能、水能、生物质能、地热能、海洋能等非化石能源。《可再生能源发展"十四五"规划》提出，要大力推进风电和光伏发电基地化开发、积极推进风电和光伏发电分布式开发、统筹推进水风光综合基地一体化开发。稳步推进生物质能多元化开发、积极推进地热能规模化开发、稳妥推进海洋能示范化开发以及促进存储消纳，高比例利用

---

① 林颖，李成. 我国成品油消费税职能作用优化探析［J］. 税务研究，2022（3）：100 – 106.

可再生能源。我国目前对于可再生能源的发展已制定较多的税收优惠政策，但范围局限于风能、太阳能、资源综合利用的部分生物质能，对于鼓励发展的地热能、海洋能以及促进存储消纳等缺乏相应的优惠措施。应进一步研究制定针对各种可再生能源开发利用的税收优惠具体措施。

（二）完善税收优惠措施类型

从优惠措施的方式来看，我国主要是减税、免税等直接优惠为主，形式较为单一，如企业所得税规定的"三免三减半"，企业只有在短期内获得利润才能享受到相应的税收优惠。而可再生能源的开发利用，一般周期较长，短期内难以取得利润从而享受相应的优惠政策。而比较国家则多采用再投资退税、加速折旧、税收抵扣等多种形式。投资抵免、加速折旧、再投资退税和研发费用税前扣除等间接优惠，相对于产品形成收入后的减免税等直接优惠，更有利于提高企业投资的意愿和生产经营效率；而现有的优惠措施受惠领域较窄且力度明显不足。可借鉴比较国家做法，充分利用税收优惠手段，从直接型优惠向税收抵免、加速折旧等间接型优惠转变。

（三）增加税收优惠环节

从优惠环节来看，我国主要集中在生产环节，其中生产环节对符合条件的能源产品实施增值税即征即退的政策力度较大，有力地降低了可再生能源企业的税负，涉及消费端的优惠政策较少，仅对新能源汽车有车辆购置税和车船税的优惠，优惠范围窄，优惠力度小。而比较国家对可再生能源的税收支持覆盖了投资、生产、消费各环节。从投资环节看，可再生能源开发利用周期长、风险大，研发阶段需要强大的资金支持。消费环节的税收优惠一方面可以广泛引导居民参与低碳消费，从整个社会面培养节能意识；另一方面也可以减轻居民的负担，降低能源税收对居民生活的影响。可增加投资环节和消费环节的税收激励，投资环节如投资公司所得税抵免，个人利用可再生能源的税收优惠如个人所得税税收减免、税收抵免等。

三、提升能源税收法律级次

中国目前能源绿色税收的法律级次不高，现有涉及绿色税收的相关税种，只有企业所得税、车船税、车辆购置税是全国人民代表大会常务委员会制定的税收法律，其余涉及能源的主要税种消费税、能源税收优惠条款较多的增值税、城镇土地使用税等税种都尚未立法。法律级次不高，导致政策缺乏长期性和稳定性，影响经济主体的行为判断。绿色低碳经济发展是国家的长期战略，国家应以正式立法来确保政策实施的稳定性，希望随着中国税收法定原则的推进，这一问题能够得到解决。

第三章　资源类绿色税收比较与借鉴

第一节　美国资源类绿色税收政策

美国是世界上资源探明储备最丰富的国家之一。美国是世界上资源探明储备最丰富的国家之一。以石油、煤炭、天然气为例，根据 2021 年英国石油公司（BP）世界能源统计数据显示，截至 2020 年底，美国探明的石油储备量为 82 亿吨，煤炭 248 941 百万吨，天然气 445.6 万亿立方英尺，分别占全球探明资源储备量 4.0%，23.2% 和 6.7%。2021 年美国能源消耗占全球总量的 15.6%。①

美国资源类绿色税收相关的税种有制造商税、煤炭税、矿产资源税费（包括矿产资源税和矿产资源费）、森林资源税（即采伐税）。

一、制造商税②

（一）征税对象

制造商税征税对象主要涉及运动捕鱼设备；钓竿和鱼竿；电动舷外电机；渔具箱；弓、箭袋、宽头和尖；箭头轴；煤炭；应纳税轮胎；耗油汽车；疫苗。

（二）免征制造商税

以下销售免征制造商税：

---

① 笔者根据 2021 年、2022 年《BP 世界能源统计年鉴》相关资料整理所得。

② Excise Taxes（Including Fuel Tax Credits and Refunds）[EB/OL]．[2023 – 04 – 05]．https：//www.irs.gov/pub/irs – pdf/p510. pdf.

（1）向州政府或地方政府出售物品，由供州政府或地方政府独家使用。这项豁免不适用于煤炭、耗油汽车和疫苗税。

（2）将物品出售给非营利教育机构供其专用。这项豁免不适用于煤炭、耗油汽车和疫苗税。

（3）将物品出售给合格的采血机构。这项豁免不适用于耗油汽车、娱乐设备和疫苗税。

（4）出售物品供买方用作船舶用品。这项豁免不适用于煤炭和疫苗税。

船舶用品是指美国或任何外国战船上的船舶用品、海运用品或合法设备、从事渔业或捕鲸业务的船舶或实际从事对外贸易的船舶。出售物品供买方用于进一步制造，或由买方转售给第二买方供第二买方用于进一步生产。这项免税不适用于煤炭和疫苗税。

二、煤炭税①

（一）征税对象

首次在美国开采的煤炭用于销售则征税。煤的生产者有责任纳税。如果可以证明从河床挖出的煤炭之前已经征税，则不征收该税。

（二）税率

（1）地下开采煤炭的税收为每吨 1.10 美元，或销售价格的 4.4%，以较低者为准。

（2）露天开采煤炭的税收为每吨 55 美分，或销售价格的 4.4%，以较低者为准。

（3）如果地下开采煤炭的销售价格低于每吨 25 美元，露天开采煤炭的售价低于每吨 12.50 美元，煤炭将按 4.4% 的税率征税。如果销售或使用的量小于或等于 1 吨，则按照比例征税。

三、矿产资源税费②

美国对矿产资源开采征收矿产资源税和矿产资源费。主要征收税费种

---

① Excise Taxes（Including Fuel Tax Credits and Refunds）［EB/OL］.［2023 – 04 – 05］. https：//www. irs. gov/pub/irs – pdf/p510. pdf.

② 姚林香. 国外资源税费制度经验与启示［J］. 社会科学家，2017（1）：51 – 57.

类如下：

（一）权利金

权利金是经营者（承租者）向所有权人（出租者）支付的一种费用。开始生产后，矿产经营者一般按矿产品销售量、利润或销售收入的一定比例支付给所有权人；在生产结束时，矿产资源经营者按照相应的费率支付权利金，其中，煤炭、石油、天然气费率为 12.5%，地热为 10% ~ 15%，其他矿产一般为 5%。

（二）红利

红利又称现金红利，是矿业投资者向矿产所有者支付的一次性费用，目的是取得一些条件较好、预期盈利空间较大的矿产地的矿业权，体现矿产资源的级差收益，具体费用大小取决于矿产资源的预期盈利空间以及相关的外部因素（如资源所在位置、交通便利与否、赋存条件等）。

（三）矿地租金

矿地租金是矿产公司为保持地质勘探、生产等活动的合同有效性而预付给出租者的年租金。矿地租金是为了使矿产资源合约继续有效而支付的延期勘探和生产租赁费用，不是对矿产生产的赔偿。征收矿地租金的主要目的在于减少企业多占而又不开发矿地的行为。

矿地租金随着年份的增加而上升，通常在探（采）矿的前 1 ~ 5 年为 2.5 美元/英亩，第 6 ~ 25 年为 5 美元/英亩，不同矿种间略有差异。

（四）矿产资源税

矿产资源税即开采税，是指由州政府对开采石油、煤炭、天然气以及其他矿产资源行为开征的一种税。美国各州自行制定资源税的征收规定，但总的来看各州资源税的课税对象大致包括销售到州外的石油、天然气、煤炭、非金属矿石和林业产品。开采税收入由州、县和市镇分享，同时规定了明确的用途。比如：科罗拉多州规定，开采税的 50% 建立采掘基金，收益归州政府所有；7.5% 用作县级政府的基础建设基金；42.5% 拨给矿产开采地的市镇政府。具体计征方式可采取从价法、从量法和净收入法。如：堪萨斯州天然气开采税的税率为 1.7% 美分/立方米；肯塔基州规定石油开采税为总收入的 4.5%；亚利桑那州规定固体矿产开采税净收入税率为 2.5% 。

四、森林资源税（即采伐税）[①]

为了补偿森林资源经营和维护的费用，由森林资源的采伐者、利用者或受益者缴纳的一种税。

（一）纳税人

一些州规定木材采伐者为纳税人，如亚利桑那、伊利诺伊等州；另一些州规定木材运输者或加工者为纳税人，如北卡罗来纳、阿肯色、弗吉尼亚和南卡罗来纳州等；还有的州规定森林培育者为纳税人，如新墨西哥州等。

（二）税率

采伐税的税率设置主要有两种形式，一种是按固定税额纳税，以单位材积或单位产品来确定，包括亚拉巴马、阿肯色、密西西比、北卡罗来纳、俄勒冈、南卡罗来纳和弗吉尼亚等州。不同木材和树种的税率也有区别，多数州的税法只确定少数几种木材产品的等级，阿肯色州是唯一依据木材重量而不是木材材级征税的州。另一种是确定一个比例，按采伐木材价值的百分比纳税。如亚利桑那、伊利诺伊和西弗吉尼亚等州。各州的税率不同，如亚利桑那州税率为 1.5% ，伊利诺伊州税率为 4% ，西弗吉尼亚州税率为 2.5% 等。

不同州税款的使用分配虽有不同，但主要部分都用于改善森林经营活动，以促进森林资源的健康可持续发展。如：亚拉巴马州的采伐税收入，85% 用于森林保护工作，并且要在林业工作人员的监督下分配使用；路易斯安那州税款分为两部分，其中 75% 划归采伐区，25% 划入州政府；阿肯色州将采伐税收入全部纳入州林业基金（除了 3% 的管理费外），由林业委员会管理。

---

① 姚林香. 国外资源税费制度经验与启示 [J]. 社会科学家，2017（1）：51－57.

第二节　俄罗斯资源类绿色税收政策*

俄罗斯自然资源十分丰富，种类多，储量大，自给程度高。国土面积居世界第一位，基本地形是平原，占据大约国家领土的 3/4，最有名的是世界上最大的平原——东欧和西西伯利亚平原。俄罗斯地表自然形态多样，领土面积的 45% 是森林、13% 是农业用地、19% 是驯鹿牧场、4% 是水域，另外 19% 是其他土地。森林覆盖面积 867 亿公顷居世界第一位，木材蓄积量 820 亿立方米。水力资源丰富，领土上集中了世界 20% 的水资源，其中贝加尔湖是世界上蓄水量最大的淡水湖。渔业资源丰富，生物资源总量 2 580 多万吨，鱼类为 2 300 万吨。矿产资源丰富，目前，在俄罗斯已发现和探明大约 2 万多处矿产，已探明和预估矿产储备的价值为 30 万亿美元，主要是拥有世界石油储量的 10%、天然气的 30%，煤炭的 10%、铁的 25%、镍的 30%、铅的 10%、锌的 15% 和钾盐的 30%。其中，天然气已探明蕴藏量为 48 万亿立方米，铁矿石蕴藏量 650 亿吨，均居世界第一位；煤蕴藏量 1 570 亿吨，铝蕴藏量 4 亿吨，均居世界第二位。

俄罗斯资源类绿色税收相关的税种有矿产资源开采税、水资源使用税、林业税、森林租金、土地税。企业财产税和增值税中税收优惠也有部分涉及。

一、矿产资源开采税

（一）概述

矿产资源开采税于 2002 年 1 月 1 日起开始征收，对有权使用地下资源的法律实体和个体工商户开采矿产资源征收，税率可以是从价税（通常是一个百分比）适用于应税基数（例如，提取钾盐的税率为 3.8%），也可以是从量税，具体适用于提取矿物的数量（例如，以卢布每吨计算），取决于

---

　　* 本节所引数据资料，除非特别说明，均来自国家税务总局国际税务司国别（地区）投资税收指南课题组．中国居民赴俄罗斯投资税收指南：2022 ［EB/OL］．［2023 - 04 - 05］．https：//www. chinatax. gov. cn/chinatax /n810219/n810744/n1671176/n1671206/c2069894/5116155/files/6f6625fdc8cf4cadbfbcd933f02350b4. pdf.

开采条件和矿物资源的类型。纳税人缴纳的矿产资源开采税可以在企业所得税税前扣除。

（二）征税对象

1. 征税对象

（1）矿产资源开采税纳税对象为从俄联邦境内地下开采的，供纳税人使用的矿产；

（2）从矿产开采中产生的残渣及废料中获得的、根据俄联邦矿产法应该获得许可的矿产；

（3）在俄境外俄联邦司法管辖区域内的矿场开采的矿产（在外国租赁的地区或根据国际条约的规定）。

2. 不征税对象

（1）个体工商户提取的不影响国家资源平衡体系的，直接用于个人消费的普通资源和地下水；

（2）提取或收集的矿物学、古生物学和其他地质材料；

（3）从地下土壤中提取的，可用于因科学、文化、美学、卫生或者其他公共重要性而特殊保护的地质遗址的修复的矿产，上述地质遗址由俄罗斯联邦政府认定；

（4）将按照既定程序征税的从自己的土壤中提取的矿产及开采和冶炼过程中产生的废料；

（5）在矿床开发或地下结构中未纳入国家资源平衡体系的地下水排水系统；煤层甲烷。

（三）税率

1. 从价税率

矿产资源开采税依据不同矿产分别加以规定，税率由 3.8% ~ 30% 不等。

非碳氢化合物矿产资源开采税率主要有：

（1）钾盐税率为 3.8%；

（2）泥炭、磷灰石和磷矿、油页岩的税率为 4.0%；

（3）符合条件的黑色金属矿石和稀有金属矿石的税率为 4.8%；

（4）放射性金属原料、化学非金属原料（钾盐，磷灰石和磷矿除外）、主要用于建筑业的非金属原料、天然和纯净的氯化钠盐、地下工业用热水、铝土矿的税率为 5.5%；

（5）非金属原料、含沥青岩石、含黄金精矿及其他半成品、其他未包括在内的矿物的税率为 6.0%；

（6）含有贵金属（黄金除外）的精矿和其他半成品、含贵金属的多成分复合矿石（黄金除外）、符合条件的压电原材料、超纯石英原材料和半宝石的税率为 6.5%；

（7）矿泉水和药用泥的税率为 7.5%；

（8）有色金属（不含霞石和铝土矿）、天然钻石以及其他宝石、多成分复合矿石（不含贵金属和稀有金属的多成分复合矿石和全部或部分位于克拉斯诺亚尔斯克边疆区领土的地下土壤中开采的多成分复合矿石）的税率为 8.0%。

在新的近海油气田开采碳氢化合物原料，在下列区域内、规定期限内，分别适用以下从价定率税率：

（1）完全位于亚速海或 50% 及以上区域位于波罗的海，从一个新的海上油气田开始商业生产油气的月份的次月开始的 60 个日历月到期之前，税率为 30%；

（2）50% 及以上区域位于黑海（深度最大为 100 米）、日本海，里海俄罗斯部分，以及碳氢化合物商业化生产日期截至 2020 年 1 月 1 日（含）的、50% 及以上区域位于白海、伯朝拉海、鄂霍次克海南部（北纬 55 度以南），从一个新的海上油气田开始商业生产油气的月份的次月开始的 84 个日历月到期之前，税率为 15%；

（3）50% 及以上区域位于黑海（深度最大为 100 米），以及碳氢化合物商业化生产日期截至 2020 年 1 月 1 日（含）的、50% 及以上区域位于鄂霍次克海北部（北纬 55 度及其以北）、巴伦支海的南部（北纬 72 度以南），从一个新的海上油气田开始商业生产油气的月份的次月开始的 120 个日历月到期之前，税率为 10%（天然气除外），天然气的税率为 1.3%；

（4）50% 及以上的区域位于喀拉海、巴伦支海的北部（北纬 72 度及其以北）、东北极（拉普捷夫海、东西伯利亚海、楚科奇海和白令海），2020 年 1 月 1 日以后开始碳氢化合物商业化生产的、50% 及以上区域位于白海、伯霍拉海、鄂霍次克海、巴伦支海南部（北纬 72 度以南），从一个新的海上油气田开始商业生产油气的月份的次月开始的 180 个日历月到期之前，税率（天然气除外）为 5% 或 4.5%（适用于无权将由新的近海油气田的天然气生产的液化天然气出口到世界市场的纳税人）；天然气的税率为 1%。

2. 从量定额税率

（1）碳氢化合物（石油、天然气、凝析油）的税率（在新的海上油气田开采、符合规定期限的除外）。根据《税法典》第 342 条第 2 款规定，经过脱水、脱盐、稳定后的石油、天然气、凝析油开采税的税率为：基准税率（由政府确定，不断调整之中）×国际价格系数×各区块的资源开采程度系数。石油开采税的基准税率自 2002 年起，不断进行调整。例如，2002～2003 年为每吨 340 卢布，2004 年为每吨 347 卢布，2005 年起为每吨 400 卢布，2007 年起为每吨 419 卢布。2015 年为每吨 766 卢布，2016 年为每吨 857 卢布；2017 年至今为每吨 919 卢布（新征碳氢化合物额外收入税的石油除外）。2019 年 1 月 1 日起，新征碳氢化合物额外收入税的石油开采税的基准税率每吨为 1 卢布，与此同时，对生产碳氢化合物（石油）的额外收入征税。凝析油的开采税的基础税率为每吨 42 卢布；天然气开采税的基础税率为每千立方米 35 卢布。

（2）煤炭税率。煤炭税率为不同种类的煤炭基准税率乘以相应种类煤炭价格平减系数。煤炭价格平减系数每季度调整一次，综合上一季度俄罗斯联邦煤炭价格的变化及上一季度的煤炭价格平减系数等因素，由官方公布。煤炭基准税率：无烟煤 1 吨 47 卢布；炼焦煤 57 卢布；褐煤 11 卢布；其他煤 24 卢布（不包括无烟煤，炼焦煤和褐煤）。

（3）克拉斯诺亚尔斯克边疆区开采的复合矿石税率。在全部或部分位于克拉斯诺亚尔斯克边疆区的地下土壤中开采的包含铜、镍、铂族金属的多成分复合矿石每吨 730 卢布；不含铜和（或）镍和（或）铂族金属的多成分复合矿石每吨 270 卢布。

第一，零税率。

①在俄罗斯联邦政府确定的损失标准范围内，生产过程中矿物的实际损失，矿物质方面的矿物质标准损失；

②伴生气；

③含有矿物质的地下水（工业用水），其提取与其他类型矿物质的开发有关，并在矿床开发以及地下结构的建造和运营过程中提取；

④按照俄罗斯联邦政府制定的程序将矿产储量划为不合格储量，在开发不合标准（低质量的剩余储量）或先前核销的矿产储量期间的矿物质（由于选择性开采矿藏而导致矿储量质量下降的情况除外）；

⑤从覆岩、封闭（稀释）岩石和在生产过程中因俄罗斯缺乏用于提取的工业技术或符合俄罗斯规定标准而形成的采矿废料中提取的矿物；

⑥专门用于药用和度假目的非直接销售（包括制备、加工、装瓶等）的矿泉水；

⑦专门用于农业目的的地下水，包括农田灌溉、牲畜养殖场、牲畜综合体、家禽养殖场、农业合作社、园艺和菜园非营利合伙企业供水；

⑧在一个或几个地下土层中生产凝析气过程中，根据该项目开发技术，纳税人获得许可在指定的地下区块，为维持储层压力而向储层注入的可燃天然气（不包括伴生气）；

⑨2013 年 1 月 1 日至 2022 年 12 月 31 日期间，在全部或部分远东联邦区领土内的地下土壤田中开采的符合条件的锡矿石；

⑩位于亚马尔－涅涅茨自治区的亚马尔半岛和（或）吉丹斯基的全部或部分地下土壤中的可燃气体，作为原料专门用于生产液化天然气的，从销售第一批液化天然气的当月的第一天起算的 12 年内，或直到地下土壤区域的可燃气体的累计生产量达到 2 500 亿立方米为止；

⑪阿尔汉格尔斯克州、涅涅茨自治区、科米共和国、亚马尔—涅涅茨自治区、克拉斯诺亚尔斯克边疆区、萨哈共和国（雅库特）、楚科奇自治区境内完全位于北极圈以北的地下土壤中的天然可燃气体，专门作为原料用于生产液化天然气和（或）用作在新的生产设施中生产石化产品的，从销售第一批指定商品的当月的第一天起算的 12 年内，或直到该地下土壤区域的可燃气体的累计生产量达到 2 500 亿立方米为止；新的生产设施是生产液化天然气和（或）将可燃气体加工成石化产品的设施，将于 2022 年 1 月 1 日首次投入运营；

⑫位于亚马尔—涅涅茨自治区的亚马尔半岛和（或）吉丹斯基的全部或部分地下土壤中的凝析气，将凝析气与天然可燃气体一起专门用于生产液化天然气，从销售第一批液化天然气的当月的第一天起算的 12 年内，或直到地下土壤区域的凝析气的累计生产量达到 2 000 万吨为止；

⑬阿尔汉格尔斯克州、涅涅茨自治区、科米共和国、亚马尔—涅涅茨自治区、克拉斯诺亚尔斯克边疆区、萨哈共和国（雅库特）、楚科奇自治区境内完全位于北极圈以北的地下土壤中的凝析气，将凝析气与天然可燃气体一起作为原料专门用于生产液化天然气和（或）用作在新的生产设施中生产石化产品的，从销售第一批指定商品的当月的第一天起算的 12 年内，或直到该地下土壤区域的凝析气的累积产量达到 2 000 万吨为止；

⑭截至 2016 年 1 月 1 日，从完全位于俄罗斯联邦内海、领海、大陆架或里海俄罗斯部分区域内的底层土壤中碳氢化合物矿床生产的每种碳氢化

合物原材料（不包括伴生气）的储量枯竭度小于 0.1%，或者生产的碳氢化合物储量未包括在国家矿产储量余额之中的碳氢化合物原料。

第二，减征税率。

①马加丹州经济特区的纳税人在全部或部分位于马加丹地区的地下土壤中开采矿物质的（碳氢化合物除外），减按税率的 60% 征收；

②纳税人自费对正在开发的矿藏进行勘探和勘探，或者已全额偿还了所有国家在勘探这些矿藏相应储量的支出，在这些矿床开采矿物质的，减按税率的 70% 征收。

二、水资源使用税

（一）纳税人

水资源使用税的纳税人为对水资源以特殊使用为目的的组织机构和自然人。《俄罗斯联邦水资源法典》颁布之后，根据其条款签订的水资源使用、水体利用协议的组织机构以及自然人，不属于水资源使用税的纳税人。

（二）征税范围

水资源使用税的征税范围包括：

（1）开采（采用）水资源；

（2）使用（利用）水域表层，木筏（材）漂流作业除外；

（3）利用水体发电，取水发电除外；

（4）利用水体进行木筏（材）漂流作业。

（三）税率

水资源使用税区分水的性质（地下水、河水、湖水、海水）、使用方式和经济区域等，确定不同的基准税率。每个年度的实际税率为：基准税率×水资源使用税的年度系数。水资源使用税的年度系数依据商品消费价格的实际变化系数来确定。每个年度的实际税率需要四舍五入至整数卢布。

1. 基准税率

（1）开采（采用）水的税率。包括采用淡水地表水、地下水和海水。

在规定的季度（年度）用水限额内采用地表水和依据地下水使用许可在规定的每天（年）用水限额内（最大许可量）采用地下水的水资源使用

税率如表 3 – 1 所示；

　　在规定的季度（年度）用水限额内采用俄罗斯的临海或内海水域的水资源使用税率如表 3 – 2 所示。

表 3 – 1　　开采河（湖）水、地下水的水资源使用税率（部分河流）

河水、湖水区	体表层开采税率 （卢布 0/1 000 立方米水）	地下水开采税率 （卢布 0/1 000 立方米水）
伏尔加河	300. 3	84
涅瓦河	264	348
伯朝拉河	246	300
北德维纳河	258	312
其他河水与湖水	306	378

表 3 – 2　　　　　　　　　开采海水的水资源使用税率

海水	税率（卢布 0/1 000 立方米水）
波罗的海	8. 28
白海	8. 40
巴伦支海	6. 36
亚速海	14. 88
布莱克	14. 88
里海	11. 52
卡拉	4. 80
捷普捷夫海	4. 68
西伯利亚东部	4. 44
楚克塔地区	4. 32
白令海	5. 28
太平洋（俄罗斯 5. 46 海里领海界限内）	5. 64
鄂霍次克海	7. 68
日本海	8. 04

　　（2）使用（利用）水域表层的税率。包括利用河（湖）地表水域和海水水域。

利用河（湖）地表水域的水资源使用税率如表 3 - 3 所示（不包括利用水体成排成箱漂流木材作业）；

表 3 - 3　　　　　　　利用地表水域的水资源使用税率

经济区	税率（千卢布/每年每平方公里水域）
北部	32. 16
西北	33. 96
中部	30. 84
伏尔加—维亚特卡	29. 04
中央黑土	30. 12
伏尔加	30. 48
北高加索	34. 44
乌拉尔	32. 04
西伯利亚西部	30. 24
西伯利亚东部	28. 20
远东	31. 32
加里宁格勒	30. 84

利用俄罗斯领海及内海地表水域的水资源使用税率如表 3 - 4 所示。

表 3 - 4　　　　　　　利用领海及内海水域表层的水资源使用税率

海洋	税率（千卢布/每年每平方公里水域）
波罗的海	33. 84
白海	27. 72
巴伦支海	30. 72
亚速海	44. 88
黑海	49. 80
里海	42. 24
喀拉海	15. 72
拉普捷夫海	15. 12
东西伯利亚	15. 00

续表

海洋	税率（千卢布/每年每平方公里水域）
楚科奇	14.04
白令	26.16
太平洋（俄罗斯联邦领海界限内）	29.28
鄂霍次克海	35.28
日本海	38.52

（3）利用水体（不包括取水）发电的水资源使用税税率。利用水体发电的水资源使用税税率如表3－5所示。

表3－5　　　　　　　利用水体发电的水资源使用税率

河、湖、海洋	区域税率（卢布0/1 000千瓦时电量）
涅瓦河	8.76
涅曼河	8.76
拉多加与奥涅加湖、伊尔曼湖湖区河流	9.00
波罗的海区域其他河流	8.88
北德维纳河	8.76
白海区域其他河流	9.00
巴伦支海区域河流	8.76
阿穆尔河	9.24
伏尔加河	9.84
顿河	9.72
叶尼塞河	13.70
库班河	8.88
勒拿河	13.50
鄂毕河	12.30
苏拉克河	7.20
捷列克河	8.40
乌拉尔河	8.52
贝加尔湖和安加拉河地区	13.20

续表

河、湖、海洋	区域税率（卢布 0/1 000 千瓦时电量）
东西伯利亚海区域河流	8.52
楚科奇海和白令海区域河流	10.44
其他河（湖）	4.80

（4）利用水体成排成箱漂流木材作业。

这是以漂流方式使用水资源运输原木的作业方式，其水资源使用税率如表3-6所示。

表3-6　　　　利用水体成排成箱漂流木材作业的水资源使用税率

河、湖、海洋区域	税率（卢布/千立方米木材漂流100公里）
涅瓦河	1 656.0
拉多加湖、奥涅加湖和伊尔曼湖流域的河流	1 705.2
波罗的海区域的其他河流	1 522.8
北德维纳河	1 650.0
白海区域的其他河流	1 454.4
伯朝拉河	1 554.0
阿穆尔河	1 476.0
伏尔加河	1 636.8
叶尼塞河	1 585.2
勒拿河	1 646.4
鄂毕河	1 576.8
其他河（湖）	1 183.2

2. 水资源使用税的年度系数

2015～2025年水资源使用税的年度系数如表3-7所示。从2026年开始，水资源使用税的年度系数将根据商品消费价格的实际变化（年平均）系数来确定。

表 3 - 7　　　　　　　　　　水资源使用税的年度系数

项目	2015 年	2016 年	2017 年	2018 年	2019 年	2020 年	2021 年	2022 年	2023 年	2024 年	2025 年
系数	1.15	1.32	1.52	1.75	2.01	2.31	2.66	3.06	3.52	4.05	4.65

3. 超量使用水资源的税率

当取水量超过了规定的用水季度（年度）限值时，超量水资源使用税税率为基准税率乘以水资源使用税的年度系数确定的实际税率的 5 倍。如果纳税人没有批准的季度限额，则季度限额应计算为批准的年度限额的 1/4。

4. 其他

（1）纳税人没有测量工具（具有测量功能的技术系统和设备）来测量从水体中抽取的水资源数量的，水资源使用税税率为上述的年度实际税率再乘以系数 1.1。

（2）所开采的地下水（不包括工业水、矿产水和热水）如果是为了后续加工、制备和（或）容器包装的，水资源使用税税率为上述的年度实际税率再乘以系数 10。

（3）从水体取水向居民供水的水资源使用税税率 2015 ～ 2025 年从水体取水向居民供水的水资源使用税税率如表 3 - 8 所示。从 2026 年开始，该类型水资源使用税税率为：上年有效的该类型水资源使用税税率乘以根据商品消费价格的实际变化（年平均）系数确定的水资源使用税的年度系数。

表 3 - 8　　　　　　从水体取水向居民供水的水资源使用税税率

单位：卢布/千立方米

项目	2015 年	2016 年	2017 年	2018 年	2019 年	2020 年	2021 年	2022 年	2023 年	2024 年	2025 年
税率	81	93	107	122	141	162	186	214	246	283	326

三、林业税①

（一）纳税人

林业税对使用国家林业资源的单位和个人征收的一种税。

---

① 姚林香. 国外资源税费制度经验与启示［J］. 社会科学家，2017（1）：55.

（二）征税对象

林业税主要包括：采伐次等木材和松节油税，拨付的未砍伐林木税，牧放牲畜税，割草税，采集野生浆果及蘑菇和药材税，养蜂场及其他林业副产品利用税，将林地用于狩猎、旅游、保健、体育和其他类似目的征收的税。

（三）课税依据

俄罗斯税法规定，林业税的课税依据是允许企业和个人使用的林木中未被砍伐的数量，通过事先确定的专门一览表，以及对允许的木材采伐区进行实际评估来确定未被砍伐的数量。

（四）税率

林业税税率的确定，取决于所取得的森林资源单位产品的税率、所使用的森林资源的种类以及所开发的森林资源的经济、地理条件，并且不能低于联邦主体权力机关规定的最低税率。最低税率主要受林产品费用、林产品市场价格水平、修订周期的影响，因而会时常发生变化。

四、森林租金[①]

指长期使用森林地段的单位和个人缴纳的一种使用费，以林业税税率为基础进行计算。长期租用森林地段的期限，通过签订合同最长可达49年，租金额度、征收条件、缴纳方式和期限等均在租用合同中做出明确规定。森林租金分为两部分，一是相当于未砍伐林木最低税率的那部分，纳入联邦预算和联邦主体预算，分别占40%和60%；二是超过最低税率的那部分，纳入所在地的市、区预算联邦主体，在与市、区政权机关协商的基础上，可以把部分租金直接分配给联邦林业管理局。

五、土地税

土地税是由《税法典》和市政代表机构的法律法规制定的，所有在俄

---

① 姚林香. 国外资源税费制度经验与启示［J］. 社会科学家，2017（1）：55.

罗斯的市辖区域内拥有土地或根据特定条件使用土地的单位和个人应缴纳的地方税。

（一）纳税人

土地税的纳税人是指具有俄罗斯境内土地的所有权、永久使用权和终身可继承占权的单位和个人，视为土地税的纳税人，包括：

（1）俄罗斯法律规定的法人，包括企业、联合公司、组织和机构；

（2）外国法人；

（3）国际非政府组织；

（4）个人，包括俄罗斯公民、外国公民和无国籍公民。无偿、临时使用或承租土地的单位及个人不视为土地税的纳税人。若该土地为单位投资资源的组成部分，视该纳税人为单位的管理者，以获得该土地资产的实际耗费计税。

（二）征税对象

（1）对于市（包括联邦直辖市莫斯科、圣彼得堡和塞瓦斯托波尔）辖区内的土地计征土地税，包括：

①提供给企业和农户、农场、农副业生产的其他企业的土地；

②提供给个人用于从事个体副业、住房建筑、园艺、蔬菜栽培和畜牧业的土地；

③提供给居民合作社用于园艺、蔬菜栽培和畜牧业的土地；

④提供给交通运输、林业、水利、渔业和狩猎业企业、机构、组织的某些职工的土地；

⑤用于住宅、别墅和车库建设和其他目的的土地；

⑥工业、交通、通信、无线电广播、电视、信息、宇航保障和动力用地；

⑦物质生产和非生产领域其他部门用地；

⑧采伐木材的林地、林地中的农业用地；

⑨用于经济活动的水资源用地；

⑩用于休息目的的林地和水资源用地。

（2）以下土地不纳入征税范围。

①俄罗斯联邦法规定的不进入流通环节的土地；

②俄罗斯联邦法规定的流通受限制的土地，俄联邦民族文化遗产中具

有特别价值的建筑以及在世界遗产名录、历史和文化保护区、考古遗址、博物馆中的文物占用的土地；国有水利机构管辖的水资源占用的土地；

③森林资源占用的土地；

④公寓建筑公摊部分占用的土地。

（三）税基

土地税以俄联邦土地法（国家土地登记清册）中列出的征税对象的土地价值为计税依据。土地价值依据纳税人拥有、占有或使用的应税土地的面积，以及是否为住宅用地等因素，由有关主管部门确定。如果房屋和建筑物用地由若干单位和个人分别使用，则分别按照各自的用地计算征税。

（四）税率

土地税实行差别税率，区分农业用地、住宅用地和非农业、非住宅用地等土地用途，适用不同的税率。市政代表机构在下列《税法典》规定的最高税率限定范围内，立法确定本市辖区域内的土地税税率：

1. 0.3% 的税率

（1）农业用地、用于农业生产或居住区中用于农业部分的土地；

（2）住宅、社区服务和居住的基础设施建设占用的土地以及购买的建筑用地；

（3）购买（取得）的用于个人业余时间耕种、园艺、卡车耕作、畜牧以及别墅农业的用地；

（4）根据俄联邦法律规定，流转受限的国防、安全和海关用地。

2. 1.5% 的税率

1.5% 的税率适用于除上述 0.3% 的税率规定以外的土地。

（五）税收优惠

下列土地免税：

（1）刑罚系统的机构和团体用于执行刑罚使用的土地；

（2）国家公路占用的土地；

（3）宗教组织用于宗教及慈善用途的使用的土地；

（4）残疾人及其法定代表人至少占 80% 的残疾人公共组织（包括那些由残疾人公共组织工会组成的公共组织）用于开展法定活动的土地；

（5）民间工艺组织用于生产和销售民间工艺产品的土地；

（6）属于俄罗斯联邦北部、西伯利亚和远东土著少数民族个人以及这些少数民族社区用于保存和发展其传统生活方式、商业和手工艺的土地；

（7）经济特区的居民企业拥有或使用的位于经济特区境内的土地，自拥有每个土地的月份起 5 年内免税；

（8）斯科尔科沃创新中心和其他创新科技中心的居民企业拥有或使用的位于斯科尔科沃创新中心或其他创新科技中心领土的土地；

（9）具有工业生产型经济特区居民身份的造船企业，该组织注册之日起 10 年内，用于船舶建造和修理的土地免税；

（10）自由经济区的居民企业拥有或使用的位于自由经济区境内的土地，自拥有每个土地的月份起 3 年内免税；

（11）2020 年，俄罗斯出台了应对新冠肺炎疫情的税收优惠政策。由于新冠肺炎疫情，纳入统一登记册并从事受新冠肺炎疫情影响最大的经济行业清单中提供的活动的个体企业家，免征 2020 年 4 月 1 日至 6 月 30 日期间与企业家活动有关的土地税。由于新冠肺炎疫情，2020 年第一季度和第二季度应预缴的企业财产税的缴纳期限分别延期到 2020 年 10 月 30 日前和 2020 年 12 月 30 日前支付。

六、企业财产税

俄罗斯企业财产税规定：拥有天然气统一供气系统设施的企业或者直接或间接参与天然气统一供气系统设施超过了 50% 的企业，于 2015 年 1 月 1 日开始的纳税期内首次投入运营，且全部或部分位于萨哈共和国（雅库特）、伊尔库茨克或阿穆尔州境内的下列不动产，适用零税率：

天然气主管道及其生产设施，氦气生产及储存设施；

用于开发矿藏、地下区块开采设计、基础设施设计和确保天然气主管道及其生产设施、氦气生产及储存设施有关的房地产正常运转的设施。

七、增值税中的税收优惠

俄罗斯联邦的税法规定了全国统一的增值税税收优惠，地方政府无权改动。

（一）豁免增值税纳税人义务

适用统一农业税制的农产品生产者。适用统一农业税制的企业和个人企业家，纳入统一农业税制征税范围的销售商品（劳务、服务）的年收入金额 2018 年不超过 1 亿卢布、2019 年不超过 9 000 万卢布、2020 年不超过 8 000 万卢布、2021 年不超过 7 000 万卢布、2022 年及以后年度不超过 6 000 万卢布的，豁免增值税纳税义务，纳税人销售应征消费税的货物或进口货物的除外。

（二） 不征增值税项目

无偿转让住宅、幼儿园、疗养所以及其他用于社会文化用途和市政住宅用途的设施，以及向国家权力机关和地方自治机关转让道路、电网、电站、煤气管道网、引水设施，或按上述机关的决定将上述设施转让给专业使用和经营这些设施的机关。

（三） 免征增值税项目

煤炭开采企业向煤炭销售机构出售煤炭和选煤产品的销售额；地下资源付费；为矿石深加工和精炼而出售精选矿和含有贵金属的其他工业品的销售额。

第三节　日本资源类绿色税收政策*

日本的自然资源贫乏，90% 以上依赖进口，其中石油完全依赖进口。日本政府积极开发核能等新能源，截至 2011 年 2 月，拥有 54 个核电机组，总发电装机容量为 4 946.7 万千瓦，位居世界第三位。2011 年 3 月福岛核电站核泄漏事故发生后，福岛第一核电站的 4 座核反应堆宣布废炉，日本所有核电站全部停运。2012 年 7 月，为了应对电力短缺的问题，位于日本中部的关西电力公司大阪核电站 3 号和 4 号机组暂时重启，但于 2013 年 9 月进入定期检查，再次停运。2015 年 8 月，日本九州电力公司川内核电站 1 号机组成为日本全国首座被审查符合新安全标准后重启的反应堆。此外，关西电力公司的高滨核电站 3 号和 4 号机组以及四国电力公司伊方核电站 3 号机

---

* 本节所引数据资料，除非特别说明，均来自国家税务总局国际税务司国别（地区）投资税收指南课题组．中国居民赴日本投资税收指南：2022 ［EB/OL］．［2023 - 04 - 05］．https：//www. chinatax. gov. cn/chinatax/n810219/n810744/n1671176/n1671206/c2183143/5116165/files/7c168eaec9b746adb142bcde087283d0. pdf.

组也已被正式批准合格重启（目前处于暂停状态）。2017 年 12 月 27 日，东京电力公司柏崎刈羽 6、7 号机组获准重启。

日本森林面积约为 2 508 万公顷，占国土总面积的近 2/3，森林覆盖率约 67%，是世界上森林覆盖率最高的国家之一。木材自给率仅为 20% 左右，是世界上进口木材最多的国家。日本山地与河流较多，水力资源丰富，蕴藏量约为每年 1 353 亿千瓦时。日本的专属经济区面积约相当于国土的 10 倍，渔业资源丰富。

日本资源类绿色税收相关的税种及费用有石油税、矿区税、矿产税、矿泉浴税、法人事业税、法人税、狩猎税、河流取水费。

一、石油税

（一）征税对象

原油，进口的石油制品与碳化氢类。

（二）纳税人

日本石油税纳税人主要指国内采掘时为开采者，当原油或碳化氢类运出采掘场时承担纳税义务；进口石油制品或碳化氢类则为进口商，从保税区领取进口石油制品或碳化氢类时承担纳税义务。

（三）计税方法

日本石油税的计税方式为：从量计征。

（四）计税依据

日本石油税的计税依据为石油、进口石油制品为其容量，进口碳化氢类为其重量。

（五）税率

日本石油税税率为国产原油和进口石油制品为每千升 2 800 日元，国产天然气为每吨 1 860 日元，进口碳化氢类为每吨 1 370 日元。

国产品的纳税人必须于每个月月底前对其上个月的石油税进行申报纳税，进口产品的纳税人原则上必须每次进口时纳税，但若得到国税厅长官的批准，也可按月申报纳税。

二、矿区税

矿区税是都道府县税。

（一）征税对象

日本矿区税的征税对象为矿区，包括一般矿区（金属、煤矿等）、砂矿区和石油、天然气矿区等。

（二）纳税人

日本矿区税的纳税人为拥有设置矿区采矿权的所有者，采矿权所有者对其当年 4 月 1 日当天所拥有的批准采矿矿区面积等承担纳税义务。

（三）计税依据

日本矿区税的计税依据为矿区面积。

（四）税率

一般矿区每公顷每 20 000 ~ 40 000 日元，砂矿区每公顷 20 000 日元，石油或天然气矿区的税率为一般矿区的 2/3。

（五）征收管理

日本的矿区税实行普通征收，纳税人必须在每年 5 月底前向都道府县税务部门缴纳税款。

三、矿产税

矿产税是市町村税。

（一）纳税人

日本矿产税的纳税人为采矿经营者。

（二）征税对象

日本矿产税的征税对象为矿产品，包括煤炭、金属、矿石、砂、石油、天然气等。

（三）计税依据

日本矿产税的计税依据为矿产品的价额。

（四）税率

日本矿产税的标准税率是每个月矿产品价额在 200 万日元以下的为 0.7%（限制税率为 0.9%），超过 200 万日元的为 1%（限制税率为 1.2%）。

（五）征收管理

日本矿产税实行申报纳税，纳税人必须在每月 10 日至月底之前对其上个月的矿产税进行申报纳税。

四、矿泉浴税

矿泉浴税是市町村税。

（1）矿泉浴税的纳税人为矿泉浴池的沐浴者。

（2）矿泉浴税为从量税，计税依据为人次，标准税率为每人每天 150 日元，沐浴者不住宿、连续住宿超过三天或修学旅行等情况的费用依各市规定各不相同。

（3）矿泉浴税由矿泉浴池的经营者代为征收，即在收取沐浴费时一并征收，然后定期向市町村税务部门申报缴纳。

（4）矿泉浴税属于特定财源税，其收入专项用于市町村的环境卫生设施、矿泉保护设施、旅游设施和消防设施的建造与维护。

五、法人事业税

针对的是居民企业。原则上讲，法人事业税的征税对象是法人的所得。但是，考虑到某些行业，仅用所得难以正确反映其业务量的规模，因而对某些行业做了特殊规定。具体有三种情况：一是供电业和供气业（煤气）以收费收入为征税对象；二是人寿保险业和财产保险业以一定比例的保费收入为征税对象（由法律规定且人寿保险业与财产保险业不同）；三是其他行业法人以各年度的所得为征税对象，具体如表 3 - 9 所示。

表 3 - 9   其他行业法人征税标准

法人区分	征税标准	税率（%）
经营供电事业（零售电，发电除外），供气（煤气）事业，保险事业的法人	以收入为征税对象的法人	1.0
经营供电事业（零售电，发电）且其资本金超过1亿日元的普通法人	收入分担比例	0.75
	附加价值分担比例	0.37
	资本分担比例	0.15
经营供电事业（零售电，发电）且其资本小于过1亿日元的普通法人	收入分担比例	0.75
	所得分摊比例	1.85

2019 年度税制改革中，新增了特别法人事业税，其适用对象为法人事业税纳税人，适用开始时间为 2019 年 10 月 1 日后开始的事业年度。特别法人事业税属于国税范围，但和法人事业税一同申报纳税。特别法人事业税的税基为法人事业税（所得分担，收入分担）的税额。税率如表 3 - 10 所示。

表 3 - 10   特别法人事业税税率

征税标准	法人的种类	税率（%）
法人事业税（所得分摊）	资本金超过1亿日元的普通法人等	260
	资本金小于1亿日元的普通法人等	37
	特别法人	34.5
法人事业税（收入分摊）	供电业，供气（煤气）业，保险业，贸易保险业	30

六、法人税

日本的法人税针对的是居民企业。

（一）关于购买土地借贷利息列入支出的限额

这一制度主要是限制企业以高息贷款购买土地，制止土地买卖热潮。按规定，法人不得将购买土地的利息支出在一定期间内（4 年）全部列为费用。原则上，该利息支出列为费用，每年只能按相当于土地购买价的 6% 的金额或者该法人的借贷的平均利息水平而算出的金额作为最高限额。不能列入费用的利息，在一定限期后可 4 年平均列入费用。转让该土地时，在此以前未列入费用的利息支出可一次性地列入费用。但对于买进土地用作宅基地开发等事业用可不在此列。

（二）特种基金、准备金

法人的特种基金和准备金，是以应付将来会发生或可能发生的费用、损失而提取的，税法原则上允许其计入当期费用。但是，企业会计核算上设置的基金、准备金项目较多，如果全部允许计入当期费用，则会缩小法人税税基，影响国家税收。因此，法人税法和租税特别措施法对允许计入当期费用的基金、准备金项目及提取方式等进行了严格的规定。现行允许列入当期费用的特种基金有呆坏账基金、退货处理基金和退职金基金等，允许列入当期费用的准备金主要有海外投资损失准备金、新事业开拓者投资损失准备金、特别修缮准备金和防止金属矿业等矿害准备金等。

（三）资产折旧

折旧资产包括：有形资产，如房屋、机械、设备等；无形资产，如专利权、渔业权和动植物资产等。有形资产进一步细分为一般资产、矿业用资产；无形资产进一步细分为一般资产、矿业用资产和营业权等。税法规定，属于资产范围的设备、机具等，如果其使用年限不足一年，或者购置费不足 10 万日元，则可不作为资产折旧，而作为启用日当年的一次性支出计入当年费用，具体如表 3 – 11 所示。

表 3 –11　　　　　　　　　　　资产折旧

折旧资产分类			选择折旧方法	决定折旧方法
有形资产	一般资产	建筑物	定额法	
		建筑物的附属设备建筑构架	定额法	
		机械及其装置船舶飞机车辆及运输工具、器具与设备	定额法定率法	定率法
	矿业用资产	矿业经营上直接需要且在废矿是其价值显著削减的资产	定额法定率法产值比例法	产值比例法

折旧资产分类			选择折旧方法	决定折旧方法
无形资产	一般资产	物权性财产权：渔业权、水利权、水库使用权 工业所有权：专利权、商标权、意匠权 实用新案权利用权：水道设施利用权、电力煤气设施利用权	定额法	
	矿业用资产	矿业权（包括租矿权及采石权、其他土石的采掘或采取权）	定额法产值比例法	产值比例法
	营业权		5年平均折旧	
动植物		动物：牛、马、猪、绵羊、山羊 果树：柑橘树、苹果树等 果树以外的植物：茶树等	定额法	

对法人所得还有追加征税制度和税额扣除制度：包括在法人税中的法人所得的其他征税。对土地转让所得的追加征税。法人转让土地所得，除要将其纳入法人税征税所得计算综合征税外，还要对其追加特别征税。追加征税的税率视其转让土地的持有（所有）时间而有所区别。持有土地时间超过5年的税率为10%，超过2年不足5年的税率为20%，不足2年的税率为30%。而且，即便是亏损法人（即计算出的当年法人税征税所得出现亏损的法人），也必须缴纳该项法人税。

七、其他

日本其他资源类绿色税收政策，如表3-12至表3-14所示。

表3-12   环保补贴（补贴属于财政政策）

用途	补贴内容
加强日本的生态系统服务	农业、渔村、山区多功能增强费。野生动物损害预防费等

资料来源：笔者根据OECD环境政策工具数据库相关数据整理所得。

表3-13   税/费

名称	内容
河流取水费	农业和家庭使用豁免
狩猎税	打猎

资料来源：笔者根据OECD环境政策工具数据库相关数据整理所得。

表 3-14　　　　　　　　汽车和能源相关的税金（国税）

税目	课税对象	税率
石油煤炭税	原油、石油制品、天然气、石油天然气、煤炭等	原油、石油产品 2 800 日元/kℓ（本则税率：2 040 日元/kℓ）天然气、石油天然气等 1 860 日元/吨（本则税率：1 080 日元/吨）煤炭 1 370 日元/吨（本则税率：700 日元/吨）
电源开发促进税一般输配电企业等销售电		375 日元/千瓦时

资料来源：自動車関係諸税・エネルギー関係諸税（国税）の概要［EB/OL］.［2023-02-07］. https：//www. mof. go. jp/tax_policy/summary/consumption/d10. htm#a01.

第四节　韩国资源类绿色税收政策

韩国矿产资源较少，已发现的矿物有 280 多种，但其中有经济价值的仅有 50 多种。有开采利用价值的矿物有铁、无烟煤、铅、铮等，但储藏量不大。由于自然资源匮乏，主要工业原料均依赖进口。[①]

韩国资源类绿色税收没有相关的税种，更多涉及的是费，有生态系统保护费地下水抽取费、自然公园门票费、水质改善费、水费。

一、生态系统保护费

韩国生态系统保护费如表 3-15 所示。

表 3-15　　　　　　　　　　韩国生态系统保护费

一般税基	特定税基	税率国家货币	税率—欧元
土地、土壤和森林资源管理	可能对自然环境或生态系统造成重大影响的项目	每单位面积 250.0 韩元	每单位面积 0.1948 欧元

资料来源：笔者根据 OECD 环境政策工具数据库相关数据整理所得。

---

① 国家税务总局国际税务司国别（地区）投资税收指南课题组. 中国居民赴韩国投资税收指南：2022［EB/OL］.［2023-04-05］. https：//www. chinatax. gov. cn/chinatax//n810219/n810744/n1671176/n1671206/c2269673/5116167/files/08ad3eb57dfb41dea222b02b59cd7488. pdf.

二、地下水抽取费

韩国地下水抽取费如表 3 - 16 所示。

表 3 - 16　　　　　　　　　　　韩国地下水抽取费

一般税基	特定税基
水资源管理	水提取

资料来源：笔者根据 OECD 环境政策工具数据库相关数据整理所得。

三、自然公园门票费

韩国自然公园门票费如表 3 - 17 所示。

表 3 - 17　　　　　　　　　　　韩国自然公园门票费

一般税基	特定税基	税率国家货币	税率
生物多样性和野生动物管理	自然公园的门票 - 成人	每人 1 300.0 韩元	每人 1.01 欧元
生物多样性和野生动物管理	自然公园的门票 - 儿童	每人 300.0 韩元	每人 0.2337 欧元
生物多样性和野生动物管理	进入自然公园 - 青少年	每人 600.0 韩元	每人 0.4675 欧元

资料来源：笔者根据 OECD 环境政策工具数据库相关数据整理所得。

四、水质改善费

韩国水质改善费如表 3 - 18 所示。

表 3 - 18　　　　　　　　　　　韩国水质改善费

一般税基	税率
水资源管理瓶装饮用泉水与行为养成泉水每平方米 2 200.0 韩元	每平方米 1.71 欧元

资料来源：笔者根据 OECD 环境政策工具数据库相关数据整理所得。

五、水费

韩国水费如表 3 - 19 所示。

表 3 – 19　　　　　　　　　　　　　韩国水费

一般税基	税率
水资源管理从汉江取水每平方米 170.0 韩元	每平方米 0.1325 欧元
水资源管理从库姆河取水每平方米 160.0 韩元	每平方米 0.1247 欧元
水资源管理从洛东江取水每平方米 160.0 韩元	每平方米 0.1247 欧元

资料来源：笔者根据 OECD 环境政策工具数据库相关数据整理所得。

六、增值税中涉及资源类绿色税收政策[①]

外国企业在韩国境内有下列固定场所，应认定为在境内设有营业场所：

矿场、采石场及其他开发、开采自然资源包括海洋自然资源的场所（包括根据国际法，韩国拥有主权的，除领海以外的区域外邻近海岸线的海底和底土）。

第五节　英国资源类绿色税收政策

英国的主要矿产资源有煤、铁、石油和天然气。英国的硬煤总储量约为 1 700 亿吨。铁的蕴藏量约为 38 亿吨。西南部康沃尔半岛有锡矿、白黏土；在柴郡和达腊姆蕴藏着大量石盐；斯塔福德郡有优质黏土；奔宁山脉东坡可开采白云石；兰开夏西南部施尔德利丘陵附近蕴藏着石英矿。在英国北海大陆架，石油储量约 10 亿 ~ 40 亿吨，天然气储量约 8 600 亿 ~ 25 850 亿立方米。[②]

英国资源类绿色税收相关的税种有石方税、"篱笆圈利润"税收、石油收益税、议会税、集料税、土地印花税、土地房屋交易税。

---

① 国家税务总局国际税务司国别（地区）投资税收指南课题组. 中国居民赴韩国投资税收指南：2022［EB/OL］.［2023 – 04 – 05］. https：//www. chinatax. gov. cn/chinatax//n810219/n810744/n1671176/n1671206/c2269673/5116167/files/08ad3eb57dfb41dea222b02b59cd7488. pdf.

② 国家税务总局国际税务司国别（地区）投资税收指南课题组. 中国居民赴日本投资税收指南：2022［EB/OL］.［2023 – 04 – 05］. https：//www. chinatax. gov. cn/chinatax//n810219/n810744/n1671176/n1671206/c2183143/5116165/files/7c168eaec9b746adb142bcde087283d0. pdf.

一、石方税①

（一）概念

英国石方税对利用英国陆地和水域范围内石方（石头、沙子、砂粒、矿石）的进行商业开采活动的开采者征税。

（二）纳税义务人

英国石方税的纳税义务人为商业开采者。

（三）税目及税率

石方税所指的石方，主要指石头、沙砾、砂子等，像黏土和煤炭不属于征税范围，采用定额税率，税率每2.00英镑。

（四）采石税的优惠政策

（1）对于完全由以下材质组成的石方免税：废陶土或废球黏土；

（2）特定的工业矿物加工废料；

（3）建筑工地产生的石方；

（4）航道挖掘产生的石方；

（5）公路修建施工过程中产生的石方；

（6）此外，对再生矿物制品不征税，对回收的石方或已税的石方不再重复征税，并鼓励使用再生材料；

（7）纳税人也可以申请特定减免税优惠。

石方税在具体征收时还要看石方最终使用地方，如果开采的石方是被出口到英国以外的地方使用，那么石方税可免除；如果是从外国进口到英国，那么在进行商业开采时就需要征收石方税。该税对于回收的石方和已税的石方不再征税。

二、"篱笆圈利润"税收②

"篱笆圈利润"税收是对于北海石油、天然气开采生产企业所取得的利

---

① 何杨，王文静. 英国税制研究［M］. 北京：经济科学出版社，2018：223－224.

② 何杨，王文静. 英国税制研究［M］. 北京：经济科学出版社，2018：55.

润（又称为"篱笆圈利润"），所适用的公司税标准税率为 30%，小企业税率为 19%。

另外，这类企业还需就其"篱笆圈利润"缴纳税率为 20% 的附加税，计算方法与上述"篱笆圈利润"公司税一致。"篱笆圈"的目的是防止在英国及其大陆架的油气生产中企业过多地支付利息或因为其他活动损失而减少应税利润。

三、石油收益税[①]

石油收益税是对英国或英国大陆架石油和天然气生产利润征收的税。对于在 1993 年 3 月 16 日之前获准在英国、英国领海和大陆架开发石油和天然气的企业，其取得的利润应缴纳 50% 的石油收益税。自 2016 年 1 月 1 日起，该税率降至 0，但是并未取消，以便于企业追溯之前的纳税情况。石油收益税和公司税的关系，可以认为是补充关系，即对于石油收益税的纳税人，还应缴纳公司税。

四、议会税

议会税是地方政府对占用住宅房地产征收的一种财产税。纳税人为年满 18 岁的住房所有者或承租者。非居民在英国的住宅，也应缴纳议会税。税基取决于该财产的价值等级。

五、集料税[②]

集料税是对沙子、砾石和岩石征收的税或从地里挖出来的、在英国海域从海中挖出、进口的。某些材料不征税，例如，土壤、蔬菜或其他有机物。

六、土地印花税[③]

在英格兰和北爱尔兰购买超过一定价格的房产或土地，必须缴纳土地

---

①　何杨，王文静. 英国税制研究［M］. 北京：经济科学出版社，2018：56.

②　Environmental taxes，reliefs and schemes for businesses［EB/OL］.［2023 - 02 - 07］. https：//www. gov. uk/green - taxes - and - reliefs/aggregates - levy.

③　Stamp Duty Land Tax［EB/OL］.［2023 - 01 - 23］. https：//www. gov. uk/stamp - duty - land - tax/reliefs - and - exemptions.

印花税。

土地印花税的减免和豁免如下所示。

1. 购买第一套住房和在某些其他情况下，可以获得土地印花税减免

（1）首次购房者；

（2）多个住宅；

（3）建筑公司购买个人房屋；

（4）雇主购买雇员的房子；

（5）地方当局强制采购；

（6）为社区提供便利设施的房地产开发商；

（7）公司将财产转让给另一家公司；

（8）慈善机构为慈善目的购买；

（9）购买房产的权利；

（10）注册社会房东；

（11）皇冠员工；

（12）房地产投资基金，例如，房地产授权投资基金和共同所有权授权合同计划。

2. 豁免

以下情况下，不征土地印花税或无需申报：

（1）土地或财产无偿转让；

（2）遗嘱指定的财产继承人；

（3）因离婚或民事关系解除而转移财产；

（4）以低于 40 000 英镑的价格购买了永久业权房产。

七、土地房屋交易税①

自 2015 年 4 月 1 日起，位于苏格兰的土地及房屋缴纳苏格兰土地房屋交易税（Land and Buildings Transaction Tax，LBTT），而不再缴纳印花税，苏格兰土地房屋交易税为累进税率，最高达 12%，适用于交易金额超过 100 万英镑的房地产。

---

① 国家税务总局国际税务司国别（地区）投资税收指南课题组．中国居民赴英国投资税收指南：2021［EB/OL］．［2023 - 04 - 05］．https：//www. chinatax. gov. cn/chinatax//n810219/n810744/n1671176/n1671206/c4394378/5116224/files/74d0712fc20642a0bc12e2843db7bb86. pdf.

八、其他[①]

增值税中为家庭供水增值税适用税率 0%。

第六节　法国资源类绿色税收政策

法国能源自给率为 49.8%。铁矿蕴藏量约 10 亿吨，但品位低、开采成本高，所需的铁矿石大部分依赖进口。煤储量已近枯竭，所有煤矿均已关闭。有色金属储量很少，几乎全部依赖进口。绝大部分的石油、天然气和煤依赖进口。能源主要依靠核能，接近 80% 的电力靠核能提供。此外，水力和地热资源的开发利用也比较充分。[②]

法国资源类绿色税收相关的税种有矿泉水税、海鲜和水产养殖税、河流水道使用税。相关的费有取水收费、供水费、城市雨水管理费。

一、矿泉水税

法国矿泉水税如表 3-20 所示。

表 3-20　　　　　　　　　　法国矿泉水税

一般税基	具体税基	税率
水资源管理	矿泉水附加费	每升 0.0058 欧元

资料来源：笔者根据 OECD 环境政策工具数据库相关数据整理所得。

二、海鲜和水产养殖税

法国海鲜和水产养殖税如表 3-21 所示。

---

① Fuel and power (VAT Notice 701/19) [EB/OL]. [2023-02-06]. https://www.gov.uk/guidance/vat-on-fuel-and-power-notice-70119.

② 国家税务总局国际税务司国别（地区）投资税收指南课题组. 中国居民赴法国投资税收指南：2022 [EB/OL]. [2023-04-05]. https://www.chinatax.gov.cn/chinatax//n810219/n810744/n1671176/n1671206/c2581097/5116171/files/3c19ba384ccb4c919e39e6d507e65084.pdf.

表 3 – 21　　　　　　　　　　法国海鲜和水产养殖税

一般税基	具体税基	税率
鱼类种群管理	在法国销售或进口海鲜和水产养殖，减 50% 或 25% 的折扣，视产品而定	销售额的 0.27%（税前）

资料来源：笔者根据 OECD 环境政策工具数据库相关数据整理所得。

三、河流水道使用税

法国河流水道使用税如表 3 – 22 所示。

表 3 – 22　　　　　　　　　　法国河流水道使用税

一般税基	具体税基	税率
土地、土壤和森林资源管理	不到 2 000 名居民的城镇的水工建筑占地面积	每平方米 1.52 欧元
	2 000 多名但少于 10 万名居民的城镇中水工建筑物占地面积	每平方米 15.24 欧元
	超过 10 万名居民的城镇的水工建筑占地面积	每平方米 30.49 欧元
	水工结构的可弃量	每千立方米从 1.5 欧元到 7 欧元不等

资料来源：笔者根据 OECD 环境政策工具数据库相关数据整理所得。

四、取水收费

法国取水收费如表 3 – 23 所示。

表 3 – 23　　　　　　　　　　法国取水收费

一般税基	具体税基	税率
水资源管理	取水	特定于每个水机构和每个用途（灌溉、家庭用途、工业用途……）

资料来源：笔者根据 OECD 环境政策工具数据库相关数据整理所得。

五、供水费

法国供水费如表 3 – 24 所示。

表 3 – 24　　　　　　　　　　　法国供水费

一般税基	具体税基	税率
水资源管理	供水	每立方米 0.0213 欧元

资料来源：笔者根据 OECD 环境政策工具数据库相关数据整理所得。

六、城市雨水管理费

法国城市雨水管理费如表 3 – 25 所示。

表 3 – 25　　　　　　　　　　法国城市雨水管理费

一般税基	具体税基	税率
土地、土壤和森林资源管理	未铺砌和无屋顶表面的土地净面积	每平方米 1.00 欧元

资料来源：笔者根据 OECD 环境政策工具数据库相关数据整理所得。

第七节　德国资源类绿色税收政策[*]

德国属于自然资源相对贫乏的国家，在工业原料和能源方面主要依靠进口。矿物原料（钢、铝土矿、锰、磷酸、钨和锡）对外国的依赖特别大。德国拥有少量铁矿和石油，天然气需求量的 1/3 可以由国内满足。德国是世界上最大的褐煤生产国，硬煤、褐煤、钾盐的储量较丰富。德国的能源主要来源于化石燃料，其次是核电，类似生物质能的可再生能源（木材和生物燃料）、风能、水能和太阳能。

---

[*] 本节所引数据资料，除非特别说明，均来自国家税务总局国际税务司国别（地区）投资税收指南课题组．中国居民赴德国投资税收指南：2022 ［EB/OL］．［2023 – 04 – 05］. https://www.chinatax.gov.cn/chinatax//n810219/n810744/n1671176/n1671206/c2352715/5116161/files/64a27b3d7c54468daaec6b253bf32235.pdf.

德国资源类绿色税收相关的税种及费用有房产税、土地购置税、水资源税费。

一、房产税

（一）纳税义务人

房产税是适用于不动产的经常发生的地方性税种，无论是用于农业、林业、商务或私人用途。

（二）征收范围

房产税在每个年度 1 月 1 日对不动产的经济价值进行评估。经济价值通常确定为根据不动产属性可能获得的平均租金的倍数，经济价值通常比实际价值低。

（三）税率

无论不动产是作为私人财产还是作为商业资产，每年市政当局以联邦政府 0.35% 的基本税率对不动产征收不动产税。计算结果再乘以市政系数，范围从 280% 到 810% 不等，这使得不动产的有效税率为会计价值在 0.98%~2.84% 之间，平均税率约为 1.9%。在 2018 年 4 月 10 日的裁决中，联邦宪法法院裁定，将过时的会计价值用于房产税是违反宪法的。法院认为，继续使用 1964 年或更早时确定的会计价值进行房产税年度评估，在房地产评估过程中存在不平等待遇，不具有充分的正当性，违反了平等原则。法院认为，立法者必须在 2019 年 12 月 31 日前根据宪法原则修改现有规则。在此之前，本规则仍然适用。新规则制定后，现行规定仍可适用 5 年，但不得超过 2024 年 12 月 31 日，以确保新规则实施过程中的立法覆盖。

此外，房产税可扣除企业所得税和贸易税。

房产税分四期征收，分别为 2 月 15 日、5 月 15 日、8 月 15 日和 11 月 15 日。

（四）税收优惠

用于公共设施、慈善、宗教目的以及大学等学校的不动产可以申请豁免房产税。

二、土地购置税

（一）征收对象

土地购置税的征收对象是地产。包括未经建设的土地和耕地及建设后的不动产。机器或者其他生产设备并不属于地产概念。这意味着，在进行地产转让时，生产设备仍然需要缴纳增值税，因为他们并不包括在土地购置税法之中。他人土地上的地上权和建筑，与土地购置税法意义上的地产地位同等。如果购买一块地产时，这块地产带有地上权，那么地上权租金不算进估算基础中。

（二）税率

下列交易适用 3.5% 税率（汉堡为 4.5%；不来梅、巴登—符腾堡、下萨克森州、莱茵—普法尔茨和萨克森—安哈尔特为 5%；柏林、黑森和梅克伦堡—前波美拉尼亚州为 6%；而勃兰登堡、北莱茵—威斯特伐利亚、萨尔州、石勒苏益格—荷尔斯泰因州和图林根州为 6.5%）：

（1）取得不动产和其他依法取得不动产所有权的交易；

（2）交换不动产，如交换公司股份、合并、分立等；

（3）授予具有建筑权利的长期租约；

（4）转让持有不动产的公司 95% 的股份，并（直接或间接）转让该公司 95% 的股份；

（5）如果合伙人在过去 5 年中发生了变化，则房地产持有合伙企业的合伙人发生了重大变化（合伙人 95% 的变化通常被认为是重大变化）。

依照重组税法规定，在合并、分立或者资产转移过程中发生的集团内不动产转移，在控股公司与一个或者多个控股公司之间发生的，则免征不动产转移税。转让前、转让后 95% 的股份由控股公司直接或间接连续持有至少 5 年的，视为被控股公司。

（三）税收优惠

德国还规定以下情形无缴纳土地购置税义务：

（1）购买估算基础不高于 2 500 欧元的地产；

（2）通过赠与或者遗产继承进行的地产转让；

（3）配偶之间、直系亲属之间或民事合伙人之间的土地交易；

（4）通过委托人赎回地产；

（5）通过公司法法人进行的特殊土地购置；

（6）通过康采恩（即垄断组织）企业内部的特定重组过程；

（7）人合公司或者以共同共有形式与它的成员之间的地产营业额按照比例关系免除纳税义务。

三、水资源税费①

德国人均淡水资源较少，仅为 2 140 立方米。在水资源保护和利用方面德国政府做了大量的工作，2007 年其废水收集系统人口比重达 96%，废水处理厂受益人口比重为 95%，该比例在欧洲仅次于荷兰。水资源税征收的主要目的是补偿因改善水环境而遭受利益损失的特殊群体。德国各州针对水资源税的征收可以自行立法，对水资源税征收管理的自主权较大，因此目前该国还没有统一的水资源税法。

以德国第一个制定水资源税的州——巴登—符腾堡州和不同于巴登—符腾堡州的另一个典范——汉堡州为例，来介绍德国水资源税情况。第一，两个州的征收范围不同。在巴登—符腾堡州，地方政府对使用地表或地下水资源的单位和个人征收水资源税；在汉堡州，地方政府只对使用地下水资源的单位或个人征收水资源税，使用地表水则免于征收。第二，两个州的税率标准亦有差异。前者税率制定是依据水源及水的用途，水源和用途不同税率亦不相同，通常情况下，使用地下水的税率高于地表水的税率。例如，同样是冷却用水，使用地表水的税率为 0.005 欧元/立方米，而使用地下水的税率则高达 0.051 欧元/立方米。后者税率制定是依据地区和水质，地区和水质不同税率有所差异。通常情况下，取用水质较好的深层地下水比浅层地下水要缴纳更多的税，此外，公共用水的税率一般也较低。例如，公共供水公司取用水质好的深层地下水税率为 0.056 欧元/立方米，若取水质较差的浅层地下水的税率则为 0.02 欧元/立方米。

---

① 姚林香. 国外资源税费制度经验与启示 [J]. 社会科学家，2017（1）：51–57.

第八节 荷兰资源类绿色税收政策

荷兰自然资源相对贫乏，除天然气和少量的石油以外，几乎没有什么自然资源。

荷兰资源类绿色税收相关的税种有地下水税、自来水税、国家地下水开采税、地表水污染税。

一、地下水税

（一）概述

地下水税是对居民、单位和企业直接取用地下水的行为而征收的一种税。该税自 1995 年 1 月 1 日起开征。1999 年该税的税收收入约为 33.5 亿荷兰盾。

（二）纳税人

地下水税的纳税人主要是开采地下水的公司或个人，例如，饮用水的生产商、农场主和使用地下水的企业主等都是该税的纳税人。

（三）税率

地下水税以取用地下水的数量为计征依据，从量定额计征，实行全国统一的单位税额，单位和个人按 0.17 荷兰盾/立方米的单位税额征收，而饮用水企业的税率是前者的两倍，按照 0.34 荷兰盾/立方米征收。由于制度设计上的缺陷，地下水税在财政收入和资源保护上并没有起到应有的效果，最终荷兰政府从 2011 年 12 月 31 日起废止了地下水税。

（四）免税

某些情况可以享受免税待遇，如为建筑需要的地基排水、测试排水，为灌溉用途的采水以及为清洁地下水的采水等。

二、自来水税

荷兰自来水税如表 3 – 26 所示。

表 3 – 26　　　　　　　　　荷兰自来水税

一般税基	特定税基	税率国家货币	税率 – 欧元
水资源管理	输送给消费者的自来水	每米 0.3330 欧元	每米 0.3330 欧元

资料来源：笔者根据 OECD 环境政策工具数据库相关数据整理所得。

三、国家地下水开采税

荷兰国家地下水开采税如表 3 – 27 所示。

表 3 – 27　　　　　　　　荷兰国家地下水开采税

一般税基	特定税基	税率国家货币	税率 – 欧元
水资源管理	抽取的地下水	每米 0.1826 欧元	每米 0.1826 欧元

资料来源：笔者根据 OECD 环境政策工具数据库相关数据整理所得。

四、地表水污染税[①]

地表水污染税是荷兰政府对排污者向地表排放废弃物、污染物及有毒物质的行为征收的一种税。计征依据根据污水排放数量和排放物的耗氧量及重金属含量的污染度来确定，从量征收，不同水资源保护区的税率设定略有不同，取决于各保护区污水处理的成本支出。

第九节　丹麦资源类绿色税收政策

丹麦自然资源种类相对较少，主要为石油和天然气，截至 2017 年底，北海大陆架石油蕴藏量估计为 1.6 亿立方米，天然气探明剩余可采储量为 800

---

① 姚林香. 国外资源税费制度经验与启示 ［J］. 社会科学家，2017 （1）：51 – 57.

亿立方米，已探明褐煤储量9 000万立方米。森林覆盖面积56.2万公顷，覆盖率约为13%。北海和波罗的海为近海重要渔场。丹麦政府宣布到2050年全面停止在北海的石油和天然气勘探及开采活动，作为能源转型方案的组成部分。①

　　丹麦资源类绿色税收相关的税种有氮气税、原材料税，相关的费有水费。

一、氮气税

　　丹麦氮气税如表3 – 28所示。

表3 – 28　　　　　　　　　　　　丹麦氮气税

一般税基	特定税基	税率国家货币	税率
水污染的非点源—人造肥料	家庭使用的氮	每千克5.00丹麦克朗	每千克0.6715欧元

　　资料来源：笔者根据OECD环境政策工具数据库相关数据整理所得。

二、原材料税

　　丹麦原材料税如表3 – 29所示。

表3 – 29　　　　　　　　　　　　丹麦原材料税

一般税基	特定税基	税率国家货币	税率
土地、土壤和森林资源管理	原材料	每平方米5.27丹麦克朗	每平方米0.7053欧元

　　资料来源：笔者根据OECD环境政策工具数据库相关数据整理所得。

三、水费

　　丹麦水费如表3 – 30所示。

---

　　① 商务部国际贸易经济合作研究院，中国驻丹麦大使馆经济商务处，商务部对外投资和经济合作司. 对外投资合作国别（地区）指南——丹麦：2022年版［EB/OL］.［2023 – 02 – 07］. http：//www. mofcom. gov. cn/dl/gbdqzn/upload/danmai. pdf.

表 3-30   丹麦水费

一般税基	特定税基	税率国家货币	税率
水资源管理	耗水量	每平方米 6.37 丹麦克朗	每平方米 0.8555 欧元

资料来源：笔者根据 OECD 环境政策工具数据库相关数据整理所得。

第十节　中国资源类绿色税收政策

中国资源类绿色税收相关的税种有资源税、城镇土地使用税、耕地占用税。

一、资源税①

（一）概述

资源税法是指国家制定的用以调整资源税征收与缴纳相关权利及义务关系的法律规范。

资源税是对在我国领域和管辖的其他海域开发应税资源的单位和个人课征的一种税，属于对自然资源开发课税的范畴。1984 年我国开征资源税时，普遍认为征收资源税主要依据的是受益原则、公平原则和效率原则三方面。从受益方面考虑，资源属国家所有，开采者因开采国有资源而得益，有责任向所有者支付其地租；从公平角度来看，条件公平是有效竞争的前提，资源级差收入的存在影响资源开采者利润的真实性，故级差收入以归政府支配为宜；从效率角度分析，稀缺资源应由社会净效率高的企业来开采，对资源开采中出现的掠夺和浪费行为，国家有权采取经济手段促其转变。

1986 年 10 月 1 日，《中华人民共和国矿产资源法》（以下简称《矿产资源法》）施行，该法第五条进一步明确：国家对矿产资源实行有偿开采。开采矿产资源，必须按照国家有关规定缴纳资源税和资源补偿费。1993 年全国财税体制改革，对 1984 年第一次资源税法律制度作了重大修改，形成了

---

① 注册会计师全国统一考试辅导教材．税法［M］．北京：中国财政经济出版社，2022：369 - 377.

第二代资源税制度。1993 年 12 月国务院发布的《中华人民共和国资源税暂行条例》（以下简称《资源税暂行条例》）及财政部发布的《中华人民共和国资源税暂行条例实施细则》（以下简称《资源税暂行条例实施细则》），将盐税并到资源税中，并将资源税征收范围扩大为原油、天然气、煤炭、其他非金属矿原矿、黑色金属矿原矿、有色金属矿原矿和盐 7 种，并于 1994 年 1 月 1 日起不再按超额利润征税，而是按矿产品销售量征税，按照"普遍征收、级差调节"的原则，就资源赋税情况、开采条件、资源等级、地理位置等客观条件的差异规定了幅度税额，为每一个课税矿区规定了适用税率。这一规定考虑了资源条件优劣的差别，对级差收益进行了有效调节。

2010 年 6 月 1 日，我国开始在新疆对原油、天然气进行了资源税从价计征改革试点工作；2011 年根据《国务院关于修改〈中华人民共和国资源税暂行条例〉的决定》（国务院令第 605 号）对《资源税暂行条例》进行了修改，同时财政部及国家税务总局对《资源税暂行条例实施细则》（中华人民共和国财政部令第 66 号）进行了修订，并自 2011 年 11 月 1 日起施行。2014 年 12 月又对煤炭的资源税由从量计征改为从价计征，取得一定效果。根据党中央、国务院决策部署，2016 年全面推进资源税改革。2016 年 5 月，财政部、国家税务总局发布了《关于全面推进资源税改革的通知》《关于资源税改革具体政策问题的通知》等文件，对绝大部分应税产品实行从价计征方式，对经营分散、多为现金交易且难以管控的黏土、砂石，按照便利征管原则，仍实行从量定额计征。同时在河北省开征水资源税试点工作，采取水资源费改税方式，将地表水和地下水纳入征税范围，实行从量定额计征。2017 年 12 月 1 日起，水资源税改革试点进一步扩大到北京、天津、山西、内蒙古、山东、河南、四川、陕西、宁夏 9 个省份。

为了贯彻习近平生态文明思想、落实税收法定原则，2019 年 8 月 26 日第十三届全国人民代表大会常务委员会第十二次会议通过了《中华人民共和国资源税法》（以下简称《资源税法》），并自 2020 年 9 月 1 日起施行。为贯彻落实《资源税法》、《财政部、税务总局关于资源税有关问题执行口径的公告》（财政部、税务总局公告 2020 年第 34 号）、《国家税务总局关于资源税征收管理若干问题的公告》（国家税务总局公告 2020 年第 14 号）、《财政部、税务总局关于继续执行的资源税优惠政策的公告》（财政部、税务总局公告 2020 年第 32 号）对有关问题的执行口径和征管具体规定等进行了明确，以规范资源税的征收管理。

征收资源税的主要作用如下：（1）促进对自然资源的合理开发利用。

通过对开发、利用应税资源的行为课征资源税，体现国有自然资源有偿占用的原则，从而可以促使纳税人节约、合理地开发和利用自然资源，有利于我国经济可持续发展。（2）为国家筹集财政资金。随着其课征范围的逐渐扩展，资源税的收入规模及其在税收收入总额中所占的比重都相应增加，其财政意义也逐渐明显，在为国家筹集财政资金方面发挥着不可忽视的作用。

（二）纳税义务人

资源税的纳税义务人是指在中华人民共和国领域及管辖的其他海域开发应税资源的单位和个人。应税资源的具体范围由《资源税法》所附《资源税税目税率表》确定。

资源税规定仅对在中国境内开发应税资源的单位和个人征收，因此，进口的矿产品和盐不征收资源税。由于对进口应税产品不征收资源税，相应地，对出口应税产品也不免征或退还已纳资源税。

纳税人自用应税产品，如果属于应当缴纳资源税的情形，应按规定缴纳资源税。纳税人自用应税产品应当缴纳资源税的情形包括：纳税人将应税产品用于非货币性资产交换、捐赠、偿债、赞助、集资、投资、广告、样品、职工福利、利润分配或者连续生产非应税产品等。纳税人开采或者生产应税产品自用于连续生产应税产品的，不缴纳资源税。如铁原矿用于继续生产铁精粉的，在移送铁原矿时不缴纳资源税；但对于生产非应税产品的，如将铁精粉继续用于冶炼的，应当在移送环节缴纳资源税。

开采海洋或陆上油气资源的中外合作油气田，在 2011 年 11 月 1 日前已签订的合同继续缴纳矿区使用费，不缴纳资源税；合同期满后，依法缴纳资源税。

（三）税目

资源税税目包括五大类，在 5 个税目下面又设有若干个子目。《资源税法》所列的税目有 164 个，涵盖了所有已经发现的矿种和盐。

1. 能源矿产

（1）原油，是指开采的天然原油，不包括人造石油。

（2）天然气、页岩气、天然气水合物。

（3）煤，包括原煤和以未税原煤加工的洗选煤。

（4）煤成（层）气。

（5）铀、牡。

（6）油页岩、油砂、天然沥青、石煤。

（7）地热。

2. 金属矿产

（1）黑色金属，包括铁、锰、铬、钒、钛。

（2）有色金属，包括铜、铅、锌、锡、镍、锑、镁、钴、铋、汞；铝土矿；钨；钼；金、银；铂、钯、钌、锇、铱、铑；轻稀土；中重稀土；铍、锂、锆、锶、铷、铯、铌、钽、锗、镓、铟、铊、铪、铼、镉、硒、碲。

3. 非金属矿产

（1）矿物类，包括高岭土；石灰岩；磷；石墨；萤石、硫铁矿、自然硫；天然石英砂、脉石英、粉石英、水晶、工业用金刚石、冰洲石、蓝晶石、硅线石（矽线石）、长石、滑石、刚玉、菱镁矿、颜料矿物、天然碱、芒硝、钠硝石、明矾石、砷、硼、碘、溴、膨润土、硅藻土、陶瓷土、耐火黏土、铁矾土、凹凸棒石黏土、海泡石黏土、伊利石黏土、累托石黏土；叶蜡石、硅灰石、透辉石、珍珠岩、云母、沸石、重晶石、毒重石、方解石、蛭石、透闪石、工业用电气石、白垩、石棉、蓝石棉、红柱石、石榴子石、石膏；其他黏土（铸型用黏土、砖瓦用黏土、陶粒用黏土、水泥配料用黏土、水泥配料用红土、水泥配料用黄土、水泥配料用泥岩、保温材料用黏土）。

（2）岩石类，包括大理岩、花岗岩、白云岩、石英岩、砂岩、辉绿岩、安山岩、闪长岩、板岩、玄武岩、片麻岩、角闪岩、页岩、浮石、凝灰岩、黑曜岩、霞石正长岩、蛇纹岩、麦饭石、泥灰岩、含钾岩石、含钾砂页岩、天然油石、橄榄岩、松脂岩、粗面岩、辉长岩、辉石岩、正长岩、火山灰、火山渣、泥炭；砂石（天然砂、卵石、机制砂石）。

（3）宝玉石类，包括宝石、玉石、宝石级金刚石、玛瑙、黄玉、碧玺。

4. 水气矿产

（1）二氧化碳气、硫化氢气、氦气、氡气。

（2）矿泉水。

5. 盐

（1）钠盐、钾盐、镁盐、锂盐。

（2）天然卤水。

（3）海盐。

上述各税目征税时有的对原矿征税,有的对选矿征税,具体适用的征税对象按照《资源税税目税率表》的规定执行,主要包括以下三类:

(1) 按原矿征税。

(2) 按选矿征税。

(3) 按原矿或者选矿征税。

纳税人以自采原矿(经过采矿过程采出后未进行选矿或者加工的矿石)直接销售,或者自用于应当缴纳资源税情形的,按照原矿计征资源税。

纳税人以自采原矿洗选加工为选矿产品(通过破碎、切割、洗选、筛分、磨矿、分级、提纯、脱水、干燥等过程形成的产品,包括富集的精矿和研磨成粉、粒级成型、切割成型的原矿加工品)销售,或者将选矿产品自用于应当缴纳资源税情形的,按照选矿产品计征资源税,在原矿移送环节不缴纳资源税。对于无法区分原生岩石矿种的粒级成形砂石颗粒,按照砂石税目征收资源税。

(四) 税率

资源税法按原矿、选矿分别设定税率。对原油、天然气、中重稀土、镍、钼等战略资源实行固定税率,由税法直接确定。其他应税资源实行幅度税率,其具体适用税率由省、自治区、直辖市人民政府统筹考虑该应税资源的品位、开采条件以及对生态环境的影响等情况,在规定的税率幅度内提出,报同级人民代表大会常务委员会决定,并报全国人民代表大会常务委员会和国务院备案。我国资源税税目税率表如表 3-31 所示。

表 3-31　　　　资源税税目、税率(2020 年 9 月 1 日起执行)

税目		征税对象	税率
能源矿产	原油	原矿	6%
	天然气、页岩气、天然气水合物	原矿	6%
	煤	原矿或选矿	2% ~10%
	煤成(层)气	原矿	1% ~2%
	铀、钍	原矿	4%
	油页岩、油砂、天然沥青、石煤	原矿或选矿	1% ~4%
	地热	原矿	1% ~20% 或每立方米 1~30 元

续表

税目			征税对象	税率
金属矿产	黑色金属	铁、锰、铬、钒、钛	原矿或选矿	1%～9%
	有色金属	铜、铅、锌、锡、镍、锑、镁、钴、铋、汞	原矿或选矿	2%～10%
		铝土矿	原矿或选矿	2%～9%
		钨	选矿	6.5%
		钼	选矿	8%
		金、银	原矿或选矿	2%～6%
		铂、钯、钌、锇、铱、铑	原矿或选矿	5%～10%
		轻稀土	选矿	7%～12%
		中重稀土	选矿	20%
		铍、锂、锆、锶、铷、铯、铌、钽、锗、镓、铟、铊、铪、铼、镉、硒、碲	原矿或选矿	2%～10%
非金属矿产	矿物类	高岭土	原矿或选矿	1%～6%
		石灰岩	原矿或选矿	1%～6%或每吨（或每立方米）1～10元
		磷	原矿或选矿	3%～8%
		石墨	原矿或选矿	3%～12%
		萤石、硫铁矿、自然硫	原矿或选矿	1%～8%
		天然石英砂、脉石英、粉石英、水晶、工业用金刚石、冰洲石、蓝晶石、硅线石（矽线石）、长石、滑石、刚玉、菱镁矿、颜料矿物、天然碱、芒硝、钠硝石、明矾石、砷、硼、碘、溴、膨润土、硅藻土、陶瓷土、耐火黏土、铁矾土、凹凸棒黏土、海泡石黏土、伊利石黏土、累托石黏土	原矿或选矿	1%～12%
		叶蜡石、硅灰石、透辉石、珍珠岩、云母、沸石、重晶石、毒重石、方解石、蛭石、透闪石、工业用电气石、白垩、石棉、蓝石棉、红柱石、石榴子石、石膏	原矿或选矿	2%～12%

税目			征税对象	税率
非金属矿产	矿物类	其他黏土（铸型用黏土、砖瓦用黏土、陶粒用黏土、水泥配料用黏土、水泥配料用红土、水泥配料用黄土、水泥配料用泥岩、保温材料用黏土）	原矿或选矿	1%~5%或每吨（或每立方米）0.1~5元
	岩石类	大理岩、花岗岩、白云岩、石英岩、砂岩、辉绿岩、安山岩、闪长岩、板岩、玄武岩、片麻岩、角闪岩、页岩、浮石、凝灰岩、黑曜岩、霞石正长岩、蛇纹岩、麦饭石、泥灰岩、含钾岩石、含钾砂页岩、天然油石、橄榄岩、松脂岩、粗面岩、辉长岩、辉石岩、正长岩、火山灰、火山渣、泥炭	原矿或选矿	1%~10%
		砂石（天然砂、卵石、机制砂石）	原矿或选矿	1%~5%或每吨（或每立方米）0.1~5元
	宝玉石类	宝石、玉石、宝石级金刚石、玛瑙、黄玉、碧玺	原矿或选矿	4%~20%
水气矿产		二氧化碳气、硫化氢气、氦气、氢气	原矿	2%~5%
		矿泉水	原矿	1%~20%或每立方米1~30元
盐		钠盐、钾盐、镁盐、锂盐	选矿	3%~15%
		天然卤水	原矿	3%~15%或每吨（或每立方米）1~10元
		海盐		2%~5%

纳税人开采或者生产不同税目应税产品的，应当分别核算不同税目应税产品的销售额或者销售数量；未分别核算或者不能准确提供不同税目应税产品的销售额或者销售数量的，从高适用税率。

纳税人开采或者生产同一税目下适用不同税率应税产品的，应当分别核算不同税率应税产品的销售额或者销售数量；未分别核算或者不能准确提供不同税率应税产品的销售额或者销售数量的，从高适用税率。

（五） 计税依据

资源税的计税依据为应税产品的销售额或销售量，各税目的征税对象包括原矿、精矿等。资源税适用从价计征为主、从量计征为辅的征税方式。根据《资源税税目税率表》的规定，地热、砂石、矿泉水和天然卤水可采用从价计征或从量计征的方式，其他应税产品统一适用从价定率征收的方式。

1. 价定率征收的计税依据

1） 销售额的基本规定

资源税应税产品（以下简称"应税产品"）的销售额，按照纳税人销售应税产品向购买方收取的全部价款确定，不包括增值税税款。

计入销售额中的相关运杂费用，凡取得增值税发票或者其他合法有效凭据的，准予从销售额中扣除。相关运杂费用是指应税产品从坑口或者洗选（加工）地到车站、码头或者购买方指定地点的运输费用、建设基金以及随运销产生的装卸、仓储、港杂费用。

2） 特殊情形下销售额的确定

（1） 纳税人申报的应税产品销售额明显偏低且无正当理由的，或者有自用应税产品行为而无销售额的，主管税务机关可以按下列方法和顺序确定其应税产品销售额：

①按纳税人最近时期同类产品的平均销售价格确定。

②按其他纳税人最近时期同类产品的平均销售价格确定。

③按后续加工非应税产品销售价格，减去后续加工环节的成本利润后确定。

④按应税产品组成计税价格确定。

组成计税价格 = 成本 × （1 + 成本利润率） ÷ （1 − 资源税税率）

上述公式中的成本利润率由省、自治区、直辖市税务机关确定。

⑤按其他合理方法确定。

（2） 外购应税产品购进金额、购进数量的扣减。

纳税人外购应税产品与自采应税产品混合销售或者混合加工为应税产品销售的，在计算应税产品销售额或者销售数量时，准予扣减外购应税产品的购进金额或者购进数量；当期不足扣减的，可结转下期扣减。纳税人应当准确核算外购应税产品的购进金额或者购进数量，未准确核算的，一并计算缴纳资源税。

　　纳税人核算并扣减当期外购应税产品购进金额、购进数量，应当依据外购应税产品的增值税发票、海关进口增值税专用缴款书或者其他合法有效凭据。

　　纳税人以外购原矿与自采原矿混合为原矿销售，或者以外购选矿产品与自产选矿产品混合为选矿产品销售的，在计算应税产品销售额或者销售数量时，直接扣减外购原矿或者外购选矿产品的购进金额或者购进数量。

　　纳税人以外购原矿与自采原矿混合洗选加工为选矿产品销售的，在计算应税产品销售额或者销售数量时，按照下列方法进行扣减：

$$
\begin{array}{l} 准予扣减的外购应税 \\ 产品购进金额（数量） \end{array} = \begin{array}{l} 外购原矿购进 \\ 金额（数量） \end{array} \times \left(\begin{array}{l} 本地区原矿 \\ 适用税率 \end{array} \div \begin{array}{l} 本地区选矿 \\ 适用税率 \end{array} \right)
$$

　　不能按照上述方法计算扣减的，按照主管税务机关确定的其他合理方法进行扣减。

　　2. 从量定额征收的计税依据

　　实行从量定额征收的，以应税产品的销售数量为计税依据。应税产品的销售数量，包括纳税人开采或者生产应税产品的实际销售数量和自用于应当缴纳资源税情形的应税产品数量。

（六）应纳税额的计算

　　资源税的应纳税额，按照从价定率或者从量定额的办法，分别以应税产品的销售额乘以纳税人具体适用的比例税率或者以应税产品的销售数量乘以纳税人具体适用的定额税率计算。

　　1. 从价定率方式应纳税额的计算

　　实行从价定率方式征收资源税的，根据应税产品的销售额和规定的适用税率计算应纳税额，具体计算公式为：

$$应纳税额 = 销售额 \times 适用税率$$

　　2. 从量定额方式应纳税额的计算

　　实行从量定额征收资源税的，根据应税产品的课税数量和规定的单位税额计算应纳税额，具体计算公式为：

$$应纳税额 = 课税数量 \times 单位税额$$

（七）减税、免税项目

　　1. 免征资源税

　　有下列情形之一的，免征资源税：

（1）开采原油以及油田范围内运输原油过程中用于加热的原油、天然气。

（2）煤炭开采企业因安全生产需要抽采的煤成（层）气。

2. 减征资源税

有下列情形之一的，减征资源税：

（1）从低丰度油气田开采的原油、天然气减征 20% 资源税。

陆上低丰度油田是指每平方公里原油可采储量丰度低于 25 万立方米的油田；陆上低丰度气田是指每平方公里天然气可采储量丰度低于 2.5 亿立方米的气田。

海上低丰度油田是指每平方公里原油可开采储质丰度低于 60 万立方米的油田；海上低丰度气田是指每平方公里天然气可开采储量丰度低于 6 亿立方米的气田。

（2）高含硫天然气、三次采油和从深水油气田开采的原油、天然气，减征 30% 资源税。

高含硫天然气是指硫化氢含量在每立方米 30 克以上的天然气。

三次采油是指二次采油后继续以聚合物驱、复合驱、泡沫驱、二氧化碳驱、气水交替驱、微生物驱等方式进行采油。

深水油气田是指水深超过 300 米的油气田。

（3）稠油、高凝油减征 40% 资源税。

稠油是指地层原油黏度大于或等于 50 毫帕/秒，或原油密度大于或等于 0.92 克/立方厘米的原油。

高凝油是指凝固点高于 40℃的原油。

（4）从衰竭期矿山开采的矿产品，减征 30% 资源税。

衰竭期矿山是指设计开采年限超过 15 年，且剩余可采储量下降到原设计可采储量的 20% 以下或者剩余开采年限不超过 5 年的矿山，衰竭期矿山以开采企业下属的单个矿山为单位确定。

根据国民经济和社会发展的需要，国务院对有利于促进资源节约集约利用、保护环境等情形可以规定免征或者减征资源税，报全国人民代表大会常务委员会备案。

（八）可由省、自治区、直辖市人民政府决定的减税或者免税

有下列情形之一的，省、自治区、直辖市人民政府可以决定减税或者免税：

（1）纳税人开采或者生产应税产品过程中，因意外事故或者自然灾害等原因遭受重大损失的。

（2）纳税人开采共伴生矿、低品位矿、尾矿。

上述两项的免征或者减征的具体办法，由省、自治区、直辖市人民政府提出，报同级人民代表大会常务委员会决定，并报全国人民代表大会常务委员会和国务院备案。

（九）其他减税、免税

（1）对青藏铁路公司及其所属单位运营期间自采自用的砂、石等材料免征资源税。

（2）自 2018 年 4 月 1 日至 2021 年 3 月 31 日，对页岩气资源税减征 30%。

（3）自 2019 年 1 月 1 日至 2021 年 12 月 31 日，对增值税小规模纳税人可以在 50% 的税额幅度内减征资源税。

（4）自 2014 年 12 月 1 日至 2023 年 8 月 31 日，对充填开采置换出来的煤炭，资源税减征 50%。

纳税人开采或者生产同一应税产品，其中既有享受减免税政策的，又有不享受减免税政策的，按照免税、减税项目的产量占比等方法分别核算确定免税、减税项目的销售额或者销售数量。

纳税人开采或者生产同一应税产品同时符合两项或者两项以上减征资源税优惠政策的，除另有规定外，只能选择其中一项执行。

纳税人享受资源税优惠政策，实行"自行判别、申报享受、有关资料留存备查"的办理方式，另有规定的除外。纳税人对资源税优惠事项留存材料的真实性和合法性承担法律责任。

二、水资源税改革试点实施办法①

为全面贯彻落实党的十九大精神，推进资源全面节约和循环利用，推动形成绿色发展方式和生活方式，根据财政部、国家税务总局、水利部 2017 年 11 月 28 日发布的《扩大水资源税改革试点实施办法》（以下简称

---

① 注册会计师全国统一考试辅导教材．税法［M］．北京：中国财政经济出版社，2022：379 - 381.

《试点实施办法》），自 2017 年 12 月 1 日起，北京、天津、山西、内蒙古、河南、山东、四川、陕西、宁夏 9 个省份纳入水资源税改革试点，由征收水资源费改为征收水资源税。

（一）纳税义务人

除规定情形外，水资源税的纳税人为直接取用地表水、地下水的单位和个人，包括直接从江、河、湖泊（含水库）和地下取用水资源的单位和个人。

下列情形，不缴纳水资源税：

（1）农村集体经济组织及其成员从本集体经济组织的水塘、水库中取用水的。

（2）家庭生活和零星散养、圈养畜禽饮用等少量取用水的。

（3）水利工程管理单位为配置或者调度水资源取水的。

（4）为保障矿井等地下工程施工安全和生产安全必须进行临时应急取用（排）水的。

（5）为消除对公共安全或者公共利益的危害临时应急取水的。

（6）为农业抗旱和维护生态与环境必须临时应急取水的。

（二）税率

除中央直属和跨省份水力发电取用水外，由试点省份人民政府统筹考虑本地区水资源状况、经济社会发展水平和水资源节约保护要求，在《试点实施办法》所附《试点省份水资源税最低平均税额表》（见表 3-32）规定的最低平均税额基础上，分类确定具体适用税额。

表 3-32　　　　　　　试点省份水资源税最低平均税额表　　　　单位：元/立方米

省份	地表水最低平均税额	地下水最低平均税额
北京	1.6	4
天津	0.8	4
山西	0.5	2
内蒙古	0.5	2
山东	0.4	1.5
河南	0.4	1.5

省份	地表水最低平均税额	地下水最低平均税额
四川	0.1	0.2
陕西	0.3	0.7
宁夏	0.3	0.7

为发挥水资源税调控作用，按不同取用水性质实行差别税额，地下水税额要高于地表水，超采区地下水税额要高于非超采区，严重超采地区的地下水税额要大幅高于非超采地区。对超计划或超定额用水加征 1~3 倍，对特种行业从高征税，对超过规定限额的农业生产取用水、农村生活集中式饮水工程取用水从低征税。具体适用税额，授权省级人民政府统筹考虑本地区水资源状况、经济社会发展水平和水资源节约保护的要求确定。

（三）应纳税额的计算

水资源税实行从量计征。对一般取用水按照实际取用水量征税，对采矿和工程建设疏干排水按照排水量征税；对水力发电和火力发电贯流式（不含循环式）冷却取用水按照实际发电量征税。计算公式为：

一般取用水应纳税额 = 实际取用水量 × 适用税额

疏干排水应纳税额 = 实际取用水量 × 适用税额

疏干排水的实际取用水量按照排水量确定。疏干排水，是指在采矿和工程建设过程中破坏地下水层、发生地下涌水的活动。

水力发电和火力发电贯流式（不含循环式）：

冷却取用水应纳税额 = 实际发电量 × 适用税额

火力发电贯流式冷却取用水，是指火力发电企业从江河、湖泊（含水库）等水源取水，并对机组冷却后将水直接排入水源的取用水方式。火力发电循环式冷却取用水，是指火力发电企业从江河、湖泊（含水库）、地下等水源取水并引入自建冷却水塔，对机组冷却后返回冷却水塔循环利用的取用水方式。

（四）税收减免

下列情形，予以免征或者减征水资源税：

（1）规定限额内的农业生产取用水，免征水资源税。

（2）取用污水处理再生水，免征水资源税。

（3）除接入城镇公共供水管网以外，军队、武警部队通过其他方式取用水的，免征水资源税。

（4）抽水蓄能发电取用水，免征水资源税。

（5）采油排水经分离净化后在封闭管道回注的，免征水资源税。

（6）财政部、国家税务总局规定的其他免征或者减征水资源税情形。

三、城镇土地使用税[①]

（一）概述

城镇土地使用税法，是指国家制定的调整城镇土地使用税征收与缴纳权利及义务关系的法律规范。现行城镇土地使用税法的基本规范《中华人民共和国城镇土地使用税暂行条例》（以下简称《城镇土地使用税暂行条例》），是 1988 年中华人民共和国国务院第 17 号发布，根据 2006 年 12 月 31 日《国务院关于修改〈中华人民共和国城镇土地使用税暂行条例〉的决定》第一次修订，根据 2011 年 1 月 8 日《国务院关于废止和修改部分行政法规的决定》第二次修订，根据 2013 年 12 月 7 日《国务院关于修改部分行政法规的决定》第三次修订，根据 2019 年 3 月 2 日《国务院关于修改部分行政法规的决定》第四次修订。

城镇土地使用税是以国有土地为征税对象，对拥有土地使用权的单位和个人征收的一种税。征收城镇土地使用税有利于促进土地的合理使用，调节土地级差收入，也有利于筹集地方财政资金。

（二）纳税义务人

在城市、县城、建制镇、工矿区范围内使用土地的单位和个人，为城镇土地使用税的纳税人。

上述所称单位，包括国有企业、集体企业、私营企业、股份制企业、外商投资企业、外国企业以及其他企业和事业单位、社会团体、国家机关、军队以及其他单位；所称个人，包括个体工商户以及其他个人。

城镇土地使用税的纳税人通常包括以下几类：

---

① 注册会计师全国统一考试辅导教材．税法［M］．北京：中国财政经济出版社，2022：393 – 397.

（1）拥有土地使用权的单位和个人。

（2）拥有土地使用权的单位和个人不在土地所在地的，其土地的实际使用人和代管人为纳税人。

（3）土地使用权未确定或权属纠纷未解决的，其实际使用人为纳税人。

（4）土地使用权共有的，共有各方都是纳税人，由共有各方分别纳税。

（5）在城镇土地使用税征税范围内，承租集体所有建设用地的，由直接从集体经济组织承租土地的单位和个人，缴纳城镇土地使用税。

几个人或几个单位共同拥有一块土地的使用权，这块土地的城镇土地使用税的纳税人应是对这块土地拥有使用权的每一个人或每一个单位。他们应以其实际使用的土地面积占总面积的比例，分别计算缴纳土地使用税。例如，某城市的甲与乙共同拥有一块土地的使用权，这块土地面积为1 500平方米，甲实际使用1/3，乙实际使用2/3，则甲应是其所占的500平方米（1 500×1/3）土地的城镇土地使用税的纳税人，乙是其所占的1 000平方米（1 500×2/3）土地的城镇土地使用税的纳税人。

（三）征税范围

城镇土地使用税的征税范围，包括在城市、县城、建制镇和工矿区内的国家所有和集体所有的土地。

上述城市、县城、建制镇和工矿区分别按以下标准确认：

（1）城市是指经国务院批准设立的市。

（2）县城是指县人民政府所在地。

（3）建制镇是指经省、自治区、直辖市人民政府批准设立的建制镇。

（4）工矿区是指工商业比较发达，人口比较集中，符合国务院规定的建制镇标准，但尚未设立建制镇的大中型工矿企业所在地，工矿区须经省、自治区、直辖市人民政府批准。

上述城镇土地使用税的征税范围中，城市的土地包括市区和郊区的土地，县城的土地是指县人民政府所在地的城镇的土地，建制镇的土地是指镇人民政府所在地的土地。

建立在城市、县城、建制镇和工矿区以外的工矿企业不需要缴纳城镇土地使用税。

（四）税率

城镇土地使用税采用定额税率，即采用有幅度的差别税额，按大、中、小城市和县城、建制镇、工矿区分别规定每平方米城镇土地使用税年应纳税额。具体标准如下：

（1）大城市 1.5~30 元。

（2）中等城市 1.2~24 元。

（3）小城市 0.9~18 元。

（4）县城、建制镇、工矿区 0.6~12 元。

大、中、小城市以公安部门登记在册的非农业正式户口人数为依据，按照国务院颁布的《城市规划条例》中规定的标准划分。人口在 50 万人以上为大城市；人口在 20 万~50 万人为中等城市；人口在 20 万人以下为小城市。城镇土地使用税税率如表 3-33 所示。

表 3-33 城镇土地使用税税率

级别	人口（人）	每平方米税额（元）
大城市	50 万以上	1.5~30
中等城市	20 万~50 万	1.2~24
小城市	20 万以下	0.9~18
县城、建制镇、工矿区		0.6~12

各省份人民政府可根据市政建设情况和经济繁荣程度在规定税额幅度内，确定所辖地区的适用税额幅度。经济落后地区，城镇土地使用税的适用税额标准可适当降低，但降低额不得超过上述规定最低税额的 30%。经济发达地区的适用税额标准可以适当提高，但须报财政部批准。

城镇土地使用税规定幅度税额主要考虑到我国各地区存在着悬殊的土地级差收益，同一地区内不同地段的市政建设情况和经济繁荣程度也有较大的差别。把城镇土地使用税税额定为幅度税额，拉开档次，而且每个幅度税额的差距规定为 20 倍。这样，各地政府在划分本辖区不同地段的等级，确定适用税额时，有选择余地，便于具体操作。幅度税额还可以调节不同地区、不同地段之间的土地级差收益，尽可能地平衡税负。

（五）计税依据

城镇土地使用税以纳税人实际占用的土地面积为计税依据，土地面积计量标准为每平方米。即税务机关根据纳税人实际占用的土地面积，按照规定的税额计算应纳税额。向纳税人征收城镇土地使用税。

纳税人实际占用的土地面积按下列办法确定:

（1）由省人民政府确定的单位组织测定土地面积的，以测定的面积为准。

（2）尚未组织测定，但纳税人持有政府部门核发的土地使用证书的，以证书确认的土地面积为准。

（3）尚未核发土地使用证书的，应由纳税人申报土地面积，并据以纳税，待核发土地使用证书以后再作调整。

（4）对在城镇土地使用税征税范围内单独建造的地下建筑用地，按规定征收城镇土地使用税。其中，已取得地下土地使用权证的，按土地使用权证确认的土地面积计算应征税款；未取得地下土地使用权证或地下土地使用权证上未标明土地面积的，按地下建筑垂直投影面积计算应征税款。

对上述地下建筑用地暂按应征税款的50%征收城镇土地使用税。

（六）应纳税额的计算方法

城镇土地使用税的应纳税额可以通过纳税人实际占用的土地面积乘以该土地所在地段的适用税额求得。其计算公式为:

全年应纳税额＝实际占用应税土地面积（平方米）×适用税额

（七）税收优惠

1. 法定免征城镇土地使用税的优惠

（1）国家机关、人民团体、军队自用的土地。

上述土地是指这些单位本身的办公用地和公务用地。如国家机关、人民团体的办公楼用地，军队的训练场用地等。

（2）由国家财政部门拨付事业经费的单位自用的土地。

上述土地是指这些单位本身的业务用地。如学校的教学楼、操场、食堂等占用的土地。

（3）宗教寺庙、公园、名胜古迹自用的土地。

宗教寺庙自用的土地，是指举行宗教仪式等的用地和寺庙内的宗教人员生活用地。

公园、名胜古迹自用的土地，是指供公共参观游览的用地及其管理单位的办公用地。

以上单位的生产、经营用地和其他用地，不属于免税范围，应按规定缴纳城镇土地使用税，如公园、名胜古迹中附设的营业单位如影剧院、饮食部、茶社、照相馆等使用的土地。

（4）市政街道、广场、绿化地带等公共用地。

（5）直接用于农、林、牧、渔业的生产用地。

上述土地是指直接从事于种植养殖、饲养的专业用地，不包括农副产品加工场地和生活办公用地。

（6）经批准开山填海整治的土地和改造的废弃土地，从使用的月份起免征城镇土地使用税5～10年。

具体免税期限由各省份税务局在《城镇土地使用税暂行条例》规定的期限内自行确定。

（7）对非营利性医疗机构、疾病控制机构和妇幼保健机构等卫生机构和非营利性科研机构自用的土地，免征城镇土地使用税。

（8）对国家拨付事业经费和企业办的各类学校，托儿所，幼儿园自用的房产、土地，免征城镇土地使用税。

（9）免税单位无偿使用纳税单位的土地（如公安、海关等单位使用铁路、民航等单位的土地），免征城镇土地使用税。纳税单位无偿使用免税单位的土地，纳税单位应照章缴纳城镇土地使用税。纳税单位与免税单位共同使用、共有使用权土地上的多层建筑，对纳税单位可按其占用的建筑面积占建筑总面积的比例计征城镇土地使用税。

（10）对改造安置住房建设用地免征城镇土地使用税。

在商品住房等开发项目中配套建造安置住房的，依据政府部门出具的相关材料、房屋征收（拆迁）补偿协议或棚户区改造合同（协议），按改造安置住房建筑面积占总建筑面积的比例免征城镇土地使用税。

（11）为了体现国家的产业政策，支持重点产业的发展，对石油、电力、煤炭等能源用地，民用港口、铁路等交通用地和水利设施用地，盐业、采石场、邮电等一些特殊用地划分了征免税界限和给予政策性减免税照顾。具体规定如下：

①对石油天然气生产建设中用于地质勘探、钻井、井下作业、油气田地面工程等施工临时用地，石油天然气生产企业厂区以外的铁路专用线、公路及输油（气、水）管道用地，油气长输管线用地，暂免征收城镇土地使用税。

②对企业的铁路专用线、公路等用地，在厂区以外、与社会公用地段未加隔离的，暂免征收城镇土地使用税。

③对企业厂区以外的公共绿化用地和向社会开放的公园用地，暂免征

收城镇土地使用税；对企业厂区（包括生产、办公及生活区）以内的绿化用地，应照章征收城镇土地使用税。

④对盐场的盐滩、盐矿的矿井用地，暂免征收城镇土地使用税。

（12）自 2020 年 1 月 1 日起至 2022 年 12 月 31 日止，对物流企业自有（包括自用和出租）或承租的大宗商品仓储设施用地，减按所属土地等级适用税额标准的 50% 计征城镇土地使用税。

所称物流企业，是指至少从事仓储或运输一种经营业务，为工农业生产、流通、进出口和居民生活提供仓储、配送等第三方物流服务，实行独立核算、独立承担民事责任，并在工商部门注册登记为物流、仓储或运输的专业物流企业。所谓的大宗商品仓储设施，是指同一仓储设施占地面积在 6 000 平方米及以上，且主要储存粮食、棉花、油料、糖料、蔬菜、水果、肉类、水产品、化肥、农药、种子、饲料等农产品和农业生产资料，煤炭、焦炭、矿砂、非金属矿产品、原油、成品油、化工原料、木材、橡胶、纸浆及纸制品、钢材、水泥有色金属、建材、塑料、纺织原料等矿产品和工业原材料的仓储设施。所称仓储设施用地，包括仓库库区内的各类仓房（含配送中心）、油罐（池）、货场、晒场（堆场）、罩棚等储存设施和铁路专用线、码头、道路、装卸搬运区域等物流作业配套设施的用地。

物流企业的办公、生活区用地及其他非直接用于大宗商品仓储的土地，不属于本项规定的减税范围，应按规定征收城镇土地使用税。

2. 省、自治区、直辖市税务局确定的城镇土地使用税减免优惠

（1）个人所有的居住房屋及院落用地。

（2）房产管理部门在房租调整改革前经租的居民住房用地。

（3）免税单位职工家属的宿舍用地。

（4）集体和个人办的各类学校、医院、托儿所、幼儿园用地。

四、耕地占用税①

（一）概述

耕地占用税法是指国家制定的调整耕地占用税征收与缴纳权利及义务

---

① 注册会计师全国统一考试辅导教材. 税法［M］. 北京：中国财政经济出版社，2022：400 - 404.

关系的法律规范。现行耕地占用税法的基本规范，是 2018 年 12 月 29 日第十三届全国人民代表大会常务委员会第七次会议通过的《中华人民共和国耕地占用税法》（以下简称《耕地占用税法》）。

耕地占用税是对占用耕地建房或从事其他非农业建设的单位和个人，就其实际占用的耕地面积征收的一种税，它属于对特定土地资源占用课税。耕地是土地资源中最重要的组成部分，是农业生产最基本的生产资料。但我国人口众多，耕地资源相对较少，要用占世界总量 7% 的耕地，养活占世界总量 22% 的人口，人多地少的矛盾十分突出。为了遏制并逐步改变这种状况，政府决定开征耕地占用税，运用税收经济杠杆与法律、行政等手段相配合，以便有效地保护耕地。通过开征耕地占用税，使那些占用耕地建房及从事其他非农业建设的单位和个人承担必要的经济责任，有利于政府运用税收经济杠杆调节他们的经济利益，引导他们节约、合理地使用耕地资源。这对于保护国土资源，促进农业可持续发展，以及强化耕地管理，保护农民的切身利益等，都具有十分重要的意义。

（二）纳税人

耕地占用税的纳税人是指在中华人民共和国境内占用耕地建设建筑物、构筑物或者从事非农业建设的单位和个人。

经批准占用耕地的，纳税人为农用地转用审批文件中标明的建设用地人；农用地转用审批文件中未标明建设用地人的，纳税人为用地申请人，其中用地申请人为各级人民政府的，由同级土地储备中心、自然资源主管部门或政府委托的其他部门、单位履行耕地占用税申报纳税义务。

未经批准占用耕地的，纳税人为实际用地人。

（三）征税范围

耕地占用税的征税范围包括纳税人占用耕地建设建筑物、构筑物或者从事非农业建设的国家所有和集体所有的耕地。

所称耕地，是指用于种植农作物的土地，包括菜地、园地。其中，园地包括花圃、苗圃、茶园、果园、桑园和其他种植经济林木的土地。

占用鱼塘及其他农用土地建房或从事其他非农业建设，也视同占用耕地，必须依法征收耕地占用税。占用已开发从事种植、养殖的滩涂、草场、水面和林地等从事非农业建设，由省、自治区、直辖市本着有利于保护土地资源和生态平衡的原则，结合具体情况确定是否征收耕地占用税。

（1）园地，包括果园、茶园、橡胶园、其他园地。

上述其他园地包括种植桑树、可可、咖啡、油棕、胡椒、药材等其他多年生作物的园地。

（2）林地，包括乔木林地、竹林地、红树林地、森林沼泽、灌木林地、灌丛沼泽、其他林地，不包括城镇村庄范围内的绿化林木用地，铁路、公路征地范围内的林木用地，以及河流、沟渠的护堤林用地。

上述其他林地包括疏林地、未成林地、迹地、苗圃等林地。

（3）草地，包括天然牧草地、沼泽草地、人工牧草地，以及用于农业生产并已由相关行政主管部门发放使用权证的草地。

（4）农田水利用地，包括农田排灌沟渠及相应附属设施用地。

（5）养殖水面，包括人工开挖或者天然形成的用于水产养殖的河流水面、湖泊水面、水库水面、坑塘水面及相应附属设施用地。

（6）渔业水域滩涂，包括专门用于种植或者养殖水生动植物的海水潮浸地带和滩地，以及用于种植芦苇并定期进行人工养护管理的苇田。

（7）建设直接为农业生产服务的生产设施占用上述农用地的，不征收耕地占用税。直接为农业生产服务的生产设施，是指直接为农业生产服务而建设的建筑物和构筑物。具体包括：储存农用机具和种子、苗木、木材等农业产品的仓储设施；培育、生产种子、种苗的设施；畜禽养殖设施；木材集材道、运材道；农业科研、试验、示范基地；野生动植物保护、护林、森林病虫害防治、森林防火、木材检疫的设施；专为农业生产服务的灌溉排水、供水、供电、供热、供气、通信基础设施；农业生产者从事农业生产必需的食宿和管理设施；其他直接为农业生产服务的生产设施。

（四）税率

由于我国不同地区之间人口和耕地资源的分布极不均衡，有些地区人口稠密，耕地资源相对匮乏；而有些地区人烟稀少，耕地资源比较丰富。各地区之间的经济发展水平也有很大差异。考虑到不同地区之间客观条件的差别以及与此相关的税收调节力度和纳税人负担能力方面的差别，耕地占用税在税率设计上采用了地区差别定额税率。税率具体标准如下：

（1）人均耕地不超过1亩的地区（以县、自治县、不设区的市、市辖区为单位，下同），每平方米为10～50元。

（2）人均耕地超过1亩但不超过2亩的地区，每平方米为8～40元。

（3）人均桃地超过2亩但不超过3亩的地区，每平方米为6～30元。

（4）人均耕地超过3亩的地区，每平方米为5~25元。

各地区耕地占用税的适用税额，由省人民政府根据人均耕地面积和经济发展等情况，在规定的税额幅度内提出，报同级人民代表大会常务委员会决定，并报全国人民代表大会常务委员会和国务院备案。各省份耕地占用税适用税额的平均水平，不得低于《各省、自治区、直辖市耕地占用税平均税额表》规定的平均税额（见表3-34）。

表3-34　　　　　　各省、自治区、直辖市耕地占用税平均税额　　　单位：元

省、自治区、直辖市	每平方米平均税额
上海	45
北京	40
天津	35
江苏、浙江、福建、广东	30
辽宁、湖北、湖南	25
河北、安徽、江西、山东、河南、重庆、四川	22.5
广西、海南、贵州、云南、陕西	20
山西、吉林、黑龙江	17.5
内蒙古、西藏、甘肃、青海、宁夏、新疆	12.5

在人均耕地低于0.5亩的地区，省、自治区、直辖市可以根据当地经济发展情况，适当提高耕地占用税的适用税额，但提高的部分不得超过确定的适用税额的50%。具体适用税额按照规定程序确定。

占用基本农田的，应当按照当地适用税额，加按150%征收。

基本农田，是指依据《基本农田保护条例》划定的基本农田保护区范围的耕地。

（五）计税依据

耕地占用税以纳税人实际占用的属于耕地占用税征税范围的土地（以下简称"应税土地"）面积为计税依据，按应税土地当地适用税额计税，实行一次性征收。

实际占用的耕地面积，包括经批准占用的耕地面积和未经批准占用的耕地面积。

临时占用耕地，应当依照规定缴纳耕地占用税。纳税人在批准临时占用耕地的期限内恢复所占用耕地原状的，全额退还已经缴纳的耕地占用税。

纳税人临时占用耕地，是指经自然资源主管部门批准，在一般不超过2年内临时使用耕地并且没有修建永久性建筑物的行为。依法复垦应由自然资源主管部门会同有关行业管理部门认定并出具验收合格确认书。

（六）税额计算

耕地占用税以纳税人实际占用的应税土地面积为计税依据，以每平方米土地为计税单位，按适用的定额税率计税。应纳税额为纳税人实际占用的应税土地面积（平方米）乘以适用税额。其计算公式为：

$$应纳税额 = 应税土地面积 \times 适用税额$$

加按150%征收耕地占用税的计算公式为：

$$应纳税额 = 应税土地面积 \times 适用税额 \times 150\%$$

应税土地面积包括经批准占用面积和未经批准占用面积，以平方米为单位。适用税额是指省、自治区、直辖市人民代表大会常务委员会决定的应税土地所在地县级行政区的现行适用税额。

（七）税收优惠

耕地占用税对占用耕地实行一次性征收，对生产经营单位和个人不设立减免税，仅对公益性单位和需照顾群体设立减免税。

纳税人改变原占地用途，不再属于免征或减征情形的，应自改变用途之日起30日内申报补缴税款，补缴税款按改变用途的实际占用耕地面积和改变用途时当地适用税额计算。

1. 免征耕地占用税

（1）军事设施占用耕地。

免税的军事设施，是指《中华人民共和国军事设施保护法》第二条所列建筑物、场地和设备。具体包括：指挥机关，地面和地下的指挥工程、作战工程；军用机场、港口、码头；营区、训练场、试验场；军用洞库、仓库；军用通信、侦察、导航、观测台站，测量、导航、助航标志；军用公路、铁路专用线，军用通信、输电线路，军用输油、输水管道；边防、海防管控设施；国务院和中央军事委员会规定的其他军事设施。

（2）学校、幼儿园、社会福利机构、医疗机构占用耕地。

免税的学校，具体范围包括县级以上人民政府教育行政部门批准成立的大学、中学、小学、学历性职业教育学校和特殊教育学校，以及由国务院人力资源社会保障行政部门和省级人民政府或其人力资源社会保障行政部门批准成立的技工院校。学校内经营性场所和教职工住房占用耕地的，按照当地适用税额缴纳耕地占用税。

免税的幼儿园，具体范围限于县级以上人民政府教育行政部门批准成立的幼儿园内专门用于幼儿保育、教育的场所。

免税的社会福利机构，是指依法登记的养老服务机构、残疾人服务机构、儿童福利机构及救助管理机构、未成年人救助保护机构内专门为老年人、残疾人、未成年人及生活无着落的流浪乞讨人员提供养护、康复、托管等服务的场所。

免税的医疗机构，是指县级以上人民政府卫生健康行政部门批准设立的医疗机构内专门从事疾病诊断、治疗活动的场所及其配套设施。

（3）农村烈士遗属、因公牺牲军人遗属、残疾军人以及符合农村最低生活保障条件的农村居民，在规定用地标准以内新建自用住宅，免征耕地占用税。

2. 减征耕地占用税

（1）铁路线路、公路线路、飞机场跑道、停机坪、港口、航道、水利工程占用耕地，按每平方米2元的税额征收耕地占用税。

减税的铁路线路，具体范围限于铁路路基、桥梁、涵洞、隧道及其按照规定两侧留地、防火隔离带。专用铁路和铁路专用线占用耕地的，按照当地适用税额缴纳耕地占用税。

减税的公路线路，具体范围限于经批准建设的国道、省道、县道、乡道和属于农村公路的村道的主体工程以及两侧边沟或者截水沟。专用公路和城区内机动车道占用耕地的，按照当地适用税额缴纳耕地占用税。

减税的飞机场跑道、停机坪，具体范围限于经批准建设的民用机场专门用于民用航空器起降、滑行、停放的场所。

减税的港口，具体范围限于经批准建设的港口内供船舶进出、停靠以及旅客上下，货物装卸的场所。

减税的航道，具体范围限于在江、河、湖泊、港湾等水域内供船舶安全航行的通道。

减税的水利工程，具体范围限于经县级以上人民政府水利行政主管部门批准建设的防洪、排涝、灌溉、引（供）水、滩涂治理、水土保持、水资源保护等各类工程及其配套和附属工程的建筑物、构筑物占压地和经批准的管理范围用地。

（2）农村居民在规定用地标准以内占用耕地新建自用住宅，按照当地适用税额减半征收耕地占用税；其中农村居民经批准搬迁，新建自用住宅占用耕地不超过原宅基地面积的部分，免征耕地占用税。

免征或者减征耕地占用税后，纳税人改变原占地用途，不再属于免征或者减征耕地占用税情形的，应当按照当地适用税额补缴耕地占用税。

五、增值税中涉及资源[①]

（一）从事再生资源回收的一般纳税人销售其收购的再生资源

可以选择适用简易计税方法依照 3% 征收率计算缴纳增值税。再生资源是指在社会生产和生活消费过程中产生的，已经失去原有全部或部分使用价值，经过回收、加工处理，能够使其重新获得使用价值的各种废弃物。其中，加工处理仅限于清洗、挑选、破碎、切割、拆解、打包等改变再生资源密度、湿度、长度、粗细、软硬等物理性状的简单加工。纳税人选择适用简易计税方法，应符合下列条件之一：一是从事危险废物收集的纳税人，应符合国家危险废物经营许可证管理办法的要求，取得危险废物经营许可证。二是从事报废机动车回收的纳税人，应符合国家商务主管部门出台的报废机动车回收管理办法要求，取得报废机动车回收拆解企业资质认定证书。三是除危险废物、报废机动车外，其他再生资源回收纳税人应符合国家财务主管部门出台的再生资源回收管理办法要求，进行市场主体登记，并在商务部门完成再生资源回收经营者备案。

（二）资源综合利用产品和劳务增值税优惠政策[②]

纳税人销售自产综合利用产品和资源综合利用劳务，可享受增值税即征即退政策。退税比例包括 30%、50%、70% 和 100% 四个档次综合利用的资源名称、综合利用的产品和劳务名称、技术标准和相关条件、退税比例等按照《资源综合利用产品和劳务增值税优惠目录（2022 年版）》（以下简称《优惠目录》）的相关规定执行。纳税人从事《优惠目录》所列的资源综

---

① 注册会计师全国统一考试辅导教材．税法［M］．北京：中国财政经济出版社，2022：76.

② 注册会计师全国统一考试辅导教材．税法［M］．北京：中国财政经济出版社，2022：116 – 117.

合利用项目，其申请享受增值税即征即退政策时，应同时符合下列条件：

（1）纳税人在境内收购的再生资源，应按规定从销售方取得增值税发票；适用免税政策的，应按规定从销售方取得增值税普通发票。销售方为依法依规无法申领发票的单位或者从事小额零星经营业务的自然人，应取得销售方开具的收款凭证及收购方内部凭证，或者税务机关代开的发票。本款所称小额零星经营业务是指自然人从事应税项目经营业务的销售额不超过增值税按次起征点的业务。纳税人从境外收购的再生资源，应按规定取得海关进口增值税专用缴款书，或者从销售方取得具有发票性质的收款凭证、相关税费缴纳凭证。

（2）纳税人应建立再生资源收购台账，留存备查。台账内容包括：再生资源供货方单位名称或个人姓名及身份证号、再生资源名称、数量、价格、结算方式、是否取得增值税发票或符合规定的凭证等。纳税人现有账册、系统能够包括上述内容的，无须单独建立台账。

（3）销售综合利用产品和劳务，不属于国家发展和改革委员会《产业结构调整指导目录》中的淘汰类限制类项目。

（4）销售综合利用产品和劳务，不属于生态环境部《环境保护综合名录》中的高污染、高环境风险产品或重污高污染工艺。

（5）综合利用的资源生态环境部《国家危险废物名录》列明的危险废物的，应当取得省级或市级生态环境部门颁发的《危险废物经营许可证》，且许可经营范围包括该危险废物的利用。

六、消费税中涉及资源[①]

消费税中涉及资源部分的有两个消费税税目：木制一次性筷子、实木地板。

（一）木制一次性筷子

又称卫生筷子，是指以木材为原料经过锯段、浸泡、旋切、刨切、烘干、筛选、打磨、倒角、包装等环节加工而成的各类供一次性使用的筷子。本税目征收范围包括各种规格的木制一次性筷子。未经打磨、倒角的木制

---

① 注册会计师全国统一考试辅导教材．税法［M］．北京：中国财政经济出版社，2022：147 – 148.

一次性筷子属于本税目征税范围。

（二）实木地板

以木材为原料，经锯割、干燥、抛光、截断、开榫、涂漆等工序加工而成的块状或条状的地面装饰材料。实木地板按生产工艺不同，可分为独板（块）实木地板、实木指接地板、实木复合地板三类；按表面处理状态不同，可分为未涂饰地板（白坯板、素板）和漆饰地板两类。本税目征收范围包括各类规格的实木地板、实木指接地板、实木复合地板及用装饰墙壁、天棚的侧端面为榫、槽的实木装饰板。未经涂饰的素板也属于本税目征税范围。

七、其他涉及资源

其他涉及资源以节水税收优惠为例，具体如下：

（1）从事符合条件的节水项目的所得定期减免企业所得税。

（2）购置用于节水专用设备的投资额按一定比例实行企业所得税税额抵免。

第十一节　资源类绿色税收政策国际比较

资源税是以资源为课税对象征收的税种，在有的国家中它被称为能源税或自然资源消费税。资源是一切可以被人类开发和利用的客观存在。广义上的资源是一个国家或一个地区拥有的人力、物力和财力等各种物质要素的总称；而狭义上的资源仅仅是指土地、矿藏、水利和森林等人类正在开发利用的各种财富。资源税的课税对象主要是狭义上的资源。一般认为，资源税的征收都不以获取财政收入为主要目的，而是为了实现可持续发展。①

资源大致分为矿产资源和自然资源。

矿产资源是一种未经人类加工而天然存在的物质财富，因而它的地理分布、储量大小、品位高低、开采难易等都不是人为决定的。同样的资源，

---

① 王玮. 税收学原理［M］. 北京：清华大学出版社，2016：282.

有的储量大、品位高、开采条件优越，有的则储量小、品位低、开采条件差，这必然会产生开采同样资源的企业和中国与国外税制比较研究个人因成本水平不同而导致利润水平的畸高畸低。①

　　自然资源是指在其原始状态下就有价值的货物。自然资源就是自然界赋予的，可直接或间接用于满足人类需要的所有有形之物与无形之物。资源可分为自然资源与经济资源，能满足人类需要的整个自然界都是自然资源，它包括空气、水、土地、森林、草原、野生生物、各种矿物和能源等，亦称天然资源。自然资源为人类提供生存、发展和享受的物质与空间。社会的发展和科学技术的进步，需要开发和利用越来越多的自然资源。一般来说，假如获取这个货物的主要工程是收集和纯化，而不是生产的话，那么这个货物是一种自然资源。因此，采矿、采油、渔业和林业一般被看作获取自然资源的工业，而农业则不是。②

一、矿产资源类国际比较

　　美国、俄罗斯、日本、英国、中国均有相应的税收政策，而韩国、法国、德国、荷兰、丹麦没有相应的税收政策。矿产资源类国际比较，如表 3 – 35、表 3 – 36 所示。

表 3 – 35　　　　　　　　矿产资源类国际比较（1）

国家	税/费	纳税人	征税对象
美国	煤炭税	煤的开采者	首次在美国开采的煤炭用于销售则征税
	矿产资源税，即开采税	资源开采者	石油、煤炭、天然气以及非金属矿石和林业产品
俄罗斯	矿产资源开采税	使用地下资源的法律实体和个体工商户开采矿产资源征收	从俄联邦境内地下开采的，供纳税人使用的矿产；矿产开采中产生的残渣及废料中获得的、根据俄联邦矿产法应该获得许可的矿产；在俄境外俄联邦司法管辖区域内的矿场开采的矿产（在外国租赁的地区或根据国际条约的规定）

① 王红晓. 中国与东盟国家税制比较研究［M］. 北京：中国财政经济出版社，2021：223 – 224.

② 王红晓. 中国与东盟国家税制比较研究［M］. 北京：中国财政经济出版社，2021：223.

续表

国家	税/费	纳税人	征税对象
日本	石油税	国内采掘时为开采者；进口石油制品或碳化氢类则为进口商	原油、石油制品、天然气、石油天然气、煤炭等，进口的石油制品与碳化氢类
	矿产税	采矿经营者	矿产品，包括煤炭、金属、矿石、砂、石油、天然气等
英国	石方税	商业开采活动的开采者	利用英国陆地和水域范围内的石方（石头、沙子、砂粒、矿石）
	"篱笆圈利润"税收	北海石油、天然气开采生产企业	北海的石油、天然气
	石油收益税	在英国、英国领海和大陆架开发石油和天然气的企业	石油和天然气
	集料税	从地里挖出来的、在英国海域从海中挖出、进口沙子、砾石和岩石的企业	沙子、砾石和岩石
中国	资源税	指在中华人民共和国领域及管辖的其他海域开发应税资源的单位和个人	能源矿产、金属矿产、非金属矿产、水气矿产、盐

资料来源：笔者根据相关资料整理所得。

表 3 – 36 　　　　　　　　　**矿产资源类国际比较（2）**

国家	税/费	税率
美国	煤炭税	地下开采煤炭的税收为每吨 1.10 美元，或销售价格的 4.4%，以较低者为准。 露天开采煤炭的税收为每吨 55 美分，或销售价格的 4.4%，以较低者为准。 如果地下开采煤炭的销售价格低于每吨 25 美元，露天开采煤炭的售价低于每吨 12.50 美元，煤炭将按 4.4% 的税率征税。如果销售或使用包括一吨的一部分，则按比例征税
	矿产资源税即开采税	具体计征方式可采取从价法、从量法和净收入法。一是定额税率。如亚拉巴马州的非金属矿石开采为 0.1 美元/吨，所辖库萨市矿石开采税 0.25 美元/吨，煤炭开采税为 0.335 美元/吨，所辖杰克逊市煤炭开采税为 0.2 美元/吨。二是比例税率。如亚拉巴马州的石油和天然气资源税税率为 2% ~8% 的比例税率。三是净收入法。如肯塔基州规定石油开采税为总收入的 4.5%；亚利桑那州规定固体矿产开采税净收入税率为 2.5%

续表

国家	税/费	税率
俄罗斯	矿产资源开采税	从价税率：矿产资源开采税依据不同矿产分别加以规定，税率由3.8%~30%不等。 从量定额：经过脱水、脱盐、稳定后的石油、天然气、凝析油开采税的税率为：基准税率（由政府确定，不断调整之中）×国际价格系数×各区块的资源开采程度系数；煤炭税率，煤炭税率为不同种类的煤炭基准税率乘以相应种类煤炭价格平减系数；克拉斯诺亚尔斯克边疆区开采的复合矿石税率
日本	石油税	从量税，国产原油和进口石油制品为每千升2 800日元，国产天然气为每吨1 860日元，进口碳化氢类为每吨1 370日元
	矿产税	标准税率是每个月矿产品价额在200万日元以下的为0.7%（限制税率为0.9%），超过200万日元的为1%（限制税率为1.2%）
英国	石方税	采用定额税率，税率每吨2.00英镑
	"篱笆圈利润"税收	适用的公司税标准税率为30%，小企业税率为19%。另外，企业还需就其"篱笆圈利润"缴纳税率为20%的附加税
	石油收益税	对于在1993年3月16日之前获准在英国、英国领海和大陆架开发石油和天然气的企业，其取得的利润应缴纳50%的石油收益税。自2016年1月1日起，该税率降至0，但是并未取消，以便于企业追溯之前的纳税情况
中国	资源税	从价定率和从量定额，比例税率和定额税率。 按照《资源税税目税率表》的规定执行，主要包括以下三类： （1）按原矿征税； （2）按选矿征税； （3）按原矿或者选矿征税

资料来源：笔者根据相关资料整理所得。

从表3-35和表3-36中可以看出每个国家资源税的纳税人基本都是资源的开采者、使用者、进口商，符合税收公平中的受益原则，资源开采者、使用者从资源中获益，理应缴纳相关的税收，受益多者多纳，受益少者少纳，受益相同者负担同样的税收，受益不同者负担不同的税收。

大部分国家都是对石油、天然气、煤炭、非金属矿石、金属矿产这些资源征税。俄罗斯将残渣及废料划分为征税范围，其他国家没有；中国将盐划分为征税范围，其他国家没有。

每个国家对于矿产资源类的税率基本都是采用定额税率和比例税率相结合，计算简便，有利于税收征管；税额不受征税对象价格变化而变化，虽然税负稳定，但是调节收入有局限性。美国考虑了资源分布不均匀的问题，根据各州的资源禀赋和资源消耗情况弹性制定相应的税率和税额。俄罗斯的比例税率根据不同矿产加以规定；定额税率引入价格指数，将税额与价格挂钩，使得税收收入弹性较大，而弹性较大的税率设置使得资源税税收收入与市场价格波动密切相关，在资源价格下降或上升时，通过调节资源税收入达到减少或增加企业税收负担的目的，体现资源的市场供求与稀缺程度，有利于建立有效的税收自动调节机制。英国的"篱笆圈利润"在标准税率30%的基础上还要再缴纳20%的附加税，税负较重。中国按照《资源税税目税率表》的规定执行，按选矿和原矿征税。

二、自然资源类国际比较

就自然资源类，每个国家均有相应的税收政策，大多数国家没有税收立法，而是以费的形式征收。自然资源类国际比较，如表3-37、表3-38所示。

表3-37　　　　　　　　　　自然资源类国际比较（1）

国家	税/费	纳税人	征税对象
美国	矿产资源费	承租人、矿业投资者、矿产公司	权利金，是经营者（承租者）向所有权人（出租者）支付的一种费用；红利，又称现金红利，是矿业投资者向矿产所有者支付的一次性费用；矿地租金，是矿产公司为保持地质勘探、生产等活动的合同有效性而预付给出租者的年租金
	森林资源税（即采伐税）	森林资源的采伐者、利用者或受益者	森林资源
俄罗斯	水资源使用税	为对水资源以特殊使用为目的的组织机构和自然人	（1）开采（采用）水资源；（2）使用（利用）水域表层，木筏（材）漂流作业除外；（3）利用水体发电，取水发电除外；（4）利用水体进行木筏（材）漂流作业
	水资源设施排放污染物税	排放污染者	有害物质超标的污水，排放污水量（有害物质不超标）
	林业税	使用国家林业资源的单位和个人	林业资源

续表

国家	税/费	纳税人	征税对象
俄罗斯	森林租金	长期使用森林地段的单位和个人	森林地段
	土地税	具有俄罗斯境内土地的所有权、永久使用权和终身可继承占权的单位和个人，视为土地税的纳税人	对于市（包括联邦直辖市莫斯科、圣彼得堡和塞瓦斯托波尔）辖区内的土地计征土地税
日本	河流取水费	农业和家庭使用豁免	
	狩猎税	打猎者	野生动物
	矿区税	拥有设置矿区采矿权的所有者，采矿权所有者对其当年4月1日当天所拥有的批准采矿矿区面积等承担纳税义务	矿区，包括一般矿区（金属、煤矿等）、砂矿区和石油、天然气矿区等
	法人税	居民企业	土地借贷利息、土地转让所得
韩国	生态系统保护费		可能对自然环境或生态系统造成重大影响的项目
	地下水抽取费		水资源提取
	自然公园门票费		生物多样性和野生动物
	水质改善费		瓶装饮泉水
	水费		从汉江、库姆河、洛东江取水
英国	议会税	年满18岁的住房所有者或承租者，非居民在英国有住宅，也要缴纳议会税	地方政府对占用住宅房地产征收的一种财产税
	土地印花税	在英格兰和北爱尔兰购买超过一定价格的房产或土地的购买者	房产或土地
	土地房屋交易税	拥有苏格兰的土地及房屋的所有者	土地及房屋
法国	矿泉水税		矿泉水
	海鲜和水产养殖税	在法国销售或进口海鲜和水产养殖的销售者	销售或进口海鲜和水产养殖

续表

国家	税/费	纳税人	征税对象
法国	河流水道使用税		土地、土壤和森林资源
	取水收费		取水
	供水费		供水
	城市雨水管理费		未铺砌和无屋顶表面的土地
德国	房产税	用于农业、林业、商务或私人用途的不动产所有者	不动产
	土地购置税	购置地产所有者	地产，包括未经建设的土地和耕地及建设后的不动产
	水资源税费	水资源使用者	水
荷兰	地下水税	开采地下水的公司或个人，例如，饮用水的生产商、农场主和使用地下水的企业等都是该税的纳税人	开采地下水
	自来水税	输送给消费者的自来水的企业	自来水
	国家地下水开采税	抽取地下水的企业	地下水
	地表水污染税	排污者	废弃物、污染物及有毒物质
丹麦	氮气税	人造肥料和氮使用者	水污染的非点源—人造肥料、家庭使用的氮
	原材料税		原材料
	水费		耗水量
中国	水资源税	直接取用地表水、地下水的单位和个人	从江、河、湖泊（含水库）和地下取用水资源
	城镇土地使用税	在城市、县城、建制镇、工矿区范围内使用土地的单位和个人	国有土地

续表

国家	税/费	纳税人	征税对象
中国	耕地占用税	在中华人民共和国境内占用耕地建设建筑物、构筑物或者从事非农业建设的单位和个人	耕地

资料来源：笔者根据相关资料整理所得。

表 3 – 38　　　　　　　　**自然资源类国际比较（2）**

国家	税/费	税率
美国	矿产资源费	租赁红利：以每英亩为计价标准来征收。 矿区使用费：根据销售收入或者销量、利润等相关标准，按照一定比例支付给出租者的部分，承租者应支付权利金。 废弃物土地处理费：对开采地表和地下矿产的企业征收 0.315 美元/吨的废弃矿产土地处理费
	森林资源税（即采伐税）	采伐税的税率设置主要有两种形式，一种是按固定税额纳税，以单位材积或单位产品来确定。另一种是确定一个比例，按采伐木材价值的百分比纳税
俄罗斯	水资源使用税	水资源使用税区分水的性质（地下水、河水、湖水、海水）、使用方式和经济区域等，确定不同的基准税率。每个年度的实际税率为：基准税率×水资源使用税的年度系数。水资源使用税的年度系数依据商品消费价格的实际变化系数来确定。每个年度的实际税率需要四舍五入至整数卢布
	水资源设施排放污染物税	计税依据是污水排放量以及污水标准等级；税率为定额税率
	林业税	取决于所取得的森林资源单位产品的税率、所使用的森林资源的种类以及所开发的森林资源的经济、地理条件，并且不能低于联邦主体权力机关规定的最低税率。最低税率主要受林产品费用、林产品市场价格水平、修订周期的影响，因而会时常发生变化
	森林租金	以林业税税率为基础进行计算
	土地税	土地税实行差别税率，区分农业用地、住宅用地和非农业、非住宅用地等土地用途，适用不同的税率，有 0.3% 和 1.5%
日本	河流取水费	
	狩猎税	
	矿区税	矿区税的计税依据是矿区面积。 税率：一般矿区每公顷每年 20 000 ~ 40 000 日元，砂矿区每公顷 20 000 日元，石油或天然气矿区的税率为一般矿区的 2/3

国家	税/费	税率
日本	法人税	法人不得将购买土地的利息支出在一定期间内（4 年）全部列为费用。对土地转让所得的追加征税。追加征税的税率视其转让土地的持有（所有）时间而有所区别。持有土地时间超过 5 年的税率为 10%，超过 2 年不足 5 年的税率为 20%，不足 2 年的税率为 30%。而且，即便是亏损法人（即计算出的当年法人税征税所得出现亏损的法人），也必须缴纳该项法人税
韩国	生态系统保护费	每单位面积 0.1948 欧元
	地下水抽取费	
	自然公园门票费	自然公园的门票按成人、儿童、青少年，分别为每人 1.01 欧元、0.2337 欧元、0.4675 欧元
	水质改善费	每平方米 2 200 欧元
	水费	从汉江取水每平方米 0.1325 欧元；从库姆河、洛东江取水每平方米 0.1247 欧元
英国	议会税	取决于该财产的价值等级
	土地印花税	
	土地房屋交易税	累进税率，最高达 12%，适用于交易金额超过 100 万英镑的房地产
法国	矿泉水税	每升 0.0058 欧元
	海鲜和水产养殖税	销售额的 0.27%（税前）销售额的 0.27%（税前）
	河流水道使用税	不到 2 000 名居民的城镇的水工建筑占地面积，每平方米 1.52 欧元；超过 10 万名居民的城镇的水工建筑占地面积，每平方米 30.49 欧元；2 000 多名但少于 10 万名居民的城镇中水工建筑物占地面积，每平方米 15.24 欧元；水工结构的可弃量，每千立方米从 1.5 欧元到 7 欧元不等
	取水收费	特定于每个水机构和每个用途（灌溉、家庭用途、工业用途……）
	供水费	每立方米 0.0213 欧元
	城市雨水管理费	每平方米 1.00 欧元
德国	房产税	市政当局以联邦政府 0.35% 的基本税率对不动产征的财政价值收不动产税。计算结果再乘以市政系数，范围从 280% 到 810% 不等，因而，这使得不动产的有效税率为会计价值的 0.98% 到 2.84% 之间，平均税率约为 1.9%

国家	税/费	税率
德国	土地购置税	交易适用 3.5% 税率（其他如：汉堡为 4.5%；不来梅、巴登—符腾堡、下萨克森州、莱茵—普法尔茨和萨克森—安哈尔特为 5%；柏林、黑森和梅克伦堡—前波美拉尼亚州为 6%；而勃兰登堡、北莱茵—威斯特伐利亚、萨尔州、石勒苏益格—荷尔斯泰因州和图林根州为 6.5%）
荷兰	地下水税	每立方米 0.347 荷兰盾，用于其他用途的税率为每立方米 0.1736 荷兰盾。对抽取地下水后发生渗漏的，给予退税
	自来水税	每米 0.3330 欧元
	国家地下水开采税	每米 0.1826 欧元
	地表水污染税	计征依据根据污水排放数量和排放物的耗氧量及重金属含量的污染度来确定，从量征收，不同水资源保护区的税率设定略有不同，取决于各保护区污水处理的成本支出
丹麦	氮气税	每千克 0.6715 欧元
	原材料税	每平方米 0.7053 欧元
	水费	每平方米 0.8555 欧元
中国	水资源税	由试点省份人民政府统筹考虑本地区水资源状况、经济社会发展水平和水资源节约保护要求，在《试点实施办法》所附《试点省份水资源税最低平均税额表》规定的最低平均税额基础上，分类确定具体适用税额。为发挥水资源税调控作用，按不同取用水性质实行差别税额，地下水税额要高于地表水，超采区地下水税额要高于非超采区，严重超采地区的地下水税额要大幅高于非超采地区。对超计划或超定额用水加征 1～3 倍，对特种行业从高征税，对超过规定限额的农业生产取用水、农村生活集中式饮水工程取用水从低征税。具体适用税额，授权省级人民政府统筹考虑本地区水资源状况、经济社会发展水平和水资源节约保护的要求确定
	城镇土地使用税	城镇土地使用税采用定额税率，即采用有幅度的差别税额，按大、中、小城市和县城、建制镇、工矿区分别规定每平方米城镇土地使用税年应纳税额。具体标准如下： （1）大城市 1.5～30 元。 （2）中等城市 1.2～24 元。 （3）小城市 0.9～18 元。 （4）县城、建制镇、工矿区 0.6～12 元

续表

国家	税/费	税率
中国	耕地占用税	耕地占用税在税率设计上采用了地区差别定额税率。税率具体标准如下： （1）人均耕地不超过 1 亩的地区（以县、自治县、不设区的市、市辖区为单位，下同），每平方米为 10～50 元。 （2）人均耕地超过 1 亩但不超过 2 亩的地区，每平方米为 8～40 元。 （3）人均耕地超过 2 亩但不超过 3 亩的地区，每平方米为 6～30 元。 （4）人均耕地超过 3 亩的地区，每平方米为 5～25 元

资料来源：笔者根据相关资料整理所得。

从表 3 - 37 和表 3 - 38 中可以看出，每个国家主要在土地资源、水资源、森林资源、生物资源等方面征税，在土地资源方面征税的有美国、俄罗斯、日本、英国、德国、中国；在水资源方面征税的有俄罗斯、日本、韩国、法国、德国、荷兰、丹麦、中国。在森林资源方面征税的有美国、俄罗斯。在海洋生物资源方面征税的有日本、法国、韩国。

土地资源的纳税人一般均为拥有土地资源所有权或使用土地资源的单位、个人或企业。征税对象一般为不动产、土地等。特殊地，将购买土地借贷利息列入支出的限额，主要是限制企业以高息贷款购买土地，制止土地买卖热潮，如日本的法人税。税率一般采用差别比例税率（俄罗斯的土地税、德国的土地购置税）、地区差别定额（日本的矿区税）、地区差别幅度定额（中国的城镇土地使用税、耕地占用税）、累进税率（韩国的地域资源设施税、英国的土地房屋交易税）。

水资源的纳税人一般均为水资源的使用者，特殊地，水污染排放者也为纳税人，如：俄罗斯的水资源设施排放污染物税、德国的水资源税费。征税对象一般为开采或从河流中取用水、污水。税率一般采用定额税率，根据水量的多少，来征收税费。

森林资源的纳税人为使用林业资源的单位或个人，征税对象为林业资源。美国森林资源税税率为定额税率和比例税率，其中比例税率中的比例受采伐木材价值的影响，促进对珍贵木材的保护。俄罗斯林业税税率取决于所取得的森林资源单位产品的税率、所使用的森林资源的种类以及所开发的森林资源的经济、地理条件，并且不能低于联邦主体权力机关规定的最低税率。特殊地，韩国的生态系统保护费是对可能对自然环境或生态系统造成重大影响的项目进行征税。

特别的，日本的狩猎税、法国的海鲜和水产养殖税、韩国的自然公园门票费，将野生动物、海鲜等生物资源列为征税对象，对生物资源进行征税。

第十二节　资源类绿色税收政策的借鉴

通过对比中国与其他国家在资源类税收的差异与共性以及目前中国资源类税收存在的问题，中国现行资源类税收可以在以下几个方面进行改革完善。

一、扩大征税范围，细化税目

当前实施的资源税只对能源矿产、金属矿产、非金属矿产、水气矿产、盐进行征税。对比国外的资源税，征收范围上虽有不同，但是大体上都涵盖矿石资源、水资源和森林资源。在水资源方面，多数国家对水资源进行征税且开征时间较早，如：荷兰早在20世纪80年代即开始征收地表水污染税、地下水资源税，随后法国、俄罗斯也开始在本国推行水资源税[1]。俄罗斯在水资源方面形成全过程、全方位的征税，即在开采、使用、再生和排污等四个过程中征税。[2] 在森林资源方面，俄罗斯对森林资源使用者征收森林税和租赁费，法国对森林资源征森林砍伐税。此外，美国还对贝类、钻石等这些稀缺资源征税。可见，国外已经形成相对完整的资源税收体系。森林、滩涂、草场、海洋、生物等资源也属于绿色资源，鉴于此，中国应根据资源政策、各地资源分布情况和经济发展水平等方面的差异，完善资源税体系，逐步将森林、滩涂、草场、海洋、生物等资源纳入征税范围，并且通过各种辅助性法律文件逐步补充紧缺型资源的种类，构建和谐互补的资源税费制度体系，提高了资源税的绿色化程度，充分发挥资源税调控经济行为的职能。此外，从提高征税的针对性出发，有必要细化资源税税目。考虑在一级税目基础上，合理设计二级税目，将税目细化，尽可能地将所有资源纳入征税范围，针对不同资源的开采成本、开采难度及形态，设置不同的税率项目。

---

①② 沈志远. 国外资源税收改革的经验分析及启示 [J]. 对外经贸实务，2017（10）：93 – 96.

二、优化税率结构和水平

（一）提高税率

目前资源税实行从价定率为主、从量定额为辅的计征方式，但相对于中国现有资源的基本状况和其他国家税率比较来看，税率标准还是显得偏低。如美国等发达国家资源税率一般超过10%，采用权利金方法收税则高达20%；而我国原油、天然气等资源的税率仅为5%～10%，且实际执行时多按5%征收，这样不利于对自然资源的有效利用。① 因此，适当提高原油、天然气等资源的税率，使中国资源税税率高于或接近国际上实行的资源税税率。

（二）动态调整税率

中国的资源税税率为比例税率和定额税率，没有考虑市场通货膨胀、价格指数、企业利润水平等对税收收入弹性的影响。而国外资源税税率的设置大多都将这些因素考虑在内，使得税收收入弹性较大，使得资源税收入与市场价格波动密切相关。政府可以通过调整价格来调整资源税收入，更好地调整企业的税收负担。此外，通过调整价格，将市场供求与资源稀缺程度紧密联系在一起，避免静态税率课征所带来的诸多弊端②。基本据国外经验来看，美国和俄罗斯均采用动态税率，资源税率均大都在10%～15%之间。美国各州均拥有定税权，没有统一的资源税制，其税制由各州地方政府自行制定，使得地方政府能根据当地资源消耗的实际情况，自主选定税率，增加地方财政收入。③ 如俄亥俄州的石油、煤炭、天然气税率分别为10美分/桶、9美分/吨、2.5美分/千立方英尺，而路易斯安那州对应的税率则是12.5美分/桶、10美分/吨、2.08美分/千立方英尺。俄罗斯的林业税规定最低税率，以最低税率为标准缴纳林业税。最低税率并不是一直不变的，政府可根据市场价格水平以及生产费用来规定最低税率。通过设

① 梁宁. 政策目标视角下国外水资源税（费）制度分析与启示［J］. 水利发展研究，2022，22（6）：91 - 94.

② 广西地方税务局财产和行为税处与广西玉林市地方税务局联合课题组，韦兴文. 深化资源税改革问题研究［J］. 经济研究参考，2018（11）：36 - 40.

③ 沈志远. 国外资源税收改革的经验分析及启示［J］. 对外经贸实务，2017（10）：93 - 96.

置最低税率，不仅保障了林业资源的再生发展和合理储备，并且能够高效地合理开发俄罗斯丰富的林业资源。中国东西部资源储备情况差异较大，采用统一的资源税税率，没有考虑各地区资源条件及经济发展差异、企业承受能力，增加企业结构性负担。因此，为节约资源及实现资源的高效利用，不能采用一刀切的方式适用统一税率，应根据各地资源消耗情况及区域间资源储蓄差异，动态调整资源税税率，推动资源的合理开发，避免资源浪费与生态破坏。

三、增加资源税对地方财政的贡献

中国资源税税收收入属于共享税，海洋石油归中央，其他归地方。中央政府通过增值税、消费税、企业所得税和关税等，剥夺了地方政府大部分资源收入，致使资源税对地方政府的财政收入贡献十分有限，而对应的财政支出压力无形中增大。国外资源税大部分是实行中央、联邦主体、地方的三级共享分配。邦主体和地方各归30%，中央得到40%；对开采其他矿产的税收，50%归地方，联邦主体和中央各得25%；水资源税收则全部由中央分配。[①] 各级主体规定了具体的分配比例，突出了资源税税收对各主体的贡献程度。因此，中国要增加资源税对地方财政的贡献程度，可以规定具体的中央与地方的分享比例，理顺国家对资源所有权的财产权益关系，提高各级政府科学规范的管理，减少征收成本，提高征收效率。

四、资源税与环境优化联动

中国现阶段资源税收入除了海洋石油归中央外，其余归地方所有，成为地方财政收入的重要部分（特别是西部地区），增加了地方财政收入，用于地方基础建设、教育医疗、公共服务等，用于环境保护的较少，这就造成了环境保护资金短缺，不利于促进资源可持续利用，贯彻新绿色发展理念。资源税应借鉴国外经验，对资源税收入实行专款专用，用于资源环境保护方面的支出。例如，俄罗斯将水资源设施排放污染物税收入中的80%必须用于水资源修复和环境保护，旨在保护水资源，提高水资源利用效率；

---

① 广西地方税务局财产和行为税处与广西玉林市地方税务局联合课题组，韦兴文. 深化资源税改革问题研究 [J]. 经济研究参考，2018（11）：36－40.

俄罗斯将林业税直接作为国家财政收入预算部分，并建立专门财政账户，该项资金主要用于补偿国家在木材再生产过程中产生的开支；俄罗斯为土地税设置地方财政专款账户，并在预算中用于补偿土地使用者在土地保护和提高土地肥力等方面的费用；美国开采税税款专门用于生态环境的有效保护方面①。此外，对于矿业国家的税制，国外无论是在理论上还是实践上都已较为成熟，如美国开征权利金、资源租金税、矿权租金、红利、资源耗竭补贴等5种矿业特有的税费。鉴于此，中国可以考虑建立权利金和资源耗竭补贴制度，明确规定其专门的用途。设置专项基金用于补偿资源的开采与保护，防止资源税费收入被挪作他用，增加保护环境的资金来源。

五、完善水资源税

（一）加快水资源税的推行

当前水资源税只是在北京、天津、山西、内蒙古、河南、山东、四川、陕西、宁夏9个省份进行改革试点，对直接取用地表水、地下水的单位和个人征税，包括直接从江、河、湖泊（含水库）和地下取用水资源。虽然地球表面有71%的面积被水覆盖，但淡水资源仅占小部分，其中人类真正能够利用的江河湖泊和部分地下水更是少之又少，仅占地球总水量的0.26%，而且分布不均。中国地大物博，资源储量丰富，但其水资源相对于水资源丰富的国家储量相对较低，并且中国东西部、南北方水资源分布不均衡。根据相关调查显示，中国拥有的水资源量占世界的6%，但是中国人口占世界总人口的20%，由此中国水资源人均占有量极低，约为世界平均水平的1/4，被联合国列为13个贫水国之一。因此，应尽快在34个省级行政区实现水资源税在全国范围内的推行，依法促进水资源的集约利用和循环利用，提高人均水资源量，提高人们保护水资源的意识，推动形成绿色发展方式和生活方式。

（二）优化水资源税制要素

水资源税征收标准是制度设计的核心，征收范围、税率高低、优惠幅度等都是取决于政策目标。比如税率可以高至惩罚数倍，也可以低至优惠

---

① 沈志远. 国外资源税收改革的经验分析及启示［J］. 对外经贸实务，2017（10）：93-96.

为零；税基可以扩大到所有水源类型，也可以仅针对地下水或地表水；纳税人可以是全体用水者，也可以仅针对某类特定人群；进一步细化水资源税目。①

六、加强征管工作

中国现行资源税的税收征管工作只是粗略地表述为"税务机关与自然资源等相关部门应当建立工作配合机制，加强资源税征收管理"，具体各部门工作怎么衔接，各部门职责怎么划分都没说明，在具体执法中会出现各部门之间相互推诿、扯皮的情况。为此，应严格把控源头监管，从登记纳税人户籍入手，严格登记管理制度；尽快出台相关法律法规，明确具体工作程序、细化各部门分工、落实各部门责任，各部门形成联动机制，加强各部门之间的联动性，防止漏征漏管。

七、完善课税标准

中国的资源税计税依据为应税产品的销售额或销售量，而不是按照开采数量为依据，失之偏颇。因为会形成"谁开采谁受益，多开采多受益"的理念，开采者进行掠夺式开采，造成资源的浪费。此外，纳税人开采或者生产应税产品若用于自己使用的，以自用数量为课税依据。这使得企业不管开采多少，只要不用于自用或销售，就无须纳税，会造成资源被不断消耗，但是开采者没有付出任何代价。因此，计税依据可以以开采量为依据，促进资源开采者合理开发利用和保护资源。

八、完善税收优惠政策

当前，对共伴生矿的优惠政策争议较大。对共伴生矿的税收优惠政策是由省政府决定减或免。对一些高价值的伴生矿不征资源税，存在不公平的问题。如钒钛磁铁矿主矿是铁矿，共伴生矿是钛和钒矿，其价值较高，但是对钛和钒矿实行税收减免，则出现对价值低的主矿按正常征税，对价

① 梁宁. 政策目标视角下国外水资源税（费）制度分析与启示［J］. 水利发展研究，2022，22（6）：91－94.

值高的共伴生矿减免，造成国家税收损失严重。因此，应根据具体共伴生矿的价值，决定是否进行税收减免，而不是采用一刀切的方式笼统地进行减免。此外，对于税收优惠认定管理不够完善，对是否符合优惠条件的认定工作专业性强，税务人员缺乏相应的专业知识和技能，执法风险较大。因此，建立由财税部门牵头、相关部门配合的工作机制，加强跨部门联动，同时提高税务人员的专业素养。

第四章　环境类绿色税收比较与借鉴

第一节　美国环境类绿色税收政策

美国环境税的发展历经了 20 世纪 70 年代环境税的起步阶段，80 年代到 90 年代中后期的成长发展阶段，以及 90 年代至今的成熟阶段。现在美国已逐渐构建了相对完善的税收体系，并在美国《税法典》第 38 章中明确规定了环境税。

根据经济合作与发展组织（OECD）对环境税概念的界定，美国的环境税分为四大类，即资源开采税、环境污染税、交通相关税以及环境收入税。环境污染税，主要针对破坏臭氧层的化学产品进行征收，其他还包括臭氧层二氧化硫排放税、噪声税和塑料袋使用税，其目的是减少对化学品的使用，保护臭氧层与生态环境；交通相关税，包括特定车辆使用税、油耗税、重型卡车、拖车和拖拉机的零售税、轮胎税等；环境收入税，1986 年国会通过了《超级基金法案》，收环境收入税的目的是给超级基金融资。[1]

一、特定化学品税[2]

（一）纳税人

美国特定化学品税规定制造商、生产商或进口商销售应税化学品应该交税。

---

① 穆斌. 完善我国环境税法律制度的思考 [J]. 中国物价，2020，371（3）：11 – 13.

② 26 U. S. Code § 4661 – Imposition of tax [EB/OL]. [2023 – 03 – 01]. https：//www. law. cornell. edu/uscode/text/26/4661.

（二）征税对象和税率

美国特定化学品征收的税额根据如表4-1所示的税率确定。

表4-1 美国特定化学品税税率 单位：美元/吨

征税对象	税额
乙炔	9.74
苯	9.74
丁烷	9.74
丁烯	9.74
丁二烯	9.74
乙烯	9.74
甲烷	6.88
萘	9.74
丙烯	9.74
甲苯	9.74
二甲苯	9.74
氨	5.28
锑	8.90
三氧化二锑	7.50
砷	8.90
三氧化二砷	6.82
硫化钡	4.60
溴	8.90
镉	8.90
氯	5.40
铬	8.90
铬铁矿	3.04
重铬酸钾	3.38
重铬酸钠	3.74

续表

征税对象	税额
钴	8.90
硫酸铜	3.74
氧化铜	7.18
氧化亚铜	7.94
盐酸	0.58
氟化氢	8.46
氧化铅	8.28
汞	8.90
镍	8.90
磷	8.90
氯化亚锡	5.70
氯化锡	4.24
氯化锌	4.44
硫酸锌	3.80
氢氧化钾	0.44
氢氧化钠	0.56
硫酸	0.52
硝酸	0.48

二、破坏臭氧层化学品税[①]

（一）征税对象

美国破坏臭氧层化学品税征税对象如下：

（1）制造商、生产商或进口商出售或使用的任何消耗臭氧层的化学品。

（2）进口商销售或使用的进口应税产品。

---

① 26 U. S. Code § 4661 – Imposition of tax ［EB/OL］.［2023 – 03 – 01］. https：//www. law. cornell. edu/uscode/text/26/4661.

臭氧消耗化学品如表4-2所示。

表4-2   臭氧消耗化学品

常用名称	化学术语
CFC - 11	一氟三氯甲烷
CFC - 12	二氯二氟甲烷
CFC - 113	三氟三氯乙烷
CFC - 114	二氯四氟乙烷
CFC - 115	五氟氯乙烷
Halon - 1211	二氟一氯一溴甲烷
Halon - 1301	三氟溴甲烷
Halon - 2402	1，2-二溴四氟乙烷
Carbon tetrachloride	四氯化碳
Methyl chloroform	1，1，1-三氯乙烷
CFC - 13	氯三氟甲烷
CFC - 111	氟五氯乙烷
CFC - 112	1，2-二氟四氯乙烷
CFC - 211	七氯氟丙烷
CFC - 212	六氯二氟丙烷
CFC - 213	五氯三氟丙烷
CFC - 214	四氯四氟丙烷
CFC - 215	五氯三氟丙烷
CFC - 216	二氯六氟丙烷
CFC - 217	氯七氟丙烷

（二）税率

一般而言，对每磅臭氧消耗化学品征收的税款应等于基础税额乘以此类化学品的破坏臭氧层指数。破坏臭氧层指数如表4-3所示。

表 4 - 3　　　　　　　　　　　　破坏臭氧层指数

破坏臭氧层化学品种类	破坏臭氧层指数
CFC - 11	1.0
CFC - 12	1.0
CFC - 113	0.8
CFC - 114	1.0
CFC - 115	0.6
Halon - 1211	3.0
Halon - 1301	10.0
Halon - 2402	6.0
四氯化碳	1.1
甲基氯仿	0.1
CFC - 13	1.0
CFC - 111	1.0
CFC - 112	1.0
CFC - 211	1.0
CFC - 212	1.0
CFC - 213	1.0
CFC - 214	1.0
CFC - 215	1.0
CFC - 216	1.0
CFC - 217	1.0

注：1995 年以前任何一个年度销售或使用破坏臭氧层物质的基准税额应为 5.35 美元，1995 年以后每年增加 45 美分。

资料来源：ozone-depletion factor ［EB/OL］. ［2023 - 02 - 07］. https：//www. law. cornell. edu/definitions/uscode. php? width = 840&height = 800&iframe = true&def _ id = 26 - USC - 819522555 - 1535300120&term _ occur = 999&term _ src = title：26；subtitle：D；chapter：38；subchapter：D；section：4681.

（三）进口应税产品

如果臭氧消耗化学品在该进口应税品销售之日在美国销售，对进口应税产品征收的税款应和对用于制造或生产该产品的臭氧消耗化学品征收的税款一样。

（四）免税项①

以下内容可免除破坏臭氧层化学品税：

（1）计量吸入器；

（2）回收消耗臭氧层的化学品；

（3）出口消耗臭氧层的化学品；

（4）用作原料的消耗臭氧层的化学品。

三、特定车辆使用税②

（一）征税对象

特定车辆使用税的征税对象为总重量超过 55 000 英镑的公路机动车辆（连同通常用于与该公路机动车辆同类型的公路机动车辆的半挂车和拖架）。

（二）税率

美国特定车辆使用税税率如表 4 - 4 所示。

表 4 - 4 美国特定车辆使用税税率

应税总重量	税率
55 000 磅以上但不超过 75 000 磅	每年 100 美元，超过 55 000 英镑的每 1 000 英镑（或其部分）再加 22 美元
超过 75 000 磅	550 美元

（三）纳税人

特定车辆使用税所征收的税款应由公路机动车所在州或相关外国法律规定以其名义登记或要求以其名义登记的人支付，或者，如果公路机动车为美国所有，则由经营该车辆的美国机构或机构支付。

---

① Excise Taxes（Including Fuel Tax Credits and Refunds）［EB/OL］.［2023 - 03 - 30］. https：// www. irs. gov/pub/irs - pdf/p510. pdf，Page 23.

② 26 U. S. Code § 4481 - Imposition of tax ［EB/OL］.［2023 - 02 - 07］. https：//www. law. cor-nell. edu/uscode/text/26/4481.

四、适用于航空运输税的特殊条款

（一）人员[①]

1. 税率

一般按支付金额的 7.5% 征收税款。

2. 应税运输的国内部分

对国内每段应税航空运输的支付金额征收 3 美元的税款。

国内段："国内区段"一词是指包括一次起飞和一次降落的任何区段，属于所述的应纳税运输。

3. 使用国际旅行设施

（1）一般情况下，如果运输是从美国开始或结束的，对任何人的航空运输所支付的金额（无论在美国境内或境外）征收 12 美元的税。

（2）阿拉斯加和夏威夷的特别规定

如果所征收的税适用于从阿拉斯加或夏威夷开始或结束的国内航程，则该税仅适用于离境，税率为 6 美元。

（二）财产[②]

1. 税率

在此，对在美国境内或境外为应纳税的财产运输所支付的金额，征收相当于为这种运输所支付金额的 6.25% 的税。只适用于支付给从事出租航空运输财产业务的人的款项。

2. 纳税人

（1）一般，除另有规定外，征收的税款须由缴税的人支付。

（2）如果应纳税额的款项是在美国境外支付的，而支付该款项的人不缴纳该税款，则该税款：

①应由在美国交付财产的人支付，由提供最后一段应纳税运输的人支付，该税是针对该运输征收的。

---

① 26 U. S. Code § 4261 – Imposition of tax ［EB/OL］. ［2023 – 02 – 07］. https：//www. law. cornell. edu/uscode/text/26/4261.

② 26 U. S. Code § 4271 – Imposition of tax ［EB/OL］. ［2023 – 02 – 07］. https：//www. law. cornell. edu/uscode/text/26/4271.

②应由提供最后一段应纳税运输的人收取。

五、油耗税①

（一）征税对象

环境保护局（EPA）测量的燃油经济性标准为每加仑 22.5 英里以下的车型的制造商销售的汽车征收油耗税税款。

汽车（包括豪华轿车）是指以下四轮车辆：

（1）额定空载车辆总重不超过 6 000 磅。

（2）由汽油或柴油发动机驱动。

（3）主要用于公共街道、道路和高速公路。

（二）税率

美国税率基于燃油经济性评级，如表 4-5 所示。

表 4-5 税率基于燃油经济性评级

该汽车所属的型号	税率
至少 22.5	0
至少 21.5 但小于 22.5	1 000
至少 20.5 但小于 21.5	1 300
至少 19.5 但小于 20.5	1 700
至少 18.5 但小于 19.5	2 100
至少 17.5 但小于 18.5	2 600
至少 16.5 但小于 17.5	3 000
至少 15.5 但小于 16.5	3 700
至少 14.5 但小于 15.5	4 500
至少 13.5 但小于 14.5	5 400
至少 12.5 但小于 13.5	6 400
低于 12.5	7 700

---

① 26 U. S. Code § 4064 – Gas guzzler tax ［EB/OL］. ［2023 – 01 – 06］. https：//www. law. cornell. edu/uscode/text/26/4064.

（三）无需纳税的车辆

（1）空载车辆总重超过 6 000 磅的豪华轿车。

（2）仅在轨道上运行的车辆。

（3）出售供使用的车辆主要用于：

①救护车。

②联邦、州或地方政府用于警察或其他执法目的。

③消防目的。

（4）其他规定中无需纳税的车辆。

六、重型卡车、拖车和拖拉机的零售税①

（一）征税对象

重型卡车、拖车和拖拉机的零售税指对以下物品（包括与物品销售相关或与物品销售有关的相关零件和配件）的首次零售应征税：

（1）卡车底盘和车身。

（2）卡车拖车和半拖车底盘和车身。

（3）主要用于公路运输的拖拉机，与拖车或半拖车结合使用。

（二）税率

重型卡车、拖车和拖拉机的零售税的税率是销售价格的12%。

（三）纳税人

重型卡车、拖车和拖拉机的零售税规定由卖方负责纳税。

（四）特殊事项

（1）该税不适用于车辆总重小于等于 33 000 磅的卡车底盘和车身。也不适用于车辆总重为 26 000 磅或以下的拖车或半拖车。车辆总重不超过 19 500 磅且总重量不超过 33 000 磅的拖拉机不包括在12%的零售税中。

———————————

① Excise Taxes（Including Fuel Tax Credits and Refunds）［EB/OL］.［2023 - 02 - 07］. https：// www. irs. gov/pub/irs - pdf/p510. pdf.

（2）以下四种卡车车身类型符合适用标准，将不包括在零售消费税中：

①长度小于等于 21 英尺的平台卡车车身。

②长度不超过 24 英尺的干货和冷藏卡车货车车身。

③载重能力小于等于 8 立方码的自卸卡车车身。

④装载能力小于等于 20 立方码的垃圾包装卡车车身。

七、应纳税轮胎①

（一）征税对象

美国政府对制造商、生产商或进口商销售的应税轮胎征收税款。

（二）税率

应税轮胎最大额定载重量超过 3 500 磅时，每 10 磅征收 0.0945 美元（对于双胎或超级单胎，0.04725 美元）。申报税款和税率的三个类别如下所示：

（1）除双胎或超级单胎外的应纳税轮胎，价格为 0.0945 美元。

（2）应税轮胎、双轴或超级单胎（设计用于转向的超单胎除外），为 0.04725 美元。

（3）应税轮胎，设计用于转向的超级单胎，价格为 0.0945 美元。

八、船舶乘客税②

（一）税率

美国政府对某些船舶航程征收每位乘客 3 美元的税。该税只对每位乘客征收一次，无论是在美国首次上船还是下船。

（二）纳税人

船舶乘客税规定提供航程的人（船舶的经营人）有责任纳税。

---

①② Excise Taxes（Including Fuel Tax Credits and Refunds）［EB/OL］.［2023 - 02 - 07］. https：//www. irs. gov/pub/irs - pdf/p510. pdf.

（三）应税情况

第一种情况是商业客船的航程超过一个或多个晚上。如果航程超过 24 小时，则航程可延长一个或多个晚上。客船是指可容纳 16 名以上乘客的任何船舶。

第二种情况涉及一艘商业船只的航行，该船只载有在美国领海以外的船只上赌博的乘客。美国领海是指美国与任何毗连外国之间的国际边界线内或海岸线低潮 3 海里（3.45 法定英里）内的水域。如果乘客作为游戏者参与任何政策游戏或其他彩票，或船舶所有人或经营人（或其雇员、代理人或特许经营人）进行、赞助或运营的任何其他金钱或其他有价值物品的机会游戏，航程应缴纳船舶乘客税。无论航程长短，该税都适用。与其他乘客的偶然、友好的机会游戏，如果不是由船东或运营商进行、赞助或运营的，则不是赌博，以确定航程是否需要缴纳船舶乘客税。

如果船舶在美国两点之间的航程少于 12 小时，或者船舶由州或地方政府拥有或运营，则不适用该税。

九、港口维护税^①

（一）纳税人

港口维护税规定如果货物进入美国，对进口商征税；在其他情况下，纳税人为托运人。

（二）税率

港口维护税率应相当于所涉商业货物价值的 0.125%。

（三）纳税时间

港口维护税规定除条例另有规定外，应在卸货时征收。

十、二氧化硫税^②

1972 年，美国在发达国家中率先开征二氧化硫税。二氧化硫税是企业

---

① 26 U. S. Code § 4461 – Imposition of tax ［EB/OL］. ［2023 – 02 – 07］. https：//www. law. cornell. edu/uscode/text/26/4461.

② 李继嵬. 美国环境税研究 ［D］. 长春：吉林大学，2018.

或者个人向空气中排放二氧化硫而课征的税。课税对象主要矿物燃料（煤炭）燃烧过程中产生二氧化硫。美国政府希望通过开征该税种，促使纳税人安装污染控制设备并间接促使纳税人更多使用低硫燃料。

在美国，如果一定区域的二氧化硫浓度达到国家规定的一级或二级标准，该地区任何排放主体每排放一磅硫分别课征 15 美分和 10 美分（见表 4-6）。

表 4-6 美国二氧化硫税率

标准	单位	税率
二氧化硫浓度 < Ⅰ 级	每磅	15 美分
Ⅰ 级 ≤ 二氧化硫浓度 < Ⅱ 级	每磅	10 美分
二氧化硫浓度 > Ⅱ 级	每磅	免征

十一、超级基金[①]

针对危险物质的泄漏和费用负担问题，1986 年美国出台《超级基金修正案》，创建了超级基金项目，以治理国家污染最严重的地方。

超级基金仅作为法案，在实际运作则由美国环境保护署来执行的。超级基金明确规定对污染严重场地的治理由污染责任者负责；对污染责任者难以界定的或污染责任者没有能力进行污染场地的治理时，由超级基金对污染治理费用负担；对于污染责任者不愿对污染场地进行治理时，可由超级基金先行支付污染治理费用，再授权美国环境保护署对污染责任者收取治理费用。这种运作方式能够保证污染场地及时得到治理，减少场地对环境的污染。

超级基金主要由四部分构成，一是石油税、特定化学品税和特定进口物质税；二是公司所得附加税（环境收入税）；三是财政支持；四是一些罚款或投资收益（基金利息或运作收益），所获取的收入作为专项基金用于对环境的保护。

超级基金的责任主体指的是对场地造成污染的责任人。责任主体对危险物品处理的费用负有直接责任和连带责任，联邦政府和超级基金委员会可以对责任者追究全部的费用承担责任。

---

① 张京萍. 美国税制研究 ［M］. 北京：经济科学出版社，2017：274.

十二、噪声税[①]

州级的噪声税是对超过一定分贝的特殊噪声源所征收的一种税，税基是噪声的产生量。征收噪声税的主要目的是限制噪声污染，并为政府筹集资金，用于在飞机场附近安装隔音设施，安置搬迁居民等。洛杉矶对机场的每位旅客和每吨货物征收 1 美元噪声治理税，税金指定用于支付机场周围居住区的隔音费用。

十三、垃圾税[②]

州级的垃圾税的课税对象为生产、批发和零售等经营活动产生的垃圾以及家庭生活垃圾。对于生产经营活动产生的垃圾征收的垃圾税税率为总收入的 0.015%，所征集税款的 70% ~80% 将用于城市垃圾的处理，20% ~30% 的税款用于再生能源的开发。对于家庭生活垃圾征收的垃圾税，目前在大部分州都已经开征，征收依据是垃圾的数量。

十四、固体废弃物处理税[③]

1991 年 1 月 1 日，美国国会同意开征固体废弃物处理税，主要对饮料包装物、废纸和塑料容器等，实行从量计征。美国对固体废弃物的饮料容器实行押金制度，当消费者在购买饮料时，必须缴纳押金，待归还容器时再将押金退回。在此基础上，鼓励各级组织、企业、家庭实行固体废弃物循环利用，对购买循环类固体废弃物的设备免征消费税，对循环利用和投资的税收进行抵免或税前扣除。

十五、塑料袋使用税[④]

塑料袋使用税是向利用塑料袋的人，按照塑料袋的使用数量征收的一种税。旧金山是在美国第一个征收塑料袋税的城市，在 2005 年 1 月开始征

①　张京萍. 美国税制研究 ［M］. 北京：经济科学出版社，2017：273.
②　张京萍. 美国税制研究 ［M］. 北京：经济科学出版社，2017：274.
③④　李继嵬. 美国环境税研究 ［D］. 长春：吉林大学，2018.

收塑料袋使用税，每个塑料按 17 美分征收塑料袋税，此外还规定给消费者提供塑料袋的超市和商场将被重罚，鼓励用纸袋、布袋等可降解的购物袋来代替塑料袋。

第二节 俄罗斯环境类绿色税收政策

俄罗斯尤其注重工业发展，因此随着俄罗斯一次次经济转型发展，海洋、大气、土壤污染、生态破坏形势加剧，生态环境面临危机。俄方政府出台相关政策治理环境问题。① 主要有企业所得税的税收优惠、消费税、交通运输税。

一、企业所得税

废物利用优惠税率：根据 1998 年 6 月 24 日 "关于生产和消费废物" 的第 89 – FZ 号联邦法律，俄罗斯联邦主体可以立法，对被指定为城市固体废物管理区域运营商，从合同规定的提供固体城市废物管理服务活动中获得的利润，应计入联邦主体预算的税率确定为 0%，据此应计入联邦预算的税率也为 0%。

免税收入：5 年内以合伙方式从事农业活动取得的收入。

二、消费税

（一）征税对象

俄罗斯消费税的征税对象为：轿车、摩托车。

（二）税率

俄罗斯消费税资源部分税率，如表 4 – 7 所示。

---

① 杨卓昇．俄罗斯环境规制对中国对俄直接投资的影响［D］．乌鲁木齐：新疆大学，2020.

表 4 – 7   俄罗斯消费税税率表（资源部分）   单位：卢布

税目	2019 年	2020 年	2021 年
发动机功率为 67.5 千瓦（90 马力）（含）以下的轿车	0	0	0
发动机功率为 67.5 千瓦（90 马力）——112.5 千瓦（150 马力）（含）的轿车	47	49	51
发动机功率为 112.5 千瓦（150 马力）——147 千瓦（200 马力）（含）的轿车	454	472	491
发动机功率为 147 千瓦（200 马力）——220 千瓦（300 马力）（含）的轿车	743	773	804
发动机功率为 220 千瓦（300 马力）——294 千瓦（400 马力）（含）的轿车	1 267	1 317	1 370
发动机功率为 294 千瓦（400 马力）——367 千瓦（500 马力）（含）的轿车	1 310	1 363	1 418
发动机功率为 367 千瓦（500 马力）以上的轿车	1 354	1 408	1 464
发动机功率为 112.5 千瓦（150 马力）以上的摩托车	454	472	491

资料来源：国家税务总局国际税务司国别（地区）投资税收指南课题组．中国居民赴俄罗斯投资税收指南：2022 ［EB/OL］．［2023 – 04 – 05］．https：//www.chinatax.gov.cn/chinatax//n810219/n810744/n1671176/n1671206/c2069894/5116155/files/6f6625fdc8cf4cadbfbcd933f02350b4.pdf.

三、交通运输税①

（一）纳税人

交通运输税类似于中国的"车船税"，纳税人包括拥有应税交通运输工具的法人和自然人。

（二）征税对象

交通运输税以依法注册的交通运输工具为征税对象，包括汽车、摩托车、小轮摩托车、公共汽车、飞机、直升机、机动船舶、游艇、帆船、船、雪地车等。

_____

① 国家税务总局国际税务司国别（地区）投资税收指南课题组．中国居民赴俄罗斯投资税收指南：2022 ［EB/OL］．［2023 – 04 – 05］．https：//www.chinatax.gov.cn/chinatax//n810219/n810744/n1671176/n1671206/c2069894/5116155/files/6f6625fdc8cf4cadbfbcd933f02350b4.pdf.

（三）税率

根据征税对象的分类，区分有引擎的交通运输工具的发动机功率（马力、千克力、总吨位）或无引擎的交通运输工具的数量单位（个），实行每单位马力（千克力、总吨位或交通运输工具的数量单位）1~200卢布不等的定额税率，具体由俄罗斯联邦主体的法律确定。联邦主体法律可以对《税法典》规定的税率进10倍以内的增减调整（发动机功率不超过150马力的乘用车除外）；可根据交通工具生产年份以来已经过去的年数和其环境等级等，针对每种类型的交通工具建立差别的税率；可以为特定纳税人制定税收优惠政策和补贴。

（四）税收优惠

以下交通工具免税：

（1）按照法律规定的方式通过社会保障机构接收（购买）的专门为残疾人使用的、发动机功率100马力以下的乘用车；

（2）远洋、内河捕鱼船；

（3）企业或个体企业家以实施客货运输为主要目的、以经济管理权或经营管理权方式拥有的客货海船、内河船、空气动力船；

（4）各种品牌的拖拉机、自动收割机，运送牛奶、牲畜、家禽的专用车辆，运输和施用化肥的车辆，兽医护理的车辆等注册为农业生产的特种车辆；

（5）军事或准军事用途的运输工具；

（6）依法证明被盗的交通工具；

（7）空中救护和医疗服务的飞机或直升机；

（8）在俄罗斯国际船舶注册簿中登记的船舶；

（9）海上固定和浮动平台、海上移动式钻井平台和钻井船；

（10）根据2018年8月3日的《加里宁格勒州和滨海边疆区的特别行政区联邦法律》获得特别行政区参与者身份的纳税人登记注册的船舶和飞机。

第三节　日本环境类绿色税收政策

1990年以前，日本主要通过政策性收费手段对汽车、燃料等能源产品以及污染物排放主体进行收费。1990 年以后，日本政府开始意识到税收政策对于解决环境问题的积极作用，逐渐从政策性手段向制度化转变。①

"谁污染、谁付费"是日本实施环境保护税法的重要原则，也是日本国向排污者征收环境税的主要依据。尽管日本环境保护税法起步比欧洲要晚一些，但并没有影响日本国环境法体系的健全与完善。在日本国内，环境法与资源法之间存在一定的区别，因此环境保护税法制度也是由环境税和资源保护税两部分组成。日本在环境税方面的主要征收对象是生产厂家和机动车主，日本对各类私家车和货车征收环境税，因为日本认为环境污染有很大一部分是由汽车带来的尾气污染、噪声污染以及交通堵塞带来的环境污染。日本对此类环境税的征收通常是在厂家办理生产合格出厂手续以及车主购买车辆后上牌使用时收取的。日本在环境税收减免优惠方面也有其特殊之处，日本对与环保相关的产业实现全面减免环境税，对于生产环保设备的生产厂家不仅减免其固定资产税，还可以对其占用的生产场地而产生的土地税予以减免。② 日本环境税制度主要有汽车重量税、汽车税、汽车购置税、汽车环境性能税等。

一、汽车重量税

（一）纳税义务人

汽车重量税的纳税义务人为汽车和轻型汽车的使用者，在新车上牌和后续车检时缴纳。

（二）征收范围

汽车重量税征税对象为汽车和轻型汽车。

（三）税率

汽车重量税也为从量税，计税依据是：汽车为重量计量，单位为吨；轻型汽车为车辆数。税率根据汽车的重量、车检有效期间以及用途不同来

---

① 董瑶．日本环境税制度研究及其对我国的启示［D］．大连：东北财经大学，2018.
② 陈烜正．我国环境税征收管理法律制度研究［D］．桂林：广西师范大学，2020.

确定。同时，对于环保型车辆汽车重量税有相应的减免措施。

二、汽车税

汽车税是都道府县税。

（一）纳税义务人

纳税人为汽车所有者。纳税人对其当年 4 月 1 日当天所拥有的汽车承担纳税义务。4 月 1 日之后购车者，则按购车月份至下年度 3 月 31 日为止的月份数相应纳税。

（二）征收范围

征税对象是汽车，具体包括小轿车、卡车、客车、三轮小汽车等。

（三）税率

汽车税为从量税，计税依据为车辆数。但是，税率则根据汽车类型、排气量大小及自家用与营业用等有所区别。2019 年 10 月 1 日后新登记车辆的汽车税有所降低，例如，排气量 1 500 毫升以上 2 000 毫升以下的自家用小轿车，每年的标准税额由 39 500 日元降低至 36 000 日元，限制税率为标准税额的 1.2 倍。而且，考虑到二氧化碳等污染大气的情况日益严重，在税法上对电动汽车、用煤气作动力的汽车以及符合废气排放标准的卡车、公共汽车等设置了减轻税率。

三、汽车购置税

汽车购置税是都道府县税。汽车购置税的收入专项用于都道府县的道路建设，因此也属于特定财源税。根据 2019 年税制改革，汽车购置税从 2019 年 10 月 1 日起转变为汽车环境性能税。

（一）纳税义务人

汽车购置税的纳税人为购置汽车的个人或公司，但中央和地方政府不属于纳税人，购置汽车包括购置新车和旧车。

（二）征收范围

汽车购置税的征税对象是汽车，具体包括普通汽车（小轿车、客车、货车）、轻型汽车和三轮以上的微型汽车。

（三）税率

汽车购置税的计税依据为汽车购置价额。营业用普通汽车和轻型汽车的税率为2%，自家用普通汽车和其他汽车的税率为3%。但是，电动汽车与以煤气为动力的汽车以及二氧化碳排放量低的汽车实行低税率（减轻2%）。此外，对于购置价不足50万日元的汽车实行免税。

（四）税收优惠

汽车购置税规定对于购置价不足50万日元的汽车实行免税。

四、汽车环境性能税

根据2019年税制改革，汽车购置税从2019年10月1日起转变为汽车环境性能税。

（一）纳税义务人

汽车环境性能税的纳税人为取得汽车的个人或公司，取得的汽车包括新车和旧车，取得的方式包括购买和转让。

（二）征收范围

汽车环境性能税的征税对象是汽车，包括三轮以上的小型汽车、普通汽车（特殊汽车除外）等。

（三）税率

汽车环境性能税的计税依据为汽车取得价额。赠予等无取得价格的情况下，按照总务省令规定的价格计算。电动汽车等环保型车辆免征汽车环境性能税，其他车辆按照所用燃料基准划分适用1%～3%税率。

（四）税收优惠

汽车环境性能税对于购置价不足50万日元的汽车实行免税。对于先进安全车（ASV）和无障碍车辆等在计税基础的取得价格上可进行扣除。对于 2019 年 10 月 1 日至 2020 年 9 月 30 日期间取得的家用汽车（包括登记车和轻型汽车），汽车环境性能税税率适用减税 1% 的优惠政策。

五、轻型汽车税

轻型汽车税为市町村税。

（一）纳税义务人

轻型汽车税的纳税人为轻型汽车所有者，纳税人对其每年 4 月 1 日当天拥有的轻型汽车承担纳税义务，4 月 1 日以后购置轻型汽车者也承担同样的纳税义务，年度中转让轻型汽车时，车主则负有再次纳税义务。

（二）征收范围

轻型汽车税的征税对象为轻型汽车，包括摩托车、轻型汽车、轻型特种汽车等。

（三）税率

轻型汽车税为从量税，计税依据为车辆数。但对不同用途和不同型号的轻型车辆规定不同的税率。例如，排量为 125～250cc 摩托车的标准税率为年 3 600 日元，自家用的轻型汽车的标准税率为年 10 800 日元，限制税率为标准税率的 1.2 倍。

六、环境绩效消费税

（一）纳税义务人

日本环境绩效消费税纳税义务人为产品/服务的购买者。

（二）税率

日本环境绩效消费税税率如表 4－8 所示。

表 4 - 8 日本环境绩效消费税税率

税目	税率
购买柴油或汽油动力轻型机动车	零售价的 0 ~ 2%
购买柴油或汽油动力车辆用于商业用途	零售价的 0 ~ 2%
购买柴油或汽油动力车辆供私人使用	零售价的 0 ~ 3%

（三）免税

汽车环境性能税规定以下车辆免税。

（1）用于公共利益的车辆等。

（2）购买新的电动、天然气或插电式混合动力汽车。

（3）购买环境负担小的车辆。

七、补贴

日本有关环保的补贴如表 4 - 9 所示。

表 4 - 9 日本有关环保的补贴

用途	补贴内容
有效利用日本的稻田	满足与环境和谐的农业生产的交叉合规性的付款，包括土壤和废物的适当管理，杀虫剂、化肥和能源的适当使用，以及保存记录
日本的环保农业	为有效保护环境的活动支付费用，例如防止全球变暖和保护生物多样性，同时将该地区传统农业实践中合成肥料和杀虫剂的使用量减少 50% 以上
日本的环保农业（奶牛场）	满足与环境和谐的农业生产的交叉合规要求的付款，包括适当管理粪便、废物、气味和能源，以及保存记录
日本污染控制贷款	环境可持续畜牧业贷款： 最高贷款额：实际成本的 80% ［信用额度（个人）3 500 万日元，（法人）7 000 万日元］利率：0.2%（截至 2019 年 3 月 20 日） 污染控制贷款： 最高贷款额：7.2 亿日元，利率：0.40% ~ 1.30%（截至 2016 年 7 月 1 日）
防止日本采矿活动造成环境污染的贷款	矿山污染防治环境污染贷款防止采矿活动造成环境污染的软贷款

续表

用途	补贴内容
可持续畜牧业的发展	满足与环境和谐的农业生产的交叉合规要求的付款，包括适当管理粪便、废物、气味和能源，以及保存记录
日本可持续作物和蔬菜生产的积极激励措施	符合与环境和谐的农业生产的交叉合规要求的付款，包括适当管理土壤和废物，正确使用杀虫剂、化肥和能源，以及保存记录

资料来源：笔者根据 OECD 环境政策工具数据库相关数据整理所得。

第四节　韩国环境类绿色税收政策

韩国环境类绿色税收相关的税种有汽车税、车辆购置税、电气和电子设备的回收费用、废物处理费、地域资源设施税等。

一、汽车税①

（一）纳税义务人

韩国汽车税的纳税义务人为车辆所有者。

（二）税率

韩国汽车税按照车辆类型不同，按量定额征收，如表 4－10 所示。

表 4－10　　　　　　　　　　韩国汽车税税率

特定税基	税率国家货币	税率
发动机排量低于 1 600cc 的商用车辆的使用	每立方米 18.00 韩元	每立方米 0.0140（欧元）
使用发动机排量在 1 600cc 和 2 500cc 之间的商用车辆	每立方米 19.00 韩元	每立方米 0.0148（欧元）

---

① 国家税务总局国际税务司国别（地区）投资税收指南课题组. 中国居民赴德国投资税收指南：2022［EB/OL］.［2023－04－05］. https://www.chinatax.gov.cn/chinatax//n810219/n810744/n1671176/n1671206/c2352715/5116161/files/64a27b3d7c54468daaec6b253bf32235.pdf.

特定税基	税率国家货币	税率
使用发动机排量大于 2 500cc 的商用车辆	每立方米 24.00 韩元	每立方米 0.0187（欧元）

资料来源：笔者根据 OECD 环境政策工具数据库相关数据整理所得。

二、车辆购置税——当地

韩国车辆购置税税率如表 4 - 11 所示。

表 4 - 11　　　　　　　　韩国车辆购置税税率

具体税基	税率
购置非商务乘用车	不含增值税零售价的 7%
收购其他非商业车辆	不含增值税零售价的 5%
购置其他车辆	不含增值税零售价的 2%
购置两轮车	不含增值税零售价的 2%
购置车辆用于商业用途	不含增值税零售价的 4%

资料来源：笔者根据 OECD 环境政策工具数据库相关数据整理所得。

三、电气和电子设备的回收费用

韩国电气和电子设备的回收费用税率，如表 4 - 12 所示。

表 4 - 12　　　　　　　韩国电气和电子设备的回收费用税率

税目	税率
通信和办公设备	每千克 433.0 韩元
大型设备	每千克 274.0 韩元
中型设备	每千克 424.0 韩元
移动电话	每千克 2 717.0 韩元
小型设备	每千克 580.0 韩元

资料来源：笔者根据 OECD 环境政策工具数据库相关数据整理所得。

四、废物处理费

韩国废物处理费税率，如表 4 - 13 所示。

表 4 - 13　　　　　　　　　　韩国废物处理费税率

税目	税率
防冻剂	每升 189.8 韩元
口香糖	售价的 1.8%
香烟	每包 7.00 韩元
尿布	每单位 5.50 韩元

资料来源：笔者根据 OECD 环境政策工具数据库相关数据整理所得。

五、地域资源设施税

（一）纳税人

地域资源设施税纳税人为享受消防设施、垃圾处理系统、污水处理设施及其他类似设施的法人和个人。

（二）税率

韩国地域资源设施税税率实行累进税率，如表 4 - 14 所示。

表 4 - 14　　　　　　　　　　韩国地域资源设施税税率

税目	税率
不超过 600 万韩元	0.04%
不超过 1 200 万韩元	2 400 韩元 + 超过于 600 万韩元部分的 0.05%
不超过 2 600 万韩元	5 900 韩元 + 超过于 1 300 万韩元部分的 0.06%
不超过 3 900 万韩元	13 700 韩元 + 超过于 2 600 万韩元部分的 0.08%
不超过 6 400 万韩元	24 100 韩元 + 超过于 3 900 万韩元部分的 0.10%
超过 6 400 万韩元	49 100 韩元 + 超过于 6 400 万韩元部分的 0.12%

资料来源：笔者根据 OECD 环境政策工具数据库相关数据整理所得。

六、环境改善费

（一）征税对象

环境改善费的征税对象为柴油动力车辆。

（二）税率

环境改善费的税率对每辆机动车 20 250.0 韩元 × 污染诱发系数 × 机动车年龄系数 × 区域系数。

七、污水服务费

（一）征税对象

污水服务费的征税对象为测量或估计的城市废水。

（二）税率

2010 年，全国污水服务费的平均价格为每吨 283.60 韩元。

八、海洋环境改善费

（一）征税对象

海洋环境改善费的征税对象为测量或估计的废水。

（二）税率

海洋环境改善费的税率为因废物类别而异。

九、污染负荷总量超标费

（一）征税对象

污染负荷总量超标费的征税对象为过量排放的测量或估计的废水。

（二）税率

污染负荷总量超标费的税率因河流而异。

十、废水终端处理设施费用

废水终端处理设施费用为其他测量或估计的废水，安装和运行废水终端处理设施所需的全部或部分费用。

第五节 英国环境类绿色税收政策

随着 20 世纪 70 年代末环境税在外部性、庇古税等理论上的突破，英国开始探索适合本国的环境税体系模式，陆续形成比较完整的环境税体系。1994 年，针对航空尾气排放对大气造成的污染，英国引进航空旅客税。1996 年，为抑制固体废弃物垃圾乱丢乱弃，鼓励居民和企业进行垃圾回收循环利用，减少垃圾填埋数量，英国开征垃圾填埋税。英国政府在 1996 年提议征收气候变化税，但直到 2001 年才开始征收，主要针对碳排放征收。2000 年通过石方税征收的决定，于 2002 年开始征收石方税，至此英国的环境税体系基本构建完成，主要包含上述三个税种，调节范围包括固体废弃物、污染气体、碳排放等，形成了一个比较完整的绿色税收体系。[①]

一、车辆消费税[②]

（一）概念

车辆消费税是对道路上行驶的车辆每年征收的一种税收。

（二）纳税义务人

车辆消费税的纳税义务人为车辆所有人。

---

① 李思格. 英国环境税征管及借鉴 [J]. 税收征纳，2017（8）：54－55.
② Vehicle tax rates [EB/OL]. [2023－02－08]. https：//www.gov.uk/vehicle－tax－rate－tables.

（三）征税对象

车辆消费税对道路上行驶的车辆征税。

（四）税目及税率

2017 年 4 月 1 日或之后注册的汽车，需要在车辆首次登记时缴税，缴纳 12 个月，每 6 或 12 个月以不同的税率缴纳车辆税。车辆第一次登记时根据车辆首次登记时的二氧化碳排放量纳税，同样也适用于一些房车。英国车辆消费税税率如表 4－15 所示。

表 4－15　　　　　　　　英国车辆消费税税率　　　　　　单位：英镑

二氧化碳排放量	符合 RDE2 标准的柴油车（TC49）和汽油车（TC48）	所有其他柴油车（TC49）	替代燃料汽车（TC59）
0 克/公里	0	0	0
1～50 克/公里	10	25	0
51～75 克/公里	25	120	15
76～90 克/公里	120	150	110
91～100 克/公里	150	170	140
101～110 克/公里	170	190	160
111～130 克/公里	190	230	180
131～150 克/公里	230	585	220
151～170 克/公里	585	945	575
171～190 克/公里	945	1 420	935
191～225 克/公里	1 420	2 015	1 410
226～255 克/公里	2 015	2 365	2 005
超过 255 克/公里	2 365	2 365	2 355

（五）减税免税[①]

免征车辆消费税的车辆为：

（1）残疾人使用的车。

---

① Vehicles exempt from vehicle tax［EB/OL］.［2023－02－07］. https：//www.gov.uk/vehicle-exempt-from-vehicle-tax.

（2）残疾乘用车。

（3）电动汽车。

（4）蒸汽车。

（5）用于农业、园艺和林业的车辆。包括拖拉机、农用发动机和越野使用的轻型农用车辆。还包括同一个人占用的土地之间的公共道路上用于短途旅行（不超过 1.5 公里）的"有限使用"车辆。

二、航空旅客税①

（一）概念

航空客运税就是乘客在买机票时要付的税。

（二）纳税义务人

航空旅客税的纳税义务人为乘坐的旅客。

（三）税目及税率②

从英国机场出发的航班的税率，如表 4-16 所示，但不包括北爱尔兰和苏格兰高地和岛屿地区。

表 4-16　　　　　　　　　　英国航空旅客税税率　　　　　　　　单位：英镑

目的地波地	降低率	标准率	更高的利率
国内的	6.50	13	78
A 波段	13	26	78
B 波段	87	191	574
C 波段	91	200	601

① Exemptions from Air Passenger Duty［EB/OL］.［2023-02-09］. https：//www. gov. uk/guidance/exemptions-from-air-passenger-duty.

② Rates for Air Passenger Duty［EB/OL］.［2023-02-09］. https：//www. gov. uk/guidance/rates-and-allowances-for-air-passenger-duty.

（四） 减税免税

以下航空旅客税豁免：

1. 儿童

没有座位的 2 岁以下儿童可免除航空旅客税，无论他们乘坐何种舱等。但是，如果为婴儿购买座位，则只有在他们乘坐的情况下才能免除最低级别的航空旅客税。

航班当天未满 16 岁且属于最低级别旅行舱位的儿童可豁免。如果 16 岁以下的儿童乘坐任何其他舱位或公务机旅行，则不获豁免。

2. 执行某些职责的人

在航班上履行职责，则可以免税。包括飞行机组人员和客舱服务员，以及具有以下职责的人员：

（1） 护送乘客或货物。

（2） 从事维修、保养、安全或安保工作。

（3） 准备和处理食物和饮料。

3. 根据法定义务免费承运的乘客

根据法定义务免费运送的乘客除外。包括以下人员：

（1） 拒绝入境英国，必须由航空公司承担费用遣返。

（2） 在机上检查飞机或机组人员，例如民航局飞行操作检查员。

4. 过境旅客

飞机上的乘客在途中经停但不换机，经停的这段旅程免税。

5. 联程航班的乘客

搭乘联程航班的乘客在其旅程的第二个或下一个航班上是免税的。旅程中的第二个或下一个航班被视为已转机，具体取决于该航班是飞往国内目的地还是国际目的地。

如果乘客乘坐从英国机场起飞的航班乘坐最低舱位的航班，该航班转接至他们不属于最低舱位的航班，则适用标准关税税率。

6. 紧急或公共服务航班

紧急或公共服务航班包括：

（1） 人道主义飞行和授权紧急医疗服务飞行。

（2） 根据公共服务义务运营的航班。

（3） 为研究和培训而运营的航班。

另外，飞机作为军用飞机、警察、海关或搜救飞行执行的军用飞行时，除外。

7. 短途旅行

从飞机门关闭到重新打开的 60 分钟。搭乘持续 60 分钟或更短时间且在同一地点开始和结束的航班的乘客除外。

8. 苏格兰高地和岛屿

搭乘从苏格兰高地和岛屿地区机场起飞的航班的乘客可获豁免。

另外，从英国其他地区飞往该地区机场的航班的乘客也可获豁免。

9. 航空公司无法控制的情况

航空公司无法控制的情况例如由于恶劣天气或机械故障。

10. 北约航班

北约来访部队和北约国际军事总部出于公务目的飞行，则免征关税。

三、垃圾填埋税①

（一）概念

垃圾填埋税对任何将废弃物填埋到土地中的组织和地方机关征收的税收。

（二）纳税义务人

垃圾填埋税的纳税义务人为组织和地方机关。

（三）税目及税率

垃圾填埋税适用于所有废物，例如：

（1）以填埋方式处置。

（2）在有执照的垃圾填埋场。

英国垃圾填埋税税率，如表 4 – 17 所示。

---

① Landfill Tax rates［EB/OL］.（2023 – 04 – 01）［2023 – 04 – 01］. https：//www. gov. uk/government/publications/rates – and – allowances – landfill – tax/landfill – tax – rates – from – 1 – april – 2013.

表 4 - 17　　　　　　　　　　　英国垃圾填埋税税率

项目	2023 年 4 月 1 日起的价格	2022 年 4 月 1 日起的价格	2021 年 4 月 1 日起的价格	2020 年 4 月 1 日起的价格
标准率	每吨 102.10 英镑	每吨 98.60 英镑	每吨 96.70 英镑	每吨 94.15 英镑
较低的利率	每吨 3.25 英镑	每吨 3.15 英镑	每吨 3.10 英镑	每吨 3.00 英镑

（四）减税免税①

1. 企业的填埋税

企业使用垃圾填埋场处理垃圾，需要在正常垃圾填埋费的基础上缴纳填埋税。

企业如果在未经授权的垃圾填埋场处理垃圾，则征收垃圾填埋税并且可能还需支付罚款或被告上法庭。

2. 免税情况

企业以下情况不缴纳垃圾填埋税：

（1）疏浚活动。

（2）采石和采矿。

（3）宠物墓地。

（4）用于填充采石场的非活性废物。

四、塑料包装税②

（一）征税对象

塑料包装税对再生塑料含量低于 30% 的成品塑料包装组件征税。组件还必须是：

（1）适用于将货物从制造商转移到最终用户或消费者。

（2）消费者仅使用一次（单次使用）。

---

① Environmental taxes, reliefs and schemes for businesses [EB/OL]. [2023 - 02 - 07]. https：//www.gov.uk/green - taxes - and - reliefs/landfill - tax.

② Environmental taxes, reliefs and schemes for businesses [EB/OL]. [2023 - 02 - 07]. https：//www.gov.uk/green - taxes - and - reliefs/plastic - packaging - tax.

（二）必须申报的情况

如果符合以下任一情况，必须向英国税务海关总署（HMRC）注册塑料包装税：

（1）预计在未来 30 天内进口或制造 10 吨或更多成品塑料包装组件。

（2）自 2022 年 4 月 1 日起进口或制造了 10 吨或更多的成品塑料包装组件，每个季度，必须告知 HMRC 制造或进口的成品塑料包装组件的总重量。出口成品塑料包装组件，可以获得税收减免。

五、增值税

（一）征税范围和税率

英国增值税税率如表 4 - 18 所示。

表 4 - 18 英国增值税税率

商品或服务	增值税率（%）	更多信息
污水池、化粪池或类似物（家用）——排空	0	清空工业污水池、化粪池或类似物是标准等级的——增值税通知 701/16
提供给家庭或工业客户的污水处理服务	0	下水道和排水管的清洁、疏通或维护是标准等级的——增值税通知 701/16

（二）零税率项目①

（1）污水池、化粪池或类似（家用）设施的排空。

（2）向家庭或工业客户提供的污水处理服务。

（3）向家庭供水。

（三）低税率项目

低税率项目（5%）为永久安装在住宅和建筑中用于住宅用途的节能

---

① 国家税务总局国际税务司国别（地区）投资税收指南课题组. 中国居民赴英国投资税收指南：2021 [EB/OL]. [2023 - 04 - 05]. https://www.chinatax.gov.cn/chinatax//n810219/n810744/n1671176/n1671206/c4394378/5116224/files/74d0712fc20642a0bc12e2843db7bb86.pdf.

材料。

六、企业所得税[①]

企业所得税中与绿色税收优惠相关的有：

（1）自 2009 年 4 月以后购买的汽车所发生的费用可进行汇总（统称为"主池资产费用"），按 18% 的折旧率以余额递减法计提折旧。

（2）节能资产。

与天然气重复加气设施、节水技术和节能技术相关的成本费用第一年适用 100% 全额税前扣除。相关主管机构会定期更新节能技术名单。企业若因享受了上述投资优惠，在扣除成本费用后发生了亏损，企业可以选择换取现金补贴。

第六节　法国环境类绿色税收政策

法国在 20 世纪 60 年代就开始用经济手段治理环境，法国是最早设立环境保护部门的国家之一，法国在 1971 年设立了环保部。法国环境税一种建立在"谁污染谁付费"原则基础之上的一种税收措施。[②] 法国相继对机动车、游船、飞机、高排放二手车、航空噪声等征税。

一、车辆保险附加税

法国车辆保险附加税税率，如表 4 – 19 所示。

表 4 – 19　　　　　　　　法国车辆保险附加税税率

一般税基	具体税基	税率
登记或使用过的机动车用于运输	车辆保险费	保险费的 15%

资料来源：笔者根据 OECD 环境政策工具数据库相关数据整理所得。

---

① 国家税务总局国际税务司国别（地区）投资税收指南课题组．中国居民赴英国投资税收指南：2021 ［EB/OL］．［2023 – 04 – 05］．https：//www. chinatax. gov. cn/chinatax//n810219/n810744/n1671176/n1671206/c4394378/5116224/files/74d0712fc20642a0bc12e2843db7bb86. pdf.

② 孙闯．国外环境税实践及其启示 ［D］．蚌埠：安徽财经大学，2015.

二、公司汽车的年度税

（一）税率和税基

法国公司汽车的年度税税率，如表 4 – 20 所示。

表 4 – 20 法国公司汽车的年度税税率

一般税基	具体税基	税率
登记或使用过的机动车用于运输	公司车辆每公里排放 50 克二氧化碳或更少	0.0000 欧元
	公司车辆每公里排放 51 ~ 100 克二氧化碳	每年每公里排放每克二氧化碳 2.00 欧元
	公司车辆每公里排放 101 ~ 120 克二氧化碳	超过 10 克每公里排放的二氧化碳每克 4.00 欧元，每年另加 100 欧元
	公司车辆每公里排放 121 ~ 140 克二氧化碳	超过 120 克每公里排放的二氧化碳每克 5.50 欧元，加上每年 180 欧元
	公司车辆每公里排放 141 ~ 160 克二氧化碳	140 克以上每公里排放的二氧化碳每克 11.50 欧元，加上每年 29 欧元
	公司车辆每公里排放 161 ~ 200 克二氧化碳	160 克以上每公里排放的二氧化碳每克 18.00 欧元，加上每年 520 欧元
	公司车辆每公里排放 201 ~ 250 克二氧化碳	超过 200 克每公里排放的二氧化碳每克 21.50 欧元，加上每年 1 240 欧元
	公司车辆每公里排放超过 251 克二氧化碳	250 克以上每公里排放的二氧化碳每克 27.00 欧元，加上每年 2 315 欧元

资料来源：笔者根据 OECD 环境政策工具数据库相关数据整理所得。

（二）税收优惠

（1）混合动力公司汽车（电动和汽油/柴油发动机）的二氧化碳排放率低于每公里 110 克，在投入使用两年后可豁免公司汽车年税。

（2）缴纳过社会车辆税的车辆且具有高二氧化碳排放量的机动车征收年度税，以下情况豁免：

①驾驶执照上出现"残疾"字样的车辆。
②持有残疾证的人的车辆。

三、对具有高二氧化碳排放量的机动车征收年度税

法国对具有高二氧化碳排放量的机动车征收年度税，税率如表 4 - 21 所示。

表 4 - 21　　　法国对具有高二氧化碳排放量的机动车征收年度税税率

一般税基	具体税基	税率（欧元）
登记或使用过的机动车用于运输	二氧化碳排放量大的机动车	160.0

资料来源：笔者根据 OECD 环境政策工具数据库相关数据整理所得。

四、游船年度税

法国游船每年需要缴纳的环境税税率因不同类型而异，如表 4 - 22 所示。

表 4 - 22　　　　　　　　法国游船年度税税率

一般税基	具体税基	税率
其他交通工具	船体长度低于 7 米的游船	0.0000 欧元
	船体长度在 7～8 米之间的游船	每年 77.0 欧元
	船体长度在 8～9 米之间的游船	每年 105.0 欧元
	船体长度在 9～10 米之间的游船	每 178.0 欧元
	船体长度在 10～11 米之间的游船	每年 240.0 欧元
	船体长度在 11～12 米之间的游船	每年 274.0 欧元
	船体长度在 12～15 米之间的游船	每年 478.0 欧元
	船体长度大于 15 米的游船	每年 886.0 欧元
	发动机功率低于 5 征税马力的游船	0.0000 欧元
	发动机功率在 6～8 征税马力之间的游船	超过 5 马力每征税马力 14.00 欧元

续表

一般税基	具体税基	税率
其他交通工具	发动机功率在 9~10 征税马力之间的游船	超过 5 马力每征税马力 16.00 欧元
	发动机功率在 11~20 征税马力之间的游船	超过 5 马力每征税马力 35.00 欧元
	发动机功率在 21~25 征税马力之间的游船	超过 5 马力每征税马力 40.00 欧元
	发动机功率在 26~50 征税马力之间的游船	超过 5 马力每征税马力 44.00 欧元
	发动机功率在 51~99 征税马力之间的游船	超过 5 马力每征税马力 50.00 欧元

资料来源：笔者根据 OECD 环境政策工具数据库相关数据整理所得。

五、民航税

民航税指的是政府对乘坐飞机或使用飞机运输货物的行为进行征税，目的就是对飞机排放二氧化碳对大气造成污染进行补偿，乘客乘坐飞机的地点不同，具体税率也不同。[①] 法国民航税税率如表 4-23 所示。

表 4-23　　　　　　　　法国民航税税率

一般税基	具体税基	税率
航空运输	在法国搭乘航班飞往其他国家的乘客	每位乘客 7.85 欧元
	在法国搭乘飞往欧盟或瑞士的航班的乘客	每位乘客 4.36 欧元
	货物或邮件重量	每吨 1.30 欧元

资料来源：笔者根据 OECD 环境政策工具数据库相关数据整理所得。

六、污染活动一般税

法国污染活动一般税税率，如表 4-24 所示。

---

① 孙闯. 国外环境税实践及其启示 [D]. 蚌埠：安徽财经大学，2015.

表 4 – 24　　　　　　　　　　法国污染活动一般税税率

一般税基	具体税基	税率
与环境政策相关的行政任务	安装类（TGAP 安装类）	每次授权欧元（从 501.61 欧元到 2 525.35 欧元）
无铅汽油	生物燃料，汽油（TGAP 生物碳化剂）	价值的 7%，按加入的生物燃料量的比例减少
柴油机	生物燃料，柴油（TGAP 生物碳化剂）	柴油价值的 7.7%，与生物燃料的掺入量成比例减少
测量或估计的氮氧化物排放量	一氧化二氮排放到大气中（TGAP 空气）	每吨 64.86 欧元
	氮氧化物排放到大气中（TGAP 空气）	每吨 160.8 欧元
废物管理 – 单个产品	油和润滑剂（TGAP 润滑剂）	每吨 44.02 欧元
	塑料袋（TGAPsacsplastiques）	每千克 10.00 欧元
土地、土壤和森林资源管理	提取的矿物质（TGAP 颗粒）	每吨 0.2000 欧元
其他测量或估计的空气排放	排放到大气中的铜（TGAP 空气）	每千克 5.00 欧元
	排放到大气中的苯（TGAP 空气）	每千克 5.0 欧元
	排放到大气中的铅（TGAP 空气）	每千克 10.00 欧元
	排放到大气中的铬（TGAP 空气）	每千克 20.00 欧元
	排放到大气中的多环芳烃（TGAP 空气）	每千克 50.00 欧元
	镍排放到大气中（TGAP 空气）	每千克 100.0 欧元
	排放到大气中的硫氧化物（TGAP 空气）	每千克 136.00 欧元
	排放到大气中的硒（TGAP 空气）	每千克 500.00 欧元
	排放到大气中的砷（TGAP 空气）	每千克 500.0 欧元
	排放到大气中的镉（TGAP 空气）	每千克 500.0 欧元
	排放到大气中的汞（TGAP 空气）	每千克 1 000.0 欧元
	向大气排放的 HCl	每吨 43.24 欧元

资料来源：笔者根据 OECD 环境政策工具数据库相关数据整理所得。

七、农药扩散污染税

法国农药污染扩散税税率，如表 4－25 所示。

表 4－25　　　　　　　法国农药污染扩散税税率

一般税基	具体税基	税率
废物管理	填埋或焚烧的废物重量	因填埋场或焚化炉的环境质量而异
其他测量或估计的空气排放	释放到大气中的锌（TGAP 空气）	每千克 5.00 欧元
	排放到大气中的钒（TGAP 空气）	每千克 5.00 欧元
	挥发性有机化合物排放到大气中	每千克 136.00 欧元
	洗衣粉（TGAP）	从 39.51 欧元到 283.65 欧元不等，具体取决于磷酸盐浓度

资料来源：笔者根据 OECD 环境政策工具数据库相关数据整理所得。

八、法国科西嘉岛和海外部门的航空公司航运税

法国科西嘉岛和海外部门的航空公司航运税税率，如表 4－26 所示。

表 4－26　　　法国科西嘉岛和海外部门的航空公司航运税税率

一般税基	具体税基	税率
航空运输	在这些地区登机的乘客	每位乘客 4.75 欧元

资料来源：笔者根据 OECD 环境政策工具数据库相关数据整理所得。

九、废物管理的税收激励

法国废物管理的税收激励税率，如表 4－27 所示。

表 4－27　　　　　法国废物管理的税收激励税率

一般税基	具体税基	税率
废物管理	以体积、重量和收集次数表示的废物的数量和性质	市政当局每年制定税率，因此产品占税收总收入的 10%～45%

资料来源：笔者根据 OECD 环境政策工具数据库相关数据整理所得。

十、对高污染二手车征税

法国政府还对高污染二手车征税税率，如表 4-28 所示。

表 4-28　　　　　　　法国对高污染二手车征税税率

一般税基	具体税基	税率
用于运输的登记或使用过的机动车	二氧化碳排放量在 200~250 克/公里的二手车	2.00 欧元/克/公里
	二氧化碳排放量超过 250 克/公里的二手车	4.00 欧元/克/公里
	在 10~15 马力的二手车	100.0 欧元
	超过 15 马力以上的二手车	300.0 欧元

资料来源：笔者根据 OECD 环境政策工具数据库相关数据整理所得。

十一、到自然保护区的海上运输税

法国政府规定到自然保护区的海上运输税税率，如表 4-29 所示。

表 4-29　　　　　　法国到自然保护区的海上运输税税率

一般税基	具体税基	税率
其他交通工具	乘客人数	7.00 欧元票价的 7%，限每位乘客 1.52 欧元

资料来源：笔者根据 OECD 环境政策工具数据库相关数据整理所得。

十二、航空噪声污染税

法国航空污染噪声税税率，如表 4-30 所示。

表 4 –30 法国航空污染噪声税税率

一般税基	具体税基	税率
噪音	起飞时的最大飞机重量	取决于机场，例如：巴黎—奥利、图卢兹—布拉尼亚克：30 欧元至 68 欧元；巴黎—CGD、巴黎—勒布尔热、南特—大西洋：10 欧元至 22 欧元；博韦—蒂莱、波尔多—梅里尼亚克、里昂—圣埃克苏佩里、马赛—普罗旺斯、尼斯—蔚蓝海岸：4 欧元至 8 欧元；斯特拉斯堡：0.5 欧元至 3 欧元

资料来源：笔者根据 OECD 环境政策工具数据库相关数据整理所得。

十三、登记证税

法国登记征税税率如表 4 –31 所示。

表 4 –31 法国登记证税税率

一般税基	具体税基	税率
登记或使用过的机动车用于运输	车辆动力税（税率由地区确定）	因车辆的财政马力而异

税收优惠为：对电力、E85、CNG、LPG 驱动的车辆可选择豁免全部或一半的登记证税。

十四、车轴税

法国车轴税税率如表 4 –32 所示。

表 4 –32 法国车轴税税率

一般税基	具体税基	税率
机动车辆用于运输	在法国注册并在公共道路上行驶的重型车辆	季度费率，取决于重量和轴数

资料来源：笔者根据 OECD 环境政策工具数据库相关数据整理所得。

以下车辆免征车轴税：

（1）军用车辆，包括消防队车辆。

（2）未注册的公共工程车辆。

（3）专为载人而设计的车辆。

（4）某些农林车辆。

（5）建筑工地或公司内的内部运输车辆。

（6）打算出售或进行试验的车辆。

十五、污水排放费

法国污水排放费税率，如表 4 - 33 所示。

表 4 - 33　　　　　　　　　法国污水排放费税率

具体税基	税率
排放废水	每立方米用水 0. 3000 欧元（上限）
家庭用水量	每立方米水 0. 5000 欧元
非点源水污染——农药	从每千克 2 欧元到 5. 1 欧元不等，具体取决于危害和毒性
工业排放污染物量	因水务机构而异
牲畜造成的水污染	每个牲畜单位 3. 00 欧元

资料来源：笔者根据 OECD 环境政策工具数据库相关数据整理所得。

十六、城市废物收集/处理收费

城市废物收集/处理收费税率，如表 4 - 34 所示。

表4－34   法国城市废物收集/处理收费税率

一般税基	具体税基	税率
废物管理——一般	收集的废物量	因市政府而异

资料来源：笔者根据 OECD 环境政策工具数据库相关数据整理所得。

十七、增值税[①]

（1）10%的税率适用于生活垃圾和类似垃圾的收集以及选择性分类、与垃圾分类相关的配套服务，以及在收集处理生活垃圾的公共服务框架内进行的服务。

（2）10%的减免率适用于对废水基础设施征税和市政当局向废水经营商支付的款项。

第七节　德国环境类绿色税收政策

德国是经济较为发达的国家，德国非常重视对环境的保护，德国实行了一系列的环境经济政策，其主要目的就是协调社会发展与环境污染，实现社会可持续发展，德国环境税主要有：垃圾税、废水税、航空税、机动车税等。

一、航空税[②]

（一）纳税义务人

从 2011 年 1 月 1 日起，从德国出发的所有客运航班都需缴纳航空税。税款缴纳数额取决于到最终目的地的距离。

---

① 国家税务总局国际税务司国别（地区）投资税收指南课题组．中国居民赴法国投资税收指南：2022［EB/OL］．［2023－04－05］．https：//www.chinatax.gov.cn/chinatax//n810219/n810744/n1671176/n1671206/c2581097/5116171/files/3c19ba384ccb4c919e39e6d507e65084.pdf.

② 国家税务总局国际税务司国别（地区）投资税收指南课题组．中国居民赴德国投资税收指南：2022［EB/OL］．［2023－04－05］．https：//www.chinatax.gov.cn/chinatax//n810219/n810744/n1671176/n1671206/c2352715/5116161/files/64a27b3d7c54468daaec6b253bf32235.pdf.

（二）征收范围和税率

目的地为欧盟成员国、欧盟候选国、欧洲自由贸易区国家以及距离相同的第三国，每位乘客 12.9 欧元；以上目的地之外但距离不超过 6 000 公里的，每位乘客 32.67 欧元；6 000 公里以上每位 58.82 欧元。目的地为丹麦和荷兰北海群岛每位 1.49 欧元。转机或中途有短暂停留航班的航空税只需要在出发的时候计算。

（三）以下情况的乘客乘机可以免收航空税

乘客年龄小于 2 岁并且没有单独的座位；乘客乘坐的是专门用于军事目的或其他出于维护国家主权目的的航班或直升机；乘客乘坐的航班中止飞行而返回德国境内出发机场；乘客由德国境内与大陆不相连接且不受潮水影响的岛屿出发或返程，且此乘客的主要居所位于此岛屿之上，或航班出发是因为需要提供医疗服务或行使公共权力；乘客乘坐航班出于明确的医疗服务目的；乘客乘坐的观光航班起飞重量不超过 2 000 千克（直升机不超过 2 500 千克）；乘客为机组人员。

二、重型货车道路收费

德国重型货车道路收费税率，如表 4 – 35 所示。

表 4 – 35　　　　　　　　　德国重型货车道路收费税率

一般税基	特定税基	税率
运输——机动车登记或使用	货车使用高速公路，允许重量为 12 吨或以上，4 轴或以上，欧Ⅲ 或欧Ⅱ（欧洲汽车排放标准）	每公里 0.2040 欧元
	货车使用高速公路，允许重量为 12 吨或以上，4 轴或以上，欧Ⅳ 或欧Ⅲ	每公里 0.1830 欧元
	货车使用高速公路，许可重量 12 吨或以上，4 轴或以上，欧Ⅴ	每公里 0.1550 欧元
	卡车使用高速公路，最大允许重量为 12 吨或以上。3 轴，欧Ⅱ、欧Ⅰ	每公里 0.2740 欧元

续表

一般税基	特定税基	税率
运输——机动车登记或使用	卡车使用高速公路，最大允许重量为12吨或以上。3轴，欧Ⅲ或欧Ⅱ	每公里 0.1900 欧元
	卡车使用高速公路，最大允许重量为12吨或以上。3轴，欧Ⅳ或欧Ⅲ	每公里 0.1690 欧元
	卡车使用高速公路，最大允许重量为12吨或以上。3轴，欧Ⅴ或EEV	每公里 0.1410 欧元
	允许重量至少为12吨的货车使用高速公路。4轴，欧Ⅱ、欧Ⅰ	每公里 0.2880 欧元

资料来源：笔者根据 OECD 环境政策工具数据库相关数据整理所得。

三、私营绿点回收系统的牌照费

德国私营绿点回收系统的牌照费税率如表 4-36 所示。

表 4-36 　　　　　　　　德国私营绿点回收系统的牌照费税率

一般税基	特定税基	税率
废物管理——个别产品	作为产品完整包装一部分的铝和其他金属的重量费	每千克 0.7560 欧元
	基于重量的复合纸箱（LPB）费用，具有特殊验收和回收保证，是产品完整包装的一部分	每千克 0.7750 欧元
	作为产品完整包装一部分的玻璃按重量收费	每千克 0.0760 欧元
	作为产品完整包装一部分的天然材料按重量收费	每千克 0.1020 欧元
	作为产品完整包装一部分的其他复合材料的重量费	每千克 1.05 欧元
	作为产品完整包装一部分的纸张、纸板和硬纸板的重量费	每千克 0.2060 欧元

续表

一般税基	特定税基	税率
废物管理——个别产品	作为产品完整包装一部分的塑料按重量收费	每千克 1.40 欧元
	马口铁是产品完整包装的一部分，按重量收费	每千克 0.2800 欧元

资料来源：笔者根据 OECD 环境政策工具数据库相关数据整理所得。

四、废水税[①]

德国是最早征收废水税的国家，1994 年，德国便颁布了《废水纳税法》，该部法律是目前世界上最完整和最全面的一部针对废水污染的法律。为适应经济的发展，德国于 1998 年对《废水纳税法》进行改革，使其更加完整。改革后的《废水纳税法》更加完整和细致。

（一）纳税范围

德国《废水纳税法》的征税对象是社会生产生活所排放的污水。污水包括三种，一是社会生产生活活动所产生的污水；二是经过自然的作用使水源的性质发生变化而产生的污水，例如酸雨造成的污水；三是从建筑物或固定面积的物体上收集起来的脏雨水，例如从室外裸露的机器上收集的雨水。这三种污水都属于《废水纳税法》的征税范围。

（二）纳税人

德国《废水纳税法》的纳税人是污水排放的单位和个人，在对河流水域的水资源进行净化的基础上排放污水，则经营污水处理设备的企业或个人也被认为是《废水纳税法》的纳税人。

（三）税率

废水税的税率为每单位毒性 35.00 欧元。

---

① 孙闯. 国外环境税实践及其启示 [D]. 蚌埠：安徽财经大学，2015.

五、机动车税①

（一）纳税义务人

作为州直接税中的最大税种，机动车辆税的纳税人为机动车辆的所有者，计税的方法视车辆的种类不同而不同。对个人小汽车，按排放废气和发动机的种类纳税。

（二）征收范围

为了保护环境，德国从 1997 年 7 月开始对个人小汽车税收进行了改革，根据排放废气的程度采取不同的税率。德国机动车征税范围，如表 4 – 37 所示。

表 4 – 37 德国机动车征税范围

首次登记日期	税基	免税二氧化碳阈值
2009 年 6 月 30 日前	汽车排量	无
2009 年 7 月 1 日～2011 年 12 月 31 日	汽车排量以及二氧化碳排放量	120 克/公里
2012 年 1 月 1 日～2013 年 12 月 31 日	汽车排量以及二氧化碳排放量	110 克/公里
2014 年 1 月 1 日后	汽车排量以及二氧化碳排放量	95 克/公里

资料来源：国家税务总局国际税务司国别（地区）投资税收指南课题组．中国居民赴德国投资税收指南：2022［EB/OL］．［2023 – 04 – 05］．https：//www. chinatax. gov. cn/chinatax//n810219/n810744/n1671176/n1671206/c2352715/5116161/files/64a27b3d7c54468daaec6b253bf32235. pdf.

（三）税率

德国机动车税税率如表 4 – 38 所示。

---

① 国家税务总局国际税务司国别（地区）投资税收指南课题组．中国居民赴德国投资税收指南：2022［EB/OL］．［2023 – 04 – 05］．https：//www. chinatax. gov. cn/chinatax//n810219/n810744/n1671176/n1671206/c2352715/5116161/files/64a27b3d7c54468daaec6b253bf32235. pdf.

表 4 - 38　　　　　　　　　　　德国机动车税税率

一般税基	特定税基	税率
运输——机动车登记或使用、经常性税收	2009 年 6 月 30 日前登记的柴油驱动乘用车——欧 I	每年每 100 毫升或不足 100 毫升 27.35 欧元
	2009 年 6 月 30 日前登记的柴油驱动乘用车——欧 II	每年每 100 毫升或不足 100 毫升 16.05 欧元
	2009 年 6 月 30 日前登记的柴油驱动乘用车——欧 III、欧 IV	每年每 100 毫升或不足 100 毫升 15.44 欧元
	2009 年 7 月 1 日之后登记的柴油驱动乘用车	在 2011 年 12 月 31 日之前登记的情况下，对于超过 120 克的二氧化碳排放量，每立方厘米的气缸容量或其部分为 9.50 欧元，每克二氧化碳排放量为 2.00 欧元
	柴油驱动的客车；从 2021 年 1 月 1 日起登记的二氧化碳排放量 135 ~ 155 克/公里	对于从 2021 年开始的首次登记，每立方厘米的气缸容量或其部分为 9.50 欧元，每克二氧化碳排放量超过 135 ~ 155 克为 2.50 欧元
	柴油驱动的客车；从 2021 年 1 月 1 日起登记的二氧化碳排放量 155 ~ 175 克/公里	对于从 2021 年开始的首次登记，每立方厘米的气缸容量或其部分为 9.50 欧元，每克二氧化碳排放量超过 155 ~ 175 克为 2.90 欧元
	柴油驱动的客车；从 2021 年 1 月 1 日起登记的二氧化碳排放量超过 175 ~ 195 克/公里	对于从 2021 年开始的首次登记，每立方厘米的气缸容量或其部分为 9.50 欧元，每克二氧化碳排放量超过 175 ~ 195 克为 3.40 欧元
	柴油驱动的客车；二氧化碳排放量超过 195 克/公里	从 2021 年开始首次登记的情况下，每立方厘米气缸容量或其部分为 9.50 欧元，每克二氧化碳排放量超过 195 克为 4.00 欧元
	柴油驱动的客车；从 2021 年 1 月 1 日开始登记的二氧化碳排放量超过 95 ~ 115 克/公里	从 2021 年开始首次登记时，每立方厘米的气缸容量或不足此数的容量为 9.50 欧元，二氧化碳排放量超过 95 ~ 115 克的每克为 2.00 欧元
	载重汽车，总重量小于 3.5 吨，大于 2.000 ~ 3.000 千克	每年每 200 千克或不足 200 千克 12.02 欧元
	载重汽车，总重量小于 3.5 吨，大于 3.000 ~ 3.500 千克	每年每 200 千克或不足 200 千克 12.78 欧元
	货车，总重量小于 3.5 吨，最大 2.000 千克	每年每 200 千克或不足 200 千克 11.25 欧元

一般税基	特定税基	税率
运输——机动车登记或使用、经常性税收	卡车，总重量超过 3.5 吨，气体排放等级为 S1，带和不带噪声排放等级为 G1，超过 10.000 千克，最大 11.000 千克	每年每 200 千克或不足 200 千克 11.84 欧元
	卡车，总重量超过 3.5 吨，气体排放等级为 S1，带和不带噪声排放等级为 G1，超过 11.000 千克，最大 12.000 千克	每年每 200 千克或不足 200 千克 13.01 欧元
	卡车，总重量超过 3.5 吨，气体排放等级为 S1，带和不带噪声排放等级为 G1，超过 12.000 千克，最大 13.000 千克	每年每 200 千克或不足 200 千克 14.32 欧元
	卡车，总重量超过 3.5 吨，气体排放等级为 S1，带和不带噪声排放等级为 G1，超过 13.000 千克，最大 14.000 千克	每年每 200 千克或不足 200 千克 15.77 欧元
	卡车，总重量超过 3.5 吨，气体排放等级为 S1，带和不带噪声排放等级为 G1，超过 14.000 千克，最大 15.000 千克	每年每 200 千克或不足 200 千克 26.00 欧元
	卡车，总重量超过 3.5 吨，气体排放等级 S1，有和无噪声排放等级 G1，超过 15.000 千克	每年每 200 千克或不足 200 千克 36.23 欧元

（四）税收优惠

柴油汽车由于在征收能源税环节享受了税收优惠，在机动车税环节的税率要高于汽油汽车，纯电动汽车从上牌照起十年内免交机动车税，且该法律改革具有回溯力，新的规定从 2016 年 1 月 1 日起生效，同时免税的不仅仅是纯电动汽车，同时也包括由交通部门认可的、由燃油汽车改装的电动汽车。该法律于 2016 年 11 月 16 日颁布，即日施行。

从 2016 年 7 月 1 日起开始实行的环保补贴，该规定是以政府行政规章的形式发布的。先试行三年，规定的有效期至 2019 年 6 月 30 日。根据该规定购置一辆纯电动汽车，政府给予 4 000 欧元的环保补贴；购置一辆混合动力车，政府给予 3 000 欧元的环保补贴。其中一个前提是，一辆车不含增值税的零售价不超过 60 000 欧元。负责发放补贴的部门是联邦经济与进出口检验局（BAFA）。

六、绿色债券①

2022 年 9 月 30 日，德国政府公布了 2020 年发行的绿色德国联邦证券的影响报告。"2020 年绿色债券影响报告"为投资者提供了透明可靠的信息，说明 2019 年预算年度绿色支出对气候、环境和自然的影响，这些支出被分配到 2020 年发行的绿色德国联邦证券的收益中。

2020 年，德国政府首次发行绿色德国联邦证券，总额达 115 亿欧元。2020 年分配报告从 2019 年预算年度起，约有 123 亿欧元符合条件的绿色支出被分配给这些证券的收益。

新的影响报告显示了绿色支出对气候保护、适应气候变化、减轻环境污染以及保护生物多样性和生态系统的贡献。

从现有的影响指标可以看出，德国政府的支持措施涵盖广泛的领域，从减少温室气体排放到资助基础设施、电动汽车以及国际合作和研发领域的多个项目。

绿色德国联邦证券的发行提高了资金使用的透明度，并为其他市场参与者发行绿色证券提供了各种激励。这也巩固了德国作为可持续金融领先中心的地位。

七、针对塑料相关规定②

2018 年 3 月，欧盟通过《欧盟一次性塑料准则》。该准则要求，在整个欧盟范围内，禁止使用塑料棉签、塑料刀叉、盘子、吸管、搅拌棒和气球架，以及聚苯乙烯制成的杯子和食品容器等塑料产品。此外，从市场上撤出由氧化降解塑料和生物降解塑料制成的产品。一次性塑料产品的制造商应在食品容器、薄膜、塑料瓶、杯子、塑料袋、气球和烟草产品，以及捕鱼设备中塑料产品的清洁措施、运输和处置的成本方面分担一部分制造商

---

① 笔者根据德国联邦财政部网站（https：//www. bundesfinanzministerium. de）相关资料整理所得。

② 严陈玲. 德国塑料垃圾减量及回收再利用措施［J］. 再生资源与循环经济，2022，15（6）：44－47.

的责任。该准则还强调对塑料进行回收再利用。

2002年12月，德国最高法院颁布了一项法令：从2003年1月开始，所有商店向顾客收取塑料瓶装饮料的包装回收押金，1.5升以下的塑料瓶缴纳0.25欧元，1.5升以上的则须缴纳2倍的押金。商店在顾客交回塑料瓶时将押金返还给顾客。2016年，德国商业协会和德国环境部就塑料袋的使用签订了一份自愿协议，其目标是，在今后10年里，将塑料袋的使用量减半。其他商业协会和企业也声明愿意加入这份协议。此外，对壁厚不超过50毫米的"轻型手拎塑料袋"的使用下达了要求：2019年底之前，每位居民每年最多使用90个塑料袋；2025年之前，每位居民每年最多使用40个塑料袋。

第八节　荷兰环境类绿色税收政策

荷兰政府高度重视生态环境的发展，不仅秉持"环境经济一体化"理念，更对环境问题零容忍，不断实行环境保护政策力求为国民打造良好的生活环境。荷兰的环境税最初仅对传统能源和污染物征税，通过大量经济手段实现环境快速发展，后来调整环境税理念，不仅扩大征税范围更逐渐开发生态产品税。[①]

荷兰环境方面的绿色税种主要包括垃圾税、噪声税、乘用车和摩托车税、重型车辆税、超额粪便税等。

一、水污染税

荷兰很早就开征了水污染税，主要对污染水资源的企业或个人征收，税款专用于水的净化。荷兰水污染税的特色在于划分了两种不同的情形，如果污染的是全国性的水域，则缴纳中央税；如果污染了地方性的水域，则缴纳地方税。并根据需要保护的水源的不同与污染程度的不同，设置了不同的税率。通过大范围征收水污染税，既减少了污染企业或个人的排放量，也有资金筹建专门的净化水厂修复受到污染的水域。[②] 荷兰水污染税税率如表4-39所示。

---

① 周旭，郭天昱. 环境税收体系的国际经验借鉴与启示 [J]. 财会通讯，2021（9）：159-163.

② 李利. 欧盟国家环境税制的现状及特点 [J]. 武汉商学院学报，2017，31（1）：37-40.

表 4－39　　　　　　　　　　　荷兰水污染税税率

税目	税率
可氧化物质（BOD、COD）的测量或估算流出物	每污染单位 46.06 欧元
其他测量或估计的废水	每污染单位 46.06 欧元

资料来源：笔者根据 OECD 环境政策工具数据库相关数据整理所得。

二、噪声税

噪声税是政府对航空公司使用民用飞机产生噪声的行为征税，每个噪声产生单位 95.75 欧元，征此税的目的在于筹措资金用于安装飞机场周围的隔音设施及支付搬迁居民的搬迁费。[①]

三、超额粪便税[②]

超额粪便税是荷兰颇具特色的税种之一，与发达国家不同的是，荷兰有相当大比例的人从事畜牧业生产，因此牲畜粪便的排放量相当大。荷兰从 1987 年开始征收超额粪便税，如果农场饲养的牲畜超过一定数量，农户即需要向政府缴纳相应的税费。超额粪便税对排放粪便的农场征收，税基粪便排放量。

四、市政排污费

荷兰对生活污水排放征税，费率由当地每个家庭决定，根据成员人数有所不同。

五、废物税

（一）征税对象

废物税的征税对象为垃圾填埋。

---

① 陈小兰. 我国与国际绿色税收的现状及思考 [J]. 区域治理，2019（46）：98－100.
② 李利. 欧盟国家环境税制的现状及特点 [J]. 武汉商学院学报，2017，31（1）：37－40.

（二）税率

废物税的税率为每 1 000 千克 17.00 欧元。

六、乘用车和摩托车税

荷兰乘用车和摩托车税税率如表 4 - 40 所示。

表 4 - 40 　　　　　　　　　　荷兰乘用车和摩托车税税率

税目	税率
净市场价格低于 2 133 欧元的摩托车的登记	税后市场价格净额的 9.6%
净市场价格高于 2 133 欧元的摩托车的登记	税后市场价格净额的 19.4%
每公里排放 88～124 克二氧化碳的汽油发动机乘用车登记	每公里排放 88 克以上的二氧化碳，每克 105.0 欧元
每公里排放 124～182 克二氧化碳的汽油发动机乘用车登记	每公里排放的二氧化碳超过 120 克，每克 34.00 欧元

资料来源：笔者根据 OECD 环境政策工具数据库相关数据整理所得。

七、重型车辆税

荷兰重型车辆税税率如表 4 - 41 所示。

表 4 - 41 　　　　　　　　　　荷兰重型车辆税税率

税目	税率
总重量为 12 000 千克或以上，3 轴或以下，符合欧 I 标准的货车使用公路	每年 850.0 欧元
总重量为 12 000 千克或以上，3 轴或以下，符合欧 II 标准或更清洁的货车使用高速公路	每年 750.0 欧元
总重量为 12 000 千克或以上，3 轴或以下，不符合欧盟污染标准的货车使用公路	每年 960.0 欧元

续表

税目	税率
总重量为 12 000 千克或以上、4 轴或以上、符合欧 I 标准的货车使用高速公路	每年 1 400.0 欧元
总重量为 12 000 千克或以上、4 轴或以上、符合欧 II 标准或更清洁的货车使用高速公路	每年 1 250.0 欧元
总重量为 12 000 千克及以上、4 轴及以上不符合欧盟污染标准的货车使用高速公路	每年 1 550.0 欧元

资料来源：笔者根据 OECD 环境政策工具数据库相关数据整理所得。

八、环保鼓励[①]

近年来，荷兰政府及欧盟为了促进企业创新、发展节能环保产业等，出台了多项鼓励措施，符合条件的外资企业也可享受。

荷兰政府在节能环保方面的支持政策如下：

（1）能源效益投资补贴计划（EIA），由荷兰经济部负责，对节能项目投资税收减免最高达 41.5%。

（2）MIA 计划，由荷兰基础设施和环境部负责，对环境友好型投资给予 36% 的税收减免。

（3）荷兰特殊创新项目加速折旧计划（VAMIL），由荷兰基础设施和环境部负责，对有利于环保的特殊创新项目给予加速折旧以享受税收减免。EIA 计划和 MIA 计划不能兼容，但可分别和 VAMIL 计划同时申请，通过审批后将享受较多的税收优惠。

（4）SDE + 计划，对可再生能源生产进行补贴。

（5）绿色项目计划，对节能环保型项目融资实行较低的利率。

（6）钢铁、造纸、塑料等行业，如因碳排放配额原因导致高能源成本，可以申请碳排放交易补贴。

---

① 国家税务总局国际税务司国别（地区）投资税收指南课题组. 中国居民赴荷兰投资税收指南：2022［EB/OL］.［2023 - 04 - 05］. https：//www. chinatax. gov. cn/chinatax//n810219/n810744/n1671176/n1671206/c5140117/5140117/files/124e5be67d2641d3b1da91da717ede92. pdf.

九、公司所得税①

（一）环保投资扣除

对下列投资给予环保投资扣除额：

（1）进一步环境保护。

（2）列入合格资产法令。

（3）投资资产额超过 2 500 欧元。根据投资类型的不同，扣除额分别为 36%、27% 或 13.5%。最高扣除额为 2 500 万欧元。然而，这一扣除并不适用于选择节能投资扣除的公司。

（二）加速折旧

对环境保护重要的资产（符合政府规定）允许加速折旧。该资产的采购成本以及研发成本的 75% 可以进行加速折旧；剩余的 25% 则根据常规的折旧规则进行折旧。

第九节 丹麦环境类绿色税收政策

丹麦对环境保护非常重视，是欧盟最早实施环境税的国家之一，从 20 世纪 80 年代以来先后开征二氧化硫税、一次性使用餐具税、特定商品零售包装税、氯化溶剂税、杀虫剂税、镍镉电池税、生长促进剂税等税种。

一、硫磺税

丹麦硫磺税税率，如表 4 - 42 所示。

---

① 国家税务总局国际税务司国别（地区）投资税收指南课题组. 中国居民赴荷兰投资税收指南：2022 ［EB/OL］.［2023 - 04 - 05］. https：//www. chinatax. gov. cn/chinatax//n810219/n810744/n1671176/n1671206/c5140117/5140117/files/124e5be67d2641d3b1da91da717ede92. pdf.

表 4 – 42　　　　　　　　　　　　丹麦硫磺税税率

税目	税率
硫	每千克硫磺 24.20 丹麦克朗
二氧化硫	排放到空气中的每千克二氧化硫 12.10 丹麦克朗

资料来源：笔者根据 OECD 环境政策工具数据库相关数据整理所得。

二、一次性餐具税

一次性使用餐具税最早适用的对象分为两类，其分别是由塑料原材料制成的餐具以及产品中的化学物质，后将其统一定义为一次性使用餐具。其征税对象是生产一次性使用餐具的厂商以及进口商，采用从价计征的方式。该税种具有较强的环保意图，有助于促进资源的循环利用和减少垃圾的排放量。[①]

丹麦一次性餐具税税率如表 4 – 43 所示。

表 4 – 43　　　　　　　　　　丹麦一次性餐具税税率

一般税基	特定税基	税率国家货币	税率
废物管理——个别产品	一次性餐具	每千克 60.77 丹麦克朗	每千克 8.13 欧元

资料来源：笔者根据 OECD 环境政策工具数据库相关数据整理所得。

三、特定商品零售包装税

丹麦特定商品零售包装税税率，如表 4 – 44 所示。

表 4 – 44　　　　　　　　　　丹麦特定商品零售包装税税率

特定税基		税率
各种材质的容器，用于盛放啤酒、矿泉水、柠檬水、烈酒或苹果酒等	小于 10 厘升	每件 0.0500 丹麦克朗
	介于 10 厘升至 40 厘升之间	每千克 0.1100 丹麦克朗
	介于 40 厘升至 60 厘升之间	每件 0.1700 丹麦克朗

① 陈佳男. 我国现行环境税体系分析［D］. 昆明：云南财经大学，2016.

续表

特定税基		税率
各种材质的容器，用于盛放啤酒、矿泉水、柠檬水、烈酒或苹果酒等	介于 60 厘升至 110 厘升之间	每千克 0.3400 丹麦克朗
	介于 110 厘升至 160 厘升之间	每件 0.5100 丹麦克朗
	大于 160 厘升	每千克 0.6800 丹麦克朗
由硬纸板或层压板制成的容器，用于盛装葡萄酒或烈酒	小于 10 厘升	每件 0.0800 丹麦克朗
	介于 10 厘升至 40 厘升之间	每千克 0.1600 丹麦克朗
	介于 40 厘升至 60 厘升之间	每件 0.2600 丹麦克朗
	介于 60 厘升至 110 厘升之间	每千克 0.5300 丹麦克朗
	介于 110 厘升至 160 厘升之间	每件 0.7900 丹麦克朗
	大于 160 厘升	每千克 1.05 丹麦克朗
由玻璃、塑料或金属制成的容器，用于盛装葡萄酒或烈酒	小于 10 厘升	每件 0.1400 丹麦克朗
	介于 10 厘升至 40 厘升之间	每件 0.2600 丹麦克朗
	介于 40 厘升至 60 厘升之间	每件 0.4200 丹麦克朗
	介于 60 厘升至 110 厘升之间	每千克 0.8400 丹麦克朗
	介于 110 厘升至 160 厘升之间	每千克 1.27 丹麦克朗
	大于 160 厘升	每千克 1.69 丹麦克朗
食品包装用 PVC 薄膜		每千克 40.70 丹麦克朗

资料来源：笔者根据 OECD 环境政策工具数据库相关数据整理所得。

四、氯化溶剂税

丹麦氯化溶剂税税率，如表 4 - 45 所示。

表 4 - 45　　　　　　　　　丹麦氯化溶剂税税率

一般税基	特定税基	税率
危险的化学品	二氯甲烷	每千克净重 0.2686 欧元
	四氯乙烯	每千克净重 0.2686 欧元
	三氯乙烯	每千克净重 0.2686 欧元

资料来源：笔者根据 OECD 环境政策工具数据库相关数据整理所得。

五、杀虫剂税

丹麦杀虫剂税税率，如表 4 - 46 所示。

表 4 - 46　　　　　　　　　　　丹麦杀虫剂税税率

一般税基	特定税基	税率
水污染的非点源——杀虫剂	昆虫、哺乳动物和鸟类的化学威慑物	批发价（欧元）的 30%，包括消费税，但不包括增值税
	大鼠、小鼠、鼹鼠和兔子的抑制剂，用于木材保护的杀真菌剂等	批发价（欧元）的 3%，包括消费税，但不包括增值税
	杀虫剂	批发价（欧元）的 40%，包括消费税，但不包括增值税

资料来源：笔者根据 OECD 环境政策工具数据库相关数据整理所得。

六、镍镉电池税

（一）征税对象

镍镉电池税的征税对象为镍镉圆形电池。

（二）税率

镍镉电池税税率为每个电池 6.00 丹麦克朗。

七、生长促进剂税

丹麦生长促进剂税税率如表 4 - 47 所示。

表 4 - 47　　　　　　　　　　丹麦生长促进剂税税率

税目	税率
阿维拉霉素在动物饲料中用作添加剂	每克 1.25 丹麦克朗
卡巴多司用作动物饲料添加剂	每克 1.00 丹麦克朗

续表

税目	税率
黄磷磷脂醇在动物饲料中用作添加剂	每克 2.50 丹麦克朗
莫能菌素钠用作动物饲料添加剂	每克 1.00 丹麦克朗
喹乙醇用作动物饲料添加剂	每克 1.00 丹麦克朗
盐霉素钠在动物饲料中用作添加剂	每克 0.8300 丹麦克朗
螺旋霉素在动物饲料中用作添加剂	每克 1.00 丹麦克朗
磷酸泰乐菌素用作动物饲料添加剂	每克 1.25 丹麦克朗
弗吉尼亚霉素用作动物饲料添加剂	每克 1.00 丹麦克朗
杆菌肽锌用作动物饲料添加剂	每克 1.00 丹麦克朗

资料来源：笔者根据 OECD 环境政策工具数据库相关数据整理所得。

八、对由纸、塑料等制成的购物袋税

丹麦对由纸、塑料等制成的购物袋税税率如表 4 – 48 所示。

表 4 – 48　　　　　　丹麦对由纸、塑料等制成的购物袋税税率

一般税基	特定税基	税率
废物管理——个别产品	纸质手提袋	每千克 4.24 欧元
	塑料制成的购物袋	每千克 9.32 欧元

资料来源：笔者根据 OECD 环境政策工具数据库相关数据整理所得。

九、对氯氟化碳、氢氟碳化合物和全氟化碳征税

丹麦对氯氟化碳、氢氟碳化合物和全氟化碳征税税率，如表 4 – 49 所示。

表 4 – 49　　　　丹麦对氯氟化碳、氢氟碳化合物和全氟化碳征税税率

一般税基	特定税基	税率国家货币	税率
臭氧消耗物质	– HFC23、R508 A、R508 B、SF6、全氟甲烷、全氟乙烷、全氟丙烷、全氟环丁烷、全氟乙烷、全氟丁烷、全氟戊烷	每千克 600.0 丹麦克朗	每千克 80.58 欧元

续表

一般税基	特定税基	税率国家货币	税率
臭氧消耗物质	用于制造和维护冰箱、冰柜、喷雾罐等的氯氟化碳和哈龙	每千克30.00丹麦克朗	每千克4.01欧元

资料来源：笔者根据 OECD 环境政策工具数据库相关数据整理所得。

十、轮胎税

丹麦轮胎税税率如表4-50所示。

表4-50　　　　　　　　　丹麦轮胎税税率

税目	税率
新轮胎和旧轮胎大于7~15英寸，轮辋小于19.5英寸	每个轮胎25.00丹麦克朗
乘用车和摩托车的新旧轮胎以及其他机动车辆的新旧轮胎小于等于7~15英寸	每个轮胎10.00丹麦克朗
轮辋大于等于19.5英寸和小于24英寸的新旧轮胎	每个轮胎75.00丹麦克朗
轮辋大于等于24英寸的新旧轮胎和废弃轮胎	每个轮胎225.0丹麦克朗
用于乘用车和摩托车的回收汽车轮胎以及用于小于等于7~15英寸用于其他机动车辆的回收轮胎	每个轮胎5.00丹麦克朗
后退轮胎大于7~15英寸和轮辋小于19.5英寸	每个轮胎12.50丹麦克朗
轮辋大于等于19.5英寸和小于24英寸的后轮胎	每个轮胎37.50丹麦克朗

资料来源：笔者根据 OECD 环境政策工具数据库相关数据整理所得。

十一、废物税

（一）征税对象

废物税的征税对象为交付用于废物沉积的废物。

（二）税率

废物税的税率为每吨废物475.0丹麦克朗。

十二、危险废物收费

丹麦危险废物收费税费如表 4 – 51 所示。

表 4 – 51　　　　　　　　　**丹麦危险废物收费税率**

一般税基	特定税基	税率国家货币	税率
废物管理	有害废物	每吨 160.0 丹麦克朗	每吨 21.49 欧元

资料来源：笔者根据 OECD 环境政策工具数据库相关数据整理所得。

十三、城市废物收集/处理收费

丹麦城市废物收集/处理收费税率如表 4 – 52 所示。

表 4 – 52　　　　　　　　**丹麦城市废物收集/处理收费税率**

一般税基	特定税基	税率国家货币	税率
废物管理	城市垃圾	每吨 475.0 丹麦克朗	每吨 63.79 欧元

资料来源：笔者根据 OECD 环境政策工具数据库相关数据整理所得。

十四、乘用车和货车的环境责任

丹麦乘用车和货车的环境责任税率，如表 4 – 53 所示。

表 4 – 53　　　　　　　　**丹麦乘用车和货车的环境责任税率**

一般税基	特定税基	税率国家货币	税率
运输——机动车登记或使用、经常性税收	乘用车税（最高 9 人）和货车（最大 3 500 千克）	每年 1 000.0 丹麦克朗	每年 134.3 欧元

资料来源：笔者根据 OECD 环境政策工具数据库相关数据整理所得。

十五、废水税

丹麦废水税税率如表 4 – 54 所示。

表 4 – 54   丹麦废水税税率

税目	税率
机械和生物净化	每标准立方米 2.53 丹麦克朗
机械和生物净化、硝化和反硝化	每标准立方米 1.74 丹麦克朗
机械和生物净化、硝化和过滤或化学沉淀	每标准立方米 2.06 丹麦克朗
机械和生物净化、硝化、化学沉淀和过滤	每标准立方米 0.9500 丹麦克朗
机械和生物净化、硝化、反硝化和化学沉淀	每标准立方米 1.58 丹麦克朗
机械提纯和化学沉淀	每标准立方米 3.01 丹麦克朗
厕所水或机械和生物净化和硝化的收集罐 2.22 丹麦克朗每标准立方米	每标准立方米 2.22 丹麦克朗
通过市政许可渗漏或机械和生物净化、硝化、反硝化、化学沉淀和过滤	每标准立方米 0.7900 丹麦克朗
总氮	每千克 31.65 丹麦克朗
总磷	每千克 174.1 丹麦克朗

资料来源：笔者根据 OECD 环境政策工具数据库相关数据整理所得。

第十节　中国环境类绿色税收政策[*]

一、环境保护税

环境保护税法是指国家制定的调整环境保护税征收与缴纳相关权利及义务关系的法律规范。现行环境保护税法的基本规范包括《中华人民共和国环境保护税法》（以下简称《环境保法》）、《中华人民共和国环境保护税法实施条例》（以下简称《环境保护税法实施条例》）等。《环境保护税法》自 2018 年 1 月 1 日起正式实施。

环境保护税是对在我国领域以及管辖的其他海域直接向环境排放应税污染物的企业事业单位和其他生产经营者征收的一种税，其立法目的是保护和改善环境，减少污染物排放，推进生态文明建设。环境保护税是我国

---

[*] 本节所引数据资料，除非特别说明，均来自中国注册会计师协会．税法［M］．北京：中国财政经济出版社，2022.

首个明确以环境保护为目标的独立型环境税税种，有利于解决排污费制度存在的执法刚性不足等问题，有利于提高纳税人环保意识和强化企业治污减排责任。

直接向环境排放应税污染物的企业事业单位和其他生产经营者，除依照《环境保护税法》规定缴纳环境保护税外，应当对所造成的损害依法承担责任。

作为落实生态文明建设的重要税制改革举措而推出的环境保护税，具有以下基本特点：

（1）属于调节型税种。《环境保护税法》第一条规定了环境保护税的立法目的是保护和改善环境，减少污染物排放，推进生态文明建设。环境保护税的首要功能是减少污染排放，而非增加财政收入。

（2）其渊源是排污收费制度。党的十八届三中全会明确要求"推动环境保护费改税"，环境保护税基本平移了原排污费的制度框架，环境保护税于2018年1月1日修正，排污费同时停征。

（3）属于综合型环境税。环境保护税的征税范围包括大气污染物、水污染物、固体废物和噪声四大类，与对单一污染物征收的税种不同，属于综合型环境税。

（4）属于直接排放税。环境保护税的纳税义务人是在我国领域和管辖的其他海域直接向环境排放应税污染物的企业事业单位和其他生产经营者。

（5）对大气污染物、水污染物规定了幅度定额税率，具体适用税额的确定和调整由省人民政府在规定的税额幅度内提出。对应税污染物规定税率区间可使经济水平、环境目标要求不同的地区在税负设置方面具有一定的灵活性。

（6）采用税务、环保部门紧密配合的征收方式。环境保护税采用"纳税人自行申报，税务征收，环保监测，信息共享"的征管方式，税务机关负责征收管理，环境保护主管部门负责对污染物监测管理，征收高度依赖税务、环保部门的配合与协作。

（7）收入纳入一般预算收入，全部划归地方。为促进各地保护和改善环境、增加环境保护投入，国务院决定，环境保护税收入全部作为地方收入。

（一）纳税义务人

环境保护税的纳税义务人是在中华人民共和国领域和中华人民共和国

管辖的其他海域直接向环境排放应税污染物的企业事业单位和其他生产经营者。

应税污染物是指《环境保护税法》所附《环境保护税税目税额表》《应税污染物和当量值表》所规定的大气污染物、水污染物、固体废物和噪声。

有下列情形之一的，不属于直接向环境排放污染物，不缴纳相应污染物的环境保护税：

（1）企业事业单位和其他生产经营者向依法设立的污水集中处理、生活垃圾集中处理场所排放应税污染物的。

（2）企业事业单位和其他生产经营者在符合国家和地方环境保护标准的设施、场所贮存或者处置固体废物的。

（3）达到省级人民政府确定的规模标准并且有污染物排放口的畜禽养殖场，应当依法缴纳环境保护税，但依法对畜禽养殖废弃物进行综合利用和无害化处理的。

（二）税目与税率

1. 税目

环境保护税税目包括大气污染物、水污染物、固体废物和噪声四大类。

（1）大气污染物。

大气污染物包括二氧化硫、氮氧化物、一氧化碳、氯气、氯化氢、氟化物、氰化氢、硫酸雾、铬酸雾、汞及其化合物、一般性粉尘、石棉尘、玻璃棉尘、碳黑尘、铅及其化合物、镉及其化合物、铍及其化合物、镍及其化合物、锡及其化合物、烟尘、苯、甲苯、二甲苯、苯并（a）芘、甲醛、乙醛、丙烯醛、甲醇、酚类、沥青烟、苯胺类、氯苯类、硝基苯、丙烯腈、氯乙烯、光气、硫化氢、氨、三甲胺、甲硫醇、甲硫醚、二甲二硫、苯乙烯、二硫化碳，共计44项。环境保护税的征税范围不包括温室气体二氧化碳。

（2）水污染物。

水污染物分为两类：第一类水污染物包括总汞、总镉、总铬、六价铬、总砷、总铅、总镍、苯并（a）芘、总铍、总银；第二类水污染物包括悬浮物（SS）、生化需氧量（BOD_5）、化学需氧量（COD_{cr}）、总有机碳（TOC）、石油类、动植物油、挥发酚、总氰化物、硫化物、氨氮、氟化物、甲醛、苯胺类、硝基苯类、阴离子表面活性剂（LAS）、总铜、总锌、总锰、彩色显影剂（CD-2）、总磷、单质磷（以 P 计）、有机磷农药（以 P 计）、乐果、甲基对硫磷、马拉硫磷、对硫磷、五氯酚及五氯酚钠（以五氯酚计）、三氯甲烷、可吸附有机卤化物（AOX）（以 CI 计）、四氯化碳、三氯乙烯、四氯乙烯、苯、甲苯、乙苯、邻－二甲苯、对－二甲苯、间－二甲苯、氯苯、邻二氯苯、对二氯苯、对硝基氯苯、2，4－二硝基氯苯、苯酚、间－甲酚、2，4－二氯酚、2，4，6－三氯酚、邻苯二甲酸二丁酯、邻苯二甲酸二辛酯、丙烯腈、总硒。应税水污染物共计 61 项。

（3）固体废物。

固体废物包括煤矸石、尾矿、危险废物、冶炼渣、粉煤灰、炉渣、其他固体废物（含半固态、液态废物）。

（4）噪声。

应税噪声污染目前只包括工业噪声。

2. 税率

环境保护税采用定额税率，其中，对应税大气污染物和水污染物规定了幅度定额税率，具体适用税额的确定和调整由省、自治区、直辖市人民政府统筹考虑本地区环境承载能力、污染物排放现状和经济社会生态发展目标要求，在规定的税额幅度内提出，报同级人民代表大会常务委员会决定，并报全国人民代表大会常务委员会和国务院备案。中国环境保护税税率，如表 4－55 所示。

表 4－55　　　　　　　　　　中国环境保护税税率

税目		税率
大气污染物		每污染当量 1.2 ~ 12 元
水污染物		每污染当量 1.4 ~ 14 元
固体废物	煤矸石	每吨 5 元
	尾矿	每吨 15 元
	危险废物	每吨 1 000 元
	冶炼渣、粉煤灰、炉渣、其他固体废弃物（含半固态、液态废物）	每吨 25 元
噪声	超标 1 ~ 3 分贝	每月 350 元
	超标 4 ~ 6 分贝	每月 700 元
	超标 7 ~ 9 分贝	每月 1 400 元
	超标 10 ~ 12 分贝	每月 2 800 元

续表

税目		税率
噪声	超标 13 ~ 15 分贝	每月 5 600 元
	超标 16 分贝以上	每月 11 200 元

（三）计税依据

1. 计税依据确定的基本方法

应税污染物的计税依据，按照下列方法确定：（1）应税大气污染物按照污染物排放量折合的污染当量数确定；（2）应税水污染物按照污染物排放量折合的污染当量数确定；（3）应税固体废物按照固体废物的排放量确定；（4）应税噪声按照超过国家规定标准的分贝数确定。

应税大气污染物、水污染物按照污染物排放量折合的污染当量数确定计税依据。

污染当量数以该污染物的排放量除以该污染物的污染当量值计算。计算公式为：

$$应税大气污染物、水污染物的污染当量数 = 该污染物的排放量 \div 该污染物的污染当量值$$

各项污染当量值，如表 4 – 56 至表 4 – 59 所示。

表 4 – 56 　　　　　大气污染物污染当量值

污染物	污染当量值（千克）	污染物	污染当量值（千克）
1. 二氧化硫	0.95	11. 一般性粉尘	4
2. 氮氧化物	0.95	12. 石棉尘	0.53
3. 一氧化碳	16.7	13. 玻璃棉尘	2.13
4. 氯气	0.34	14. 碳黑尘	0.59
5. 氯化氢	10.75	15. 铅及其化合物	0.02
6. 氟化物	0.87	16. 镉及其化合物	0.03
7. 氰化氢	0.005	17. 铍及其化合物	0.0004
8. 硫酸雾	0.6	18. 镍及其化合物	0.13
9. 铬酸雾	0.0007	19. 锡及其化合物	0.27
10. 汞及其化合物	0.0001	20. 烟尘	2.18

续表

污染物	污染当量值（千克）	污染物	污染当量值（千克）
21. 苯	0.05	33. 硝基苯	0.17
22. 甲苯	0.18	34. 丙烯腈	0.22
23. 二甲苯	0.27	35. 氯乙烯	0.55
24. 苯并（a）芘	0.000002	36. 光气	0.04
25. 甲醛	0.09	37. 硫化氢	0.29
26. 乙醛	0.45	38. 氨	9.09
27. 丙烯醛	0.06	39. 三甲胺	0.32
28. 甲醇	0.67	40. 甲硫醇	0.04
29. 酚类	0.35	41. 甲硫醚	0.28
30. 沥青烟	0.19	42. 二甲二硫	0.28
31. 苯胺类	0.21	43. 苯乙烯	25
32. 氯苯类	0.72	44. 二硫化碳	20

表 4－57   第一类水污染物品当量值

污染物	污染当量值（千克）	污染物	污染当量值（千克）
1. 总汞	0.0005	6. 总铅	0.025
2. 总镉	0.005	7. 总镍	0.025
3. 总铬	0.04	8. 苯并（a）芘	0.0000003
4. 六价铬	0.02	9. 总铍	0.01
5. 总砷	0.02	10. 总银	0.02

表 4－58   第二类水污染物品当量值

污染物	污染当量值（千克）
11. 悬浮物（SS）	4
12. 生化需氧量（BOD_5）	0.5
13. 化学需氧量（CODcr）	1
14. 总有机碳（TOC）	0.49

续表

污染物	污染当量值（千克）
15. 石油类	0.1
16. 动植物油	0.16
17. 挥发酚	0.08
18. 总氰化物	0.05
19. 硫化物	0.125
20. 氨氮	0.8
21. 氟化物	0.5
22. 甲醛	0.125
23. 苯胺类	0.2
24. 硝基苯类	0.2
25. 阴离子表面活性剂（LAS）	0.2
26. 总铜	0.1
27. 总锌	0.2
28. 总锰	0.2
29. 彩色显影剂（CD－2）	0.2
30. 总磷	0.25
31. 元素磷（以 P 计）	0.05
32. 有机磷农药（以 P 计）	0.05
33. 乐果	0.05
34. 甲基对硫磷	0.05
35. 马拉硫磷	0.05
36. 对硫磷	0.05
37. 五氯酚及五氯酚钠（以五氯酚计）	0.25
38. 三氯甲烷	0.04
39. 可吸附有机卤化物（AOX）（以 Cl 计）	0.25

续表

污染物	污染当量值（千克）
40. 四氯化碳	0.04
41. 三氯乙烯	0.04
42. 四氯乙烯	0.04
43. 苯	0.02
44. 甲苯	0.02
45. 乙苯	0.02
46. 邻－二甲苯	0.02
47. 对－二甲苯	0.02
48. 间－二甲苯	0.02
49. 氯苯	0.02
50. 邻二氯苯	0.02
51. 对二氯苯	0.02
52. 对硝基氯苯	0.02
53. 2，4－二硝基氯苯	0.02
54. 苯酚	0.02
55. 间－甲酚	0.02
56. 2，4－二氯酚	0.02
57. 2，4，6－三氯酚	0.02
58. 邻苯二甲酸二丁酯	0.02
59. 邻苯二甲酸二辛酯	0.02
60. 丙烯腈	0.125
61. 总硒	0.02

表 4－59　　禽畜养殖业、小型企业和第三产业水污染物污染当量值

类型		污染当量值
禽畜养殖场	1. 牛	0.1 头
	2. 猪	1 头
	3. 鸡、鸭等家禽	30 羽
4. 小型企业		1.8 吨污水
5. 饮食娱乐服务业		0.5 吨污水

续表

类型		污染当量值
6. 医院	消毒	0.14 床
		2.8 吨污水
	不消毒	0.07 床
		1.4 吨污水

　　注：（1）本表仅适用于计算无法进行实际监测或物料衡算的禽畜养殖业、小型企业和第三产业等小型排污者的污染当量数。
　　（2）仅对存栏规模大于 50 头牛，500 头猪，5 000 羽鸡、鸭等的禽畜养殖场征收。
　　（3）医院病床数大于 20 张的按本表计算污染当量。

　　以上表中应税水污染物参照《环境保护税法》所附《应税污染物和当量值表》，区分第一类水污染物和其他类水污染物，按照污染当量数从大到小排序，对第一类水污染物按照前五项征收环境保护税，对其他类水污染物按照前三项征收环境保护税。

　　省份人民政府根据本地区污染物减排的特殊需要，可以增加同一排放口征收环境保护税的应税污染物项目数，报同级人民代表大会常务委员会决定，并报全国人民代表大会常务委员会和国务院备案。

　　纳税人有下列情形之一的，以其当期应税大气污染物、水污染物的产生量作为污染物的排放量：

　　（1）未依法安装使用污染物自动监测设备或者未将污染物自动监测设备与环境保护主管部门的监控设备联网。

　　（2）损毁或者擅自移动、改变污染物自动监测设备。

　　（3）篡改、伪造污染物监测数据。

　　（4）通过暗管、渗井、渗坑、灌注或者稀释排放以及不正常运行防治污染设施等方式违法排放应税污染物。

　　（5）进行虚假纳税申报。

　　2. 应税固体废物按照固体废物的排放量确定计税依据

　　固体废物的排放量为当期应税固体废物的产生量减去当期应税固体废物的贮存量、处置量、综合利用量的余额。其中，固体废物的贮存量、处置量，是指在符合国家和地方环境保护标准的设施、场所贮存或者处置的固体废物数量；固体废物的综合利用量，是指按照国务院发展改革委、工业和信息化主管部门关于资源综合利用要求以及国家和地方环境保护标准进行综合利用的固体废物数量。计算公式为：

固体废物的排放量 = 当期固体废物的产生量 – 当期固体废物的综合利用量 –
当期固体废物的贮存量 – 当期固体废物的处置量

纳税人有下列情形之一的，以其当期应税固体废物的产生量作为固体废物的排放量：

（1）非法倾倒应税固体废物。

（2）进行虚假纳税申报。

3. 应税噪声按照超过国家规定标准的分贝数确定计税依据

工业噪声按照超过国家规定标准的分贝数确定每月税额，超过国家规定标准的分贝数是指实际产生的工业噪声与国家规定的工业噪声排放标准限值之间的差值。

4. 应税大气污染物、水污染物、固体废物的排放量和噪声分贝数的确定方法

应税大气污染物、水污染物、固体废物的排放量和噪声的分贝数，按照下列方法和顺序计算：

（1）纳税人安装使用符合国家规定和监测规范的污染物自动监测设备的，按照污染物自动监测数据计算。

（2）纳税人未安装使用污染物自动监测设备的，按照监测机构出具的符合国家有关规定和监测规范的监测数据计算。

（3）因排放污染物种类多等原因不具备监测条件的，按照国务院环境保护主管部门规定的排污系数、物料衡算方法计算。

属于排污许可管理的排污单位，适用生态环境部发布的排污许可证申发与核发技术规范中规定的排（产）污系数、物料衡算方法计算应税污染物排放量；排污许可证申请与核发技术规范未规定相关排（产）污系数的，适用生态环境部发布的排放源统计调查制度规定的排（产）污系数方法计算应税污染物排放量。

不属于排污许可管理的排污单位，适用生态环境部发布的排放源统计调查制度规定的排（产）污系数方法计算应税污染物排放量。

（4）不能按照上述第1项至第3项规定的方法计算的，按照省、自治区、直辖市人民政府环境保护主管部门规定的抽样测算的方法核定计算。

（四）应纳税额的计算

1. 大气污染物应纳税额的计算

应税大气污染物应纳税额为污染当量数乘以具体适用税额。计算公

式为：

$$大气污染物的应纳税额 = 污染当量数 \times 适用税额$$

2. 水污染物应纳税额的计算

应税水污染物的应纳税额为污染当量数乘以具体适用税额。

（1）适用监测数据法的水污染物应纳税额的计算。

适用监测数据法的水污染物（包括第一类水污染物和第二类水污染物）的应纳税额为污染当量数乘以具体适用税额。计算公式为：

$$水污染物的应纳税额 = 污染当量数 \times 适用税额$$

（2）适用抽样测算法的水污染物应纳税额的计算。

适用抽样测算法的情形，纳税人按照《环境保护税法》所附《禽畜养殖业、小型企业和第三产业水污染物污染当量值》所规定的当量值计算污染当量数。

①规模化禽畜养殖业排放的水污染物应纳税额。

禽畜养殖业的水污染物应纳税额为污染当量数乘以具体适用税额。其污染当量数以禽畜养殖数量除以污染当量值计算。

②小型企业和第三产业排放的水污染物应纳税额。

小型企业和第三产业的水污染物应纳税额为污染当量数乘以具体适用税额。其污染当量数以污水排放量（吨）除以污染当量值（吨）计算。计算公式为：

$$应纳税额 = 污水排放量(吨) \div 污染当量值(吨) \times 适用税额$$

③医院排放的水污染物应纳税额。

医院排放的水污染物应纳税额为污染当量数乘以具体适用税额。其污染当量数以病床数或者污水排放量除以相应的污染当量值计算。计算公式为：

$$应纳税额 = 医院床位数 \div 污染当量值 \times 适用税额$$

或：　　　　$$应纳税额 = 污水排放量 \div 污染当量值 \times 适用税额$$

3. 固体废物应纳税额的计算

固体废物的应纳税额为固体废物排放量乘以具体适用税额，其排放量为当期应税固体废物的产生量减去当期应税固体废物的贮存量、处置量、综合利用量的余额。计算公式为：

$$固体废物的应纳税额 = (当期固体废物的产生量 - 当期固体废物的综合利用量 -$$
$$当期固体废物的贮存量 - 当期固体废物的处置量) \times$$
$$适用税额$$

4. 噪声应纳税额的计算

应税噪声的应纳税额为超过国家规定标准的分贝数对应的具体适用税额。

（五）税收减免

1. 暂免征税项目

下列情形，暂予免征环境保护税：

（1）农业生产（不包括规模化养殖）排放应税污染物的。

（2）机动车、铁路机车、非道路移动机械、船舶和航空器等流动污染源排放应税污染物的。

（3）依法设立的城乡污水集中处理、生活垃圾集中处理场所排放相应应税污染物，不超过国家和地方规定的排放标准的。

（4）纳税人综合利用的固体废物，符合国家和地方环境保护标准的。

（5）国务院批准免税的其他情形。

2. 减征税额项目

（1）纳税人排放应税大气污染物或者水污染物的浓度值低于国家和地方规定的污染物排放标准30%的，减按75%征收环境保护税。

（2）纳税人排放应税大气污染物或者水污染物的浓度值低于国家和地方规定的污染物排放标准50%的，减按50%征收环境保护税。

二、车辆购置税

车辆购置税法是指国家制定的用以调整车辆购置税征收与缴纳权利及义务关系的法律规范。现行车辆购置税法的基本规范，是2018年12月29日第十三届全国人民代表大会常务委员会第七次会议通过，并于2019年7月1日起施行的《中华人民共和国车辆购置税法》（以下简称《车辆购置税法》）。征收车辆购置税有利于合理筹集财政资金，规范政府行为，调节收入差距，也有利于配合打击车辆走私和维护国家权益。

（一）纳税义务人与征税范围

1. 纳税义务人

车辆购置税是以在中国境内购置规定车辆为课税对象、在特定的环节向车辆购置者征收的一种税。就其性质而言，属于直接税的范畴。

车辆购置税的纳税人是指在中华人民共和国境内购置汽车、有轨电车、汽车挂车、排气量超过150毫升的摩托车（以下简称"应税车辆"）的单位和个人。其中购置是指以购买、进口、自产、受赠、获奖或者其他方式取得并自用应税车辆的行为。车辆购置税实行一次性征收。购置已征车辆购置税的车辆，不再征收车辆购置税。

2. 征税范围

车辆购置税以列举的车辆作为征税对象，未列举的车辆不纳税。其征税范围包括汽车、有轨电车、汽车挂车、排气量超过150毫升的摩托车。

地铁、轻轨等城市轨道交通车辆，装载机、平地机、挖掘机、推土机等轮式专用机械车，以及起重机（吊车）、叉车、电动摩托车，不属于应税车辆。

纳税人进口自用应税车辆，是指纳税人直接从境外进口或者委托代理进口自用的应税车辆，不包括在境内购买的进口车辆。

为了体现税法的统一性、固定性、强制性和法律的严肃性特征，车辆购置税征收范围的调整，由国务院决定，其他任何部门、单位和个人无权擅自扩大或缩小车辆购置税的征税范围。

（二）税率与计税依据

1. 税率

车辆购置税实行统一比例税率，税率为10%。

2. 计税依据

计税依据为应税车辆的计税价格，按照下列规定确定：

（1）纳税人购置应税车辆，以发票电子信息中的不含增值税价作为计税价格。纳税人依据相关规定提供其他有效价格凭证的情形除外。

应税车辆存在多条发票电子信息或者没有发票电子信息的，纳税人按照购置应税车辆实际支付给销售方的全部价款（不包括增值税税款）申报纳税。

（2）纳税人进口自用应税车辆的计税价格，为关税完税价格加上关税和消费税；纳税人进口自用应税车辆，是指纳税人直接从境外进口或者委托代理进口自用的应税车辆，不包括在境内购买的进口车辆。

（3）纳税人自产自用应税车辆的计税价格，按照纳税人生产的同类应税车辆（即车辆配置序列号相同的车辆）的销售价格确定，不包括增值税税款；没有同类应税车辆销售价格的，按照组成计税价格确定。组成计税价格计算公式为：

$$组成计税价格 = 成本 \times (1 + 成本利润率)$$

属于应征消费税的应税车辆，其组成计税价格中应加计消费税税额。

上述公式中的成本利润率，由国家税务总局各省、自治区、直辖市和计划单列市税务局确定。

（4）纳税人以受赠、获奖或者其他方式取得自用应税车辆的计税价格，按照购置应税车辆时相关凭证载明的价格确定，不包括增值税税款。

这里所称的购置应税车辆时相关凭证，是指原车辆所有人购置或者以其他方式取得应税车辆时载明价格的凭证。无法提供相关凭证的，参照同类应税车辆市场平均交易价格确定其计税价格。原车辆所有人为车辆生产或者销售企业，未开具机动车销售统一发票的，按照车辆生产或者销售同类应税车辆的销售价格确定应税车辆的计税价格。无同类应税车辆销售价格的，按照组成计税价格确定应税车辆的计税价格。

纳税人以外汇结算应税车辆价款的，按照申报纳税之日的人民币汇率中间价折合成人民币计算缴纳税款。

（三）应纳税额的计算

车辆购置税实行从价定率的方法计算应纳税额，计算公式为：

$$应纳税额 = 计税依据 \times 税率$$

由于应税车辆的来源、应税行为的发生以及计税依据组成的不同，因而，车辆购置税应纳税额的计算方法也有区别。

1. 购买自用应税车辆应纳税额的计算

纳税人购买自用的应税车辆，计税价格为纳税人购买应税车辆而支付给销售者的全部价款和价外费用，不包含增值税税款；价外费用是指销售方价外向购买方收取的基金、集资费、违约金（延期付款利息）和手续费、包装费、储存费、优质费、运输装卸费、保管费以及其他各种性质的价外收费，但不包括销售方代办保险等而向购买方收取的保险费，以及向购买方收取的代购买方缴纳的车辆购置税、车辆牌照费。

2. 进口自用应税车辆应纳税额的计算

纳税人进口自用应税车辆的计税价格，为关税完税价格加上关税和消费税。纳税人进口自用的应税车辆应纳税额的计算公式为：

$$应纳税额 = (关税完税价格 + 关税 + 消费税) \times 税率$$

3. 其他自用应税车辆应纳税额的计算

纳税人自产自用应税车辆的计税价格，按照纳税人生产的同类应税车辆的销售价格确定，不包括增值税税款。

纳税人以受赠、获奖或者其他方式取得自用应税车辆的计税价格，按照购置应税车辆时相关凭证载明的价格确定，不包括增值税税款。

$$应纳税额 = 最低计税价格 \times 税率$$

4. 已经办理免税、减税手续的车辆因转让、改变用途等原因不再属于免税、减税范围的，纳税人、纳税义务发生时间、应纳税额按以下规定执行

（1）发生转让行为的，受让人为车辆购置税纳税人；未发生转让行为的，车辆所有人为车辆购置税纳税人。

（2）纳税义务发生时间为车辆转让或者用途改变等情形发生之日。

（3）应纳税额计算公式为：

$$应纳税额 = 初次办理纳税申报时确定的计税价格 \times (1 - 使用年限 \times 10\%) \times 10\% - 已纳税额$$

应纳税额不得为负数。

使用年限的计算方法是，自纳税人初次办理纳税申报之日起，至不再属于免税、减税范围的情形发生之日止。使用年限取整计算，不满一年的不计算在内。

（四）税收优惠

我国车辆购置税实行法定减免，减免税范围的具体规定是：

（1）外国驻华使馆、领事馆和国际组织驻华机构及其外交人员自用车辆免税。

（2）中国人民解放军和中国人民武装警察部队列入装备订货计划的车辆免税。

（3）悬挂应急救援专用号牌的国家综合性消防救援车辆免税。

（4）设有固定装置的非运输专用作业车辆免税。设有固定装置的非运输专用作业车辆，是指采用焊接、铆接或者螺栓连接等方式固定安装专用设备或者器具，不以载运人员或者货物为主要目的，在设计和制造上用于专项作业的车辆。自2021年1月1日起，免征车辆购置税的设有固定装置的非运输专用作业车辆，通过发布《免征车辆购置税的设有固定装置的非运输专用作业车辆目录》（以下简称《目录》）实施管理。

（5）城市公交企业购置的公共汽电车辆免税。

城市公交企业，是指由县级以上（含县级）人民政府交通运输主管部门认定的，依法取得城市公交经营资格，为公众提供公交出行服务，并纳入《城市公共交通管理部门与城市公交企业名录》的企业；公共汽电车辆，是指按规定的线路、站点票价营运，用于公共交通服务，为运输乘客设计和制造的车辆，包括公共汽车、无轨电车和有轨电车。

（6）回国服务的在外留学人员用现汇购买 1 辆个人自用国产小汽车和长期来华定居专家进口 1 辆自用小汽车免征车辆购置税。

回国服务的在外留学人员购买自用国产小汽车办理免税手续，除了按相关规定提供申报资料外，还应当提供中华人民共和国驻留学人员学习所在国的大使馆或者领事馆（中央人民政府驻香港联络办公室、中央人民政府驻澳门联络办公室）出具的留学证明；公安部门出具的境内居住证明、本人护照；海关核发的《中华人民共和国海关回国人员购买国产汽车准购单》。所称小汽车，是指含驾驶员座位 9 座以内，在设计和技术特性上主要用于载运乘客及其随身行李或者临时物品的乘用车。

（7）防汛部门和森林消防部门用于指挥、检查、调度、报汛（警）、联络的由指定厂家生产的设有固定装置的指定型号的车辆免征车辆购置税。

自 2021 年 1 月 1 日至 2022 年 12 月 31 日，对购置的新能源汽车免征车辆购置税。免征车辆购置税的新能源汽车是指纯电动汽车、插电式混合动力（含增程式）汽车、燃料电池汽车。免征车辆购置税的新能源汽车，通过发布《免征车辆购置税的新能源汽车车型目录》实施管理。购置时间为机动车销售统一发票（或有效凭证）上注明的日期。

（8）中国妇女发展基金会"母亲健康快车"项目的流动医疗车免征车辆购置税。

（9）北京 2022 年冬奥会和冬残奥会组织委员会新购置车辆免征车辆购置税。

（10）原公安现役部队和原武警黄金、森林、水电部队改制后换发地方机动车牌证的车辆（公安消防、武警森林部队执行灭火救援任务的车辆除外），一次性免征车辆购置税。

根据国民经济和社会发展的需要，国务院可以规定减征或者其他免征车辆购置税的情形，报全国人民代表大会常务委员会备案。①

---

① 肖风华. 税法 ［M］. 广州：广东人民出版社，2022：444－447.

三、车船税

车船税法，是指国家制定的用以调整车船税征收与缴纳权利及义务关系的法律规范。现行车船税法的基本规范，是 2011 年 2 月 25 日，由中华人民共和国第十一届全国人民代表大会常务委员会第十九次会议通过的《中华人民共和国车船税法》（以下简称《车船税法》），自 2012 年 1 月 1 日起施行。

车船税是以车船为征税对象，向拥有车船的单位和个人征收的一种税。征收车船税有利于为地方政府筹集财政资金，有利于车船的管理和合理配置，也有利于调节财富差异。

（一）纳税义务人与征税范围

1. 纳税义务人

所谓车船税，是指在中华人民共和国境内的车辆、船舶的所有人或者管理人按照中华人民共和国车船税法应缴纳的一种税。

车船税的纳税义务人，是指在中华人民共和国境内，车辆、船舶（以下简称"车船"）的所有人或者管理人，应当依照《车船税法》的规定缴纳车船税。

2. 征税范围

车船税的征税范围是指在中华人民共和国境内属于《车船税法》所附《车船税税目税额表》规定的车辆、船舶。车辆、船舶是指：

（1）依法应当在车船管理部门登记的机动车辆和船舶。

（2）依法不需要在车船管理部门登记、在单位内部场所行驶或者作业的机动车辆和船舶。车船管理部门，是指公安、交通运输、农业、渔业、军队、武装警察部队等依法具有车船登记管理职能的部门；单位，是指依照中国法律、行政法规规定，在中国境内成立的行政机关、企业、事业单位、社会团体以及其他组织。

（3）境内单位和个人租入外国籍船舶的，不征收车船税。境内单位和个人将船舶出租到境外的，应依法征收车船税。

（二）税目与税率

车船税实行定额税率。定额税率，也称固定税额，是税率的一种特殊形式。定额税率计算简便，是适宜从量计征的税种。车辆的具体适用税额由省、自治区、直辖市人民政府依照《车船税法》所附《车船税税目税额表》规定的税额幅度和国务院的规定确定。

乘用车，是指在设计和技术特性上主要用于载运乘客及随身行李，核定载客人数包括驾驶员在内不超过 9 人的汽车。商用车，是指除乘用车外，在设计和技术特性上用于载运乘客、货物的汽车，划分为客车和货车。

半挂牵引车，是指装备有特殊装置用于牵引半挂车的商用车。

三轮汽车，是指最高设计车速不超过每小时 50 公里，具有 3 个车轮的货车。

低速载货汽车，是指以柴油机为动力，最高设计车速不超过每小时 70 公里，具有 4 个车轮的货车。

挂车，是指就其设计和技术特性需由汽车或者拖拉机牵引，才能正常使用的一种无动力的道路车辆。

专用作业车，是指在其设计和技术特性上用于特殊工作的车辆。

轮式专用机械车，是指有特殊结构和专门功能，装有橡胶车轮可以自行行驶，最高设计车速大于每小时 20 公里的轮式工程机械车。

摩托车，是指无论采用何种驱动方式，最高设计车速大于每小时 50 公里，或者使用内燃机，其排量大于 50 毫升的两轮或者三轮车辆。

船舶，是指各类机动、非机动船舶以及其他水上移动装置，但是船舶上装备的救生艇筏和长度小于 5 米的艇筏除外，其中，机动船舶是指用机器推进的船舶；拖船是专门用于拖（推）动运输船舶的专业作业船舶；非机动驳船，是指在船舶登记管理部门登记为驳船的非机动船舶；游艇是指具备内置机械推进动力装置，长度在 90 米以下，主要用于游览观光、休闲娱乐、水上体育运动等活动，并应当具有船舶检验证书和适航证书的船舶。

车船税采用定额税率，即对征税的车船规定单位固定税额。车船税确定税额总的原则是：非机动车船的税负轻于机动车船；人力车的税负轻于畜力车；小吨位船舶的税负轻于大船舶。由于车辆与船舶的行驶情况不同，车船税的税额也有所不同。

（1）机动船舶，具体适用税额为：

①净吨位不超过 200 吨的，每吨 3 元。

②净吨位超过 200 吨但不超过 2 000 吨的，每吨 4 元。

③净吨位超过 2 000 吨但不超过 1 000 吨的，每吨 5 元。

④净吨位超过 10 000 吨的，每吨 6 元。

拖船按照发动机功率每 1 千瓦折合净吨位 0.67 吨计算征收车船税。

（2）游艇，具体适用税额为：

①艇身长度不超过 10 米的游艇，每米 600 元。

②艇身长度超过 10 米但不超过 18 米的游艇，每米 900 元。

③艇身长度超过 18 米但不超过 30 米的游艇，每米 1 300 元。

④艇身长度超过 30 米的游艇，每米 2 000 元。

⑤辅助动力帆艇，每米 600 元。

游艇艇身长度是指游艇的总长。

（3）《车船税法》及其实施条例所涉及的整备质量、净吨位、艇身长度等计税单位，有尾数的一律按照含尾数的计税单位据实计算车船税应纳税额。计算得出的应纳税额小数点后超过两位的可四舍五入保留两位小数。

（4）乘用车以车辆登记管理部门核发的机动车登记证书或者行驶证书所载的排气量毫升数确定税额区间。

（5）《车船税法》及其实施条例所涉及的排气量、整备质量、核定载客人数、净吨位、功率（千瓦或马力）、艇身长度，以车船登记管理部门核发的车船登记证书或者行驶证相应项目所载数据为准。

依法不需要办理登记、依法应当登记而未办理登记或者不能提供车船登记证书、行驶证的，以车船出厂合格证明或者进口凭证相应项目标注的技术参数、所载数据为准；不能提供车船出厂合格证明或者进口凭证的，由主管税务机关参照国家相关标准核定，没有国家相关标准的参照同类车船核定。

（三）应纳税额的计算

纳税人按照纳税地点所在的省、自治区、直辖市人民政府确定的具体适用税额缴纳车船税。车船税由税务机关负责征收。

（1）购置的新车船，购置当年的应纳税额自纳税义务发生的当月起按月计算。计算公式为：

$$应纳税额 = （年应纳税额 \div 12）\times 应纳税月份数$$
$$应纳税月份数 = 12 - 纳税义务发生时间（取月份）+ 1$$

（2）在一个纳税年度内，已完税的车船被盗抢、报废、灭失的，纳税人可以凭有关管理机关出具的证明和完税证明，向纳税所在地的主管税务机关申请退还自被盗抢、报废、灭失月份起至该纳税年度终了期间的税款。

（3）已办理退税的被盗抢车船，失而复得的，纳税人应当从公安机关出具相关证明的当月起计算缴纳车船税。

（4）已缴纳车船税的车船在同一纳税年度内办理转让过户的，不另纳税，也不退税。

（5）已经缴纳车船税的车船，因质量原因，车船被退回生产企业或者经销商的，纳税人可以向纳税所在地的主管税务机关申请退还自退货月份起至该纳税年度终了期间的税款。退货月份以退货发票所载日期的当月为准。

（四）税收优惠

1. 法定减免

（1）捕捞、养殖渔船免征车船税。捕捞、养殖渔船是指在渔业船舶登记管理部门登记为捕捞船或者养殖船的船舶。

（2）军队、武装警察部队专用的车船免征车船税。军队、武装警察部队专用的车船是指按照规定在军队、武装警察部队车船登记管理部门登记，并领取军队、武警牌照的车船。

（3）警用车船免征车船税。警用车船是指公安机关、国家安全机关、监狱、劳动教养管理机关和人民法院、人民检察院领取警用牌照的车辆和执行警务的专用船舶。

（4）依照法律规定应当予以免税的外国驻华使领馆、国际组织驻华代表机构及其有关人员的车船，免征车船税。

（5）对节能汽车，减半征收车船税。

减半征收车船税的节能乘用车应同时符合以下标准：一是获得许可在中国境内销售的排量为 1.6 升以下（含 1.6 升）的燃用汽油、柴油的乘用车（含非插电式混合动力、双燃料和两用燃料乘用车）；二是综合工况燃料消耗量应符合相关标准。

减半征收车船税的节能商用车应同时符合以下标准：一是获得许可在中国境内销售的燃用天然气、汽油、柴油的轻型和重型商用车（含非插电式混合动力、双燃料和两用燃料轻型和重型商用车）；二是燃用汽油、柴油的轻型和重型商用车综合工况燃料消耗量应符合相关标准。

（6）对新能源车船，免征车船税。

免征车船税的新能源汽车是指纯电动商用车、插电式（含增程式）混合动力汽车、燃料电池商用车。纯电动乘用车和燃料电池乘用车不属于车船税征税范围，对其不征车船税。

免征车船税的新能源船舶应符合以下标准：船舶的主推进动力装置为纯天然气发动机。发动机采用微量柴油引燃方式且引燃油热值占全部燃料总热值的比例不超过 5% 的，视同纯天然气发动机。

（7）省、自治区、直辖市人民政府根据当地实际情况，可以对公共交通车船、农村居民拥有并主要在农村地区使用的摩托车、三轮汽车和低速载货汽车定期减征或者免征车船税。

（8）国家综合性消防救援车辆由部队号牌改挂应急救援专用号牌的，一次性免征改挂当年车船税。

2. 特定减免

经批准临时入境的外国车船和我国香港特别行政区、澳门特别行政区、台湾地区的车船，不征收车船税。

四、增值税

（一）适用 6% 税率情况

（1）纳税人受托对垃圾、污泥、污水、废气等废弃物进行专业化处理，采取填埋、烧等方式进行专业化处理后未产生货物的，受托方属于提供"现代服务"中的专业技术服务，其收取的处理费用适用 6% 的增值税税率。

（2）纳税人受托对垃圾、污泥、污水、废气等废弃物进行专业化处理，采取填埋、焚烧等方式进行专业化处理后产生货物，且货物归属受托方的，受托方属于提供"专业技术服务"，其收取的处理费用适用 6% 的增值税税率。受托方将产生的货物用于销售时，适用货物的增值税税率。

（二）污水处理税收优惠

（1）污水处理厂生产的再生水增值税即征即退或免征增值税。
（2）垃圾处理、污泥处理处置劳务增值税即征即退或免征增值税。
（3）污水处理劳务增值税即征即退或免征增值税。
（4）污水处理费免征增值税。

（三）即征即退[①]

纳税人销售自产综合利用产品和资源综合利用劳务，可享受增值税即征即退政策，如表 4-60 所示。

---

① 《资源综合利用产品和劳务增值税优惠目录（2022 年版）》。

表 4 – 60　　　　　　　　中国增值税资源综合利用即征即退表

类别	综合利用的资源名称	综合利用产品和劳务名称	退税比例（%）
废渣、废水（液）、废气	废渣	砖瓦（不含烧结普通砖）、砌块、陶粒、墙板、管材（管桩）、混凝土、砂浆、道路井盖、道路护栏、防火材料、耐火材料（镁铬砖除外）、保温材料、矿（岩）棉、微晶玻璃、U型玻璃	70
	废渣	水泥、水泥熟料	70
	建（构）筑废物、煤矸石	建筑砂石骨料	50
	粉煤灰、煤矸石	氧化铝、活性硅酸钙、瓷绝缘子、煅烧高岭土	50
	氧化铝赤泥、电石渣	氧化铁、氢氧化钠溶液、铝酸钠、铝酸三钙、脱硫剂	50
	废旧石墨	石墨异形件、石墨块、石墨粉、石墨增碳剂	50
	退役军用发射药	涂料用硝化棉粉	50
	废旧沥青混凝土	再生沥青混凝土	50
	蔗渣	蔗渣浆、蔗渣刨花板和纸	50
	环己烷氧化废液	环氧环己烷、正戊醇、醇醚溶剂	50
	污水处理厂出水、工业排水（矿井水）、生活污水、垃圾处理厂渗透（滤）液等	再生水	50
	废弃酒糟和酿酒底锅水，淀粉、粉丝加工废液、废渣	蒸汽、活性炭、白碳黑、乳酸、乳酸钙、沼气、饲料、植物蛋白	70
	含油污水、有机废水、污水处理后产生的污泥，油田采油过程中产生的油污泥（浮渣），包括利用上述资源发酵产生的沼气	微生物蛋白、干化污泥、燃料、电力、热力	70
	燃煤发电厂及各类工业企业生产过程中产生的烟气、高硫天然气	石膏、硫酸、硫酸铵、硫磺	50
	工业废气	高纯度二氧化碳、工业氢气、甲烷	70

续表

类别	综合利用的资源名称	综合利用产品和劳务名称	退税比例（%）
再生资源	废旧电池及其拆解物	金属及镍钴锰氢氧化物、镍钴锰酸锂、氯化钴	30
	废显（定）影液、废胶片、废相纸、废感光剂等废感光材料	银	30
	废旧电机、废旧电线电缆、废铝制易拉罐、报废汽车、报废摩托车、报废船舶、废旧电器电子产品、废旧太阳能光伏器件、废旧灯泡（管），及其拆解物	经冶炼、提纯生产的金属及合金（不包括铁及铁合金）	30
	废催化剂、电解废弃物、电镀废弃物、废旧线路板、烟尘灰、湿法泥、熔炼渣、线路板蚀刻废液、锡箔纸灰	经冶炼、提纯或化合生产的金属、合金及金属化合物（不包括铁及铁合金），冰晶石	30
	报废汽车、报废摩托车、报废船舶、废旧电器电子产品、废旧农机具、报废机器设备、废旧生活用品、工业边角余料、建筑拆解物等产生或拆解出来的废钢铁	炼钢炉料	30
	稀土产品加工废料，废弃稀土产品及拆解物	稀土金属及稀土氧化物	30
	废塑料、废旧聚氯乙烯（PVC）制品、废铝塑（纸铝、纸塑）复合纸包装材料	汽油、柴油、石油焦、碳黑、再生纸浆、铝粉、塑木（木塑）制品、（汽车、摩托车、家电、管材用）改性再生专用料、化纤用再生聚酯专用料、瓶用再生聚对苯二甲酸乙二醇酯（PET）树脂及再生塑料制品	50
	废纸、农作物秸秆	纸浆、秸秆浆和纸	50
	废旧轮胎、废橡胶制品	胶粉、翻新轮胎、再生橡胶	50
	废弃天然纤维、化学纤维及其制品	纤维纱及织布、无纺布、毡、黏合剂及再生聚酯产品	50
	人发	档发	70
	废玻璃	玻璃熟料	50

续表

类别	综合利用的资源名称	综合利用产品和劳务名称	退税比例（%）
再生资源	三剩物、次小薪材、农作物秸秆、沙柳	纤维板、刨花板，细木工板、生物炭、活性炭、栲胶、水解酒精、纤维素、木质素、木糖、阿拉伯糖、糠醛、箱板纸	70
资源综合利用劳务	垃圾处理、污泥处理处置劳务		70
	污水处理劳务		70
	工业废气处理劳务		70

五、消费税

（一）税目

1. 鞭炮、焰火

鞭炮、焰火包括各种鞭炮、焰火。体育上用的发令纸、鞭炮药引线，不按本税目征收。

2. 小汽车

小汽车是指由动力驱动，具有 4 个或 4 个以上车轮的非轨道承载的车辆。本税目征收范围包括：

（1）乘用车：含驾驶员座位在内最多不超过 9 个座位（含）的，在设计和技术特性上用于载运乘客和货物的各类乘用车。

（2）中轻型商用客车：含驾驶员座位在内的座位数在 10～23 座（含 23 座）的，在设计和技术特性上用于载运乘客和货物的各类中轻型商用车。

（3）超豪华小汽车：每辆零售价格 130 万元（不含增值税）及以上的乘用车和中轻型商用客车。用排气量小于 1.5 升（含）的乘用车底盘（车架）改装、改制的车辆属于乘用车征收范围。用排气量大于 1.5 升的乘用车底盘（车架）或用中轻型商用客车底盘（车架）改装、改制的车辆属于中轻型商用客车征收范围。含驾驶员人数（额定载客）为区间值的（如 8～10 人、17～26 人）小汽车，按其区间值下限人数确定征收范围。

电动汽车不属于本税目征收范围。车身长度大于 7 米（含），并且座位在 10～23 座（含）以下的商用客车，不属于中轻型商用客车征税范围，不征收消费税。沙滩车、雪地车：卡丁车、高尔夫车不属于消费税征收范围，不征收消费税。

3. 摩托车

摩托车包括轻便摩托车和摩托车两种。气缸容量 250 毫升（不含）以下的小排量摩托车不征收消费税。

4. 电池

电池，是一种将化学能、光能等直接转换为电能的装置，一般由电极、电解质、容器、极端，通常还有隔离层组成的基本功能单元，以及用一个或多个基本功能单元装配成的电池组。本税目征收范围包括原电池、蓄电池、燃料电池、太阳能电池和其他电池。

自 2015 年 2 月 1 日起对电池（铅蓄电池除外）征收消费税；对无汞原电池、金属氢化物镍蓄电池（又称氢镍蓄电池或镍氢蓄电池）、锂原电池、锂离子蓄电池、太阳能电池、燃料电池、全钒波流电池免征消费税。2015年 12 月 31 日前对铅蓄电池缓征消费税；自 2016 年 1 月 1 日起，对铅蓄电池按 4% 的税率征收消费税。

5. 涂料

涂料是指涂于物体表面能形成具有保护、装饰或特殊性能的固态涂膜的一类液体或固体材料的总称。自 2015 年 2 月 1 日起对涂料征收消费税，施工状态下挥发性有机物含量低于 420 克/升（含）的涂料免征消费税。

（二）税率

中国消费税的部分税率如表 4 - 61 所示。

表 4 - 61　　　　　　　　中国消费税部分税率

税目	税率（%）
鞭炮、烟火	15
小汽车	
1. 乘用车	
（1）气缸容量在 1.0 升（含 1.0 升）以下的	1
（2）气缸容量在 1.0 升以上至 1.5 升（含 1.5 升）的	3
（3）气缸容量在 1.5 升以上至 2.0 升（含 2.0 升）的	5
（4）气缸容量在 2.0 升以上至 2.5 升（含 2.5 升）的	9

税目	税率（%）
（5）气缸容量在2.5升以上至3.0升（含3.0升）的	12
（6）气缸容量在3.0升以上至4.0升（含4.0升）的	25
（7）气缸容量在4.0升以上的	40
2. 中轻型商用客车	5
3. 超豪华小汽车（零售环节）	10
摩托车	
（1）气缸容量为250毫升的	3
（2）气缸容量为250毫升以上的	10
电池	4
涂料	4

（三）超豪华小汽车零售环节应纳消费税的计算

为了引导合理消费，促进节能减排，自 2016 年 12 月 1 日起，在生产（进口）环节按现行税率征收消费税的基础上，超豪华小汽车在零售环节加征一道消费税。

（1）征税范围：每辆零售价格 130 万元（不含增值税）及以上的乘用车和中轻型商用客车，即乘用车和中轻型商用客车子税目中的超豪华小汽车。

（2）纳税人：将超豪华小汽车销售给消费者的单位和个人为超豪华小汽车零售环节纳税人。

（3）税率：税率为 10%。

（4）应纳税额的计算：

应纳税额 = 零售环节销售额（不含增值税）× 零售环节税率

国内汽车生产企业直接销售给消费者的超豪华小汽车，消费税税率按照生产环节税率和零售环节税率加总计算。其消费税应纳税额计算公式为：

应纳税额 = 销售额（不含增值税）×（生产环节税率 + 零售环节税率）

六、企业所得税

（一）环境保护专项资金（扣除项目及其标准）

企业依照法律、法规有关规定提取的用于环境保护、生态恢复等方面的专项资金，准予扣除。上述专项资金提取后改变用途的不得扣除。

（二）从事符合条件的环境保护、节能节水项目的所得

环境保护、节能节水项目的所得，自项目取得第一笔生产经营收入所属纳税年度起享受企业所得税"三免三减半"优惠。

符合条件的环境保护、节能节水项目，包括公共污水处理、公共垃圾处理、沼气综合开发利用、节能减排技术改造、海水淡化等。项目的具体条件和范围由国务院财政、税务主管部由国务院有关部门制定，报国务院批准后公布施行。

但是以上规定享受减免税优惠的项目，在减免税期限内转让的，受让方自受让之日起，可以在剩余期限内享受规定的减免税优惠；减免税期限届满后转让的，受让方不得就该项目重复享受减免税优惠。

（三）从事污染防治的第三方企业

自 2019 年 1 月 1 日起至 2021 年 12 月 31 日，对符合条件的从事污染防治的第三方企业（以下简称"第三方防治企业"）减按 15% 的税率征收企业所得税。

第三方防治企业是指受排污企业或政府委托，负责环境污染治理设施（包括自动连续监测设施，下同）运营维护的企业。第三方防治企业应当同时符合以下条件：

（1）在中国境内（不包括港、澳、台地区）依法注册的居民企业。

（2）具有 1 年以上连续从事环境污染治理设施运营实践，且能够保证设施正常运行。

（3）具有至少 5 名从事本领域工作且具有环保相关专业中级及以上技术职称的技术人员，或具有至少 2 名从事本领域工作且具有环保相关专业高级及以上技术职称的技术人员。

（4）从事环境保护设施运营服务的年度营业收入占总收入的比例不低于 60%。

（5）具备检验能力，拥有自有实验室，仪器配置可满足运行服务范围内常规污染物指标的检测需求。

（6）保证其运营的环境保护设施正常运行，使污染物排放指标能够连续稳定达到国家或者地方规定的排放标准要求。

（7）具有良好的纳税信用，近 3 年内纳税信用等级未被评定为 C 级或

D 级。

（四）其他税收优惠①

（1）从事符合条件的环境保护的所得定期减免企业所得税。

（2）购置用于环境保护专用设备的投资额按一定比例实行企业所得税税额抵免。

（3）中国清洁发展机制基金取得的收入免征企业所得税。

（4）实施清洁发展机制项目减免企业所得税。

（五）资源综合利用企业所得税优惠②

中国资源综合利用企业所得税优惠，如表 4 - 62 所示。

表 4 - 62 　　　　　　　　　　中国资源综合利用企业所得税优惠

综合利用的资源	生产的产品
煤矸石、煤泥、化工废渣、粉煤灰、尾矿、废石、冶炼渣（钢铁渣、有色冶炼渣、赤泥等）、工业副产石膏、港口航道的疏浚物、江河（渠）道的淤泥淤沙等、风积沙、建筑垃圾、生活垃圾焚烧炉渣	砖（瓦）、电力、热力、煤矸石井下充填开采置换出的呆滞煤量、砌块、新型墙体材料、石膏类制品以及商品粉煤灰、建筑砂石骨料、道路用建筑垃圾再生骨料、再生级配骨料、再生骨料无机混合料、预拌商品混凝土、干混砂浆、预拌砂浆、砂浆预制件、混凝土预制件、盾构土、粒化高炉矿渣、钢渣微粉、微晶玻璃、岩棉、矿渣棉、氧化铝、水泥熟料
社会回收的废金属（废钢铁、废铜、废铝等）、冶炼渣（钢铁渣、有色冶炼渣、赤泥等）、化工废渣	金属（含稀贵金属）、铁合金料、精矿粉、氯盐（氯化钾、氯化钠等）、硅酸盐及其衍生产品
化工、纺织、造纸工业废液及废渣	银、盐、锌、纤维、碱、羊毛脂、聚乙烯醇、硫化钠、亚硫酸钠、硫氰酸钠、硝酸、铁盐、铬盐、木素磺酸盐、乙酸、乙二酸、乙酸钠、盐酸、黏合剂、酒精、香兰素、饲料酵母、肥料、甘油、乙氰
制盐液（苦卤）及硼酸废液	氯化钾、硝酸钾、溴素、氯化镁、氢氧化镁、无水硝、石膏、硫酸镁、硫酸钾、肥料
工矿废水、城镇污水污泥	再生水、土地改良剂、有机肥料

---

① 支持绿色发展税费优惠政策指引［EB/OL］.［2023 - 03 - 21］. https：//www. china-tax. gov. cn/chinatax/c102153/common_list_lsfz. html.

② 《资源综合利用企业所得税优惠目录（2021 年版）》。

第十一节　环境类绿色税收政策国际比较

环境类绿色税收政策主要包括污染物排放税和污染产品税，以下对这两类税收进行比较。

一、污染物排放税

污染物排放税是对排入水、大气和土壤的污染物以及噪声的产生进行的课征，其目的在于通过加重排污者的负担来刺激排污者尽可能地通过各种方式减少污染物的排放。污染物排放税主要包括水污染税、大气污染税、噪声污染税、垃圾废物税等。

（一）水污染税

水污染税是针对直接和间接向水中排放污染物、有害物最终造成水体污染的行为征收的一种税，其来源主要是废水。[①] 法国、德国、荷兰、丹麦等国家都征收水污染税。水污染税有两种征收方式：一种是依据排放量计税；另一种是以废水的"污染单位"为基准，依据排放物质的耗氧量来计税。各国相关水污染税比较，如表 4 - 63 所示。

表 4 - 63　　　　　　　　各国相关水污染税比较

国家	税/费	征税对象	税率
日本	废水用户收费	市政多功能化粪池	因市而异
韩国	污水服务费	测量或估计的城市废水	2010 年，全国平均价格为每吨 283.60 韩元
	海洋环境改善费	测量或估计的废水	因废物类别而异
	污染负荷总量超标费	过量排放的测量或估计的废水	因河流而异
	废水终端处理设施费用	其他测量或估计的废水，安装和运行废水终端处理设施所需的全部或部分费用	

_____

① 廖乾. 环境税制度的国际经验及其对我国的启示 [J]. 财会月刊, 2017 (9)：71 - 77.

续表

国家	税/费	征税对象	税率
法国	污水排放费	排放废水、家庭用水量、农药、工业排放污染物量、牲畜造成的水污染	（1）排放废水，每立方米用水 0.3000 欧元（上限）； （2）家庭用水量，每立方米水 0.5000 欧元； （3）农药，从每千克 2 欧元到 5.1 欧元不等，具体取决于危害和毒性； （4）工业排放污染物量，因水务机构而异； （5）牲畜造成的水污染，每个牲畜单位 3.00 欧元
德国	废水税	德国《废水纳税法》的征税对象是社会生产生活所排放的污水。污水包括三种，第一种是社会生产生活活动所产生的污水；第二种是经过自然的作用使水源的性质发生变化而产生的污水，例如酸雨造成的污水；第三种是从建筑物或固定面积的物体上收集起来的脏雨水	每单位毒性 35.00 欧元
荷兰	水污染税	可氧化物质（BOD、COD）的测量或估算流出物、其他测量或估计的废水	每污染单位 46.06 欧元
	市政排污费	对生活污水排放征税	费率由当地每个家庭决定，根据成员人数有所不同
丹麦	废水税	氮、磷等	总氮：每千克 31.65 丹麦克朗 总磷：每千克 174.1 丹麦克朗
中国	环境保护税	水污染物分为两类：第一类水污染物包括总汞、总镉、总铬、六价铬、总砷等；第二类水污染物包括悬浮物（SS）、生化需氧量（BOD_5）、化学需氧量（CODcr）、总有机碳（TOC）等。应税水污染物共计 61 项	每污染当量 1.4 ~ 14 元

（二）大气污染税

大气污染的形成因素主要是废气，故征税对象是二氧化硫和二氧化碳等对大气造成污染的物质，征税范围包括纳入空气污染指数的二氧化硫、氮氧化物和总悬浮。① 美国和丹麦征收二氧化硫税，中国的环境保护税中也对二氧化硫征税。在税率方面，丹麦的税率最高，丹麦排放到空气中的每千克二氧化硫征收 1.62 欧元。美国根据浓度划分出国家一级和二级标准，分别课征 15 美分和 10 美分，中国对二氧化硫每污染当量征收 1.2~12 元。各国相关大气污染税比较，如表 4-64 所示。

表 4-64　　　　　　　　各国相关大气污染税比较

国家	税/费	征税对象	税率
美国	二氧化硫税	主要矿物燃料（煤炭）燃烧过程中产生二氧化硫	如果一定区域的二氧化硫浓度达到国家规定的一级或二级标准，该地区任何排放主体每排放一磅硫分别课征 15 美分和 10 美分
法国	污染活动一般税	排放到大气中的砷、苯、镉、铬、铜、铅、汞、镍等	不同排放物税率不同
法国	农业扩散污染税	排放到大气中的钒、锌、挥发性有机化合物、洗衣粉、填埋或焚烧的废物	（1）排放到大气中的钒（TGAP空气），每千克 5.00 欧元； （2）挥发性有机化合物排放到大气中，每千克 136.00 欧元； （3）洗衣粉（TGAP），从39.51 欧元到 283.65 欧元不等，具体取决于磷酸盐浓度； （4）填埋或焚烧的废物重量，因填埋场或焚化炉的环境质量而异； （5）释放到大气中的锌（TGAP空气），每千克 5.00 欧元
丹麦	硫磺税	硫、二氧化硫	（1）硫，每千克硫磺 3.24欧元； （2）二氧化硫，排放到空气中的每千克二氧化硫 1.62 欧元

---

① 廖乾. 环境税制度的国际经验及其对我国的启示 [J]. 财会月刊，2017（9）：71-77.

续表

国家	税/费	征税对象	税率
中国	环境保护税	大气污染物包括二氧化硫、氮氧化物、一氧化碳等，共计44项。环境保护税的征税范围不包括温室气体二氧化碳	每污染当量1.2~12元

（三）噪声污染税

噪声污染税是指向超过一定分贝的吵闹声征收的税。多数国家的噪声税主要是对航空飞行器征收。比如，日本、韩国、德国、法国、荷兰对飞机着陆的噪声征税，税率因机场而异，而中国仅对工业噪声征税。各国相关噪声污染税比较，如表4-65所示。

表4-65　　　　　　　　　各国相关噪音污染税比较

国家	税/费	征税对象	税率
美国	噪声税	噪声税是对超过一定分贝的特殊噪声源所征收的一种税	因州而异
日本	飞机噪声费	飞机着陆噪声	因机场而异
韩国	噪声相关着陆费	飞机着陆噪声	
法国	航空噪声污染税	噪音	因机场而异
德国	飞机噪声费	飞机着陆噪声	因机场而异
荷兰	噪声税	噪声税是政府对航空公司使用民用飞机产生噪音的行为征税	每个噪声产生单位95.75欧元
中国	环境保护税	目前只包括工业噪声	每月350~1 120元

（四）垃圾税

垃圾税主要分为对产生垃圾和填埋垃圾征税。美国等对经营活动产生的垃圾以及家庭生活垃圾征收垃圾税，而英国对垃圾填埋征税。各国相关垃圾税，如表4-66所示。

表 4 - 66　　　　　　　　　　各国相关垃圾税比较

国家	税/费	征税对象	税率
美国	垃圾税	生产、批发和零售等经营活动产生的垃圾以及家庭生活垃圾	对于生产经营活动产生的垃圾征收的垃圾税税率为总收入的 0.015%
韩国	废物处理费	防冻剂、口香糖、香烟、尿布	（1）防冻剂每升 189.8 韩元； （2）口香糖售价的 1.8%； （3）香烟每包 7.00 韩元； （4）尿布每单位 5.50 韩元
日本	城市垃圾收集和处理收费	垃圾	根据废物的类型和体积而异
英国	垃圾填埋税	垃圾填埋税适用于所有废物： （1）以填埋方式处置； （2）在有执照的垃圾填埋场	每吨 94.15 英镑
法国	城市废物收集/处理收费	收集的废物量	因市政府而异
荷兰	废物税	垃圾填埋	每 1 000 千克 17.00 欧元
丹麦	危险废物收费	有害废物	每吨 160.0 丹麦克朗
	废物税	交付用于废物沉积的废物	每吨废物 475.0 丹麦克朗
	城市废物收集/处理收费	城市垃圾	每吨 475.0 丹麦克朗

二、污染产品税

污染产品税是对那些在生产、加工、消费或处理过程中对环境可能造成危害的产品征税。污染产品税遵循"污染者付费"的基本原则。[①] 主要包括固体废弃物税、臭氧层破坏税、化肥和农药税、机动车税等。

（一）固体废弃物税

固体废弃物税征收范围具体包括废旧轮胎、汞镉电池、一次性餐具、办公电器、塑料制品、玻璃器皿等。[②] 塑料由于难降解，会造成严重的环境污染，美国、英国、丹麦都征收塑料税。

---

① 王玮. 税收学原理［M］. 北京：清华大学出版社，2016：279.

② 杨志宇. 欧盟环境税研究［D］. 长春：吉林大学，2016.

丹麦自 1995 年起对废旧电池征收电池费，收入用于收集和回收电池；自 1998 年起对生产和进口镍镉电池征收镍镉电池税，以减少镍镉电池的使用；此外，规定参与电池回收计划的企业可按回收的电池数量得到退税，以提高旧电池的回收率。各国相关固体废弃物税比较，如表 4-67 所示。

表 4-67　　　　　　　　　　各国相关固体废弃物税比较

国家	税/费	征税对象	税率
美国	固体废弃物处理税	饮料包装物、废纸和塑料容器等	实行从量计征
	塑料袋使用税	塑料袋	旧金山是在美国第一个征收塑料袋税的城市，在 2005 年 1 月开始征收塑料袋使用税，每个塑料按 17 美分征收塑料袋税
	应纳税轮胎	对制造商、生产商或进口商销售的应税轮胎征收税款	对于最大额定载重量超过 3 500 磅时，每 10 磅征收 0.0945 美元（对于双胎或超级单胎，0.04725 美元）。申报税款和税率的三个类别如下所示： （1）除双胎或超级单胎外的应纳税轮胎，价格为 0.0945 美元； （2）应税轮胎、双轴或超级单胎（设计用于转向的超单胎除外），为 0.04725 美元； （3）应税轮胎，设计用于转向的超级单胎，价格为 0.0945 美元
韩国	电气和电子设备的回收费用	通信和办公设备、大型设备、中型设备、移动电话、小型设备	（1）通信和办公设备每千克 433.0 韩元； （2）大型设备每千克 274.0 韩元； （3）中型设备每千克 424.0 韩元； （4）移动电话每千克 2 717.0 韩元； （5）小型设备每千克 580.0 韩元

国家	税/费	征税对象	税率
英国	塑料包装税	对再生塑料含量低于30%的成品塑料包装组件征税。组件还必须是： （1）适用于将货物从制造商转移到最终用户或消费者； （2）消费者仅使用一次（单次使用）	
丹麦	一次性餐具税	一次性餐具	每千克60.77丹麦克朗
	特定商品零售包装税	（1）各种材质的容器，用于盛放啤酒、矿泉水、柠檬水、烈酒或苹果酒等； （2）由硬纸板或层压板制成的容器，用于盛装葡萄酒或烈酒； （3）由玻璃、塑料或金属制成的容器，用于盛装葡萄酒或烈酒； （4）食品包装用PVC薄膜	不同材质和高度税率不同
	镍镉电池税	镍镉圆形电池	每个电池6.00丹麦克朗
	对由纸、塑料等制成的购物袋征税	纸质手提袋、塑料制成的购物袋	纸质手提袋每千克4.24欧元，塑料制成的购物袋每千克9.32欧元
	轮胎税	轮胎	税率根据轮胎大小变化
中国	环境保护税	固体废物包括煤矸石、尾矿、危险废物、冶炼渣、粉煤灰、炉渣、其他固体废物（含半固态、液态废物）	（1）煤矸石每吨5元； （2）尾矿每吨15元； （3）危险废物每吨1 000元； （4）冶炼渣、粉煤灰、炉渣、其他固体废物（含半固态、液态废物）每吨25元
	消费税	电池、涂料	4%

（二）臭氧层物质损害税

征收方式以氟氯烃排放量为税基，征税对象是冰箱和化学用品中出现的氟利昂和哈龙。目前，美国、丹麦已开征臭氧层物质损害税。美国破坏臭氧层化学品税的税率采取用基本税额乘以此类化学品的臭氧消耗系数的计算方法，而丹麦实行定额税率，全氟丁烷、全氟戊烷等每千克 80.58 欧元，用于制造和维护冰箱、冰柜、喷雾罐等的氯氟化碳和哈龙。每千克4.01 欧元。此外，美国还对乙炔、苯、丁烷、丁烯等特定的化学品征税。各国相关臭氧层物质损害税比较，如表 4-68 所示。

表 4-68　　　　　　　　各国相关臭氧层物质损害税比较

国家	税/费	征税对象	税率
美国	特定化学品税	乙炔、苯、丁烷、丁烯、丁二烯、乙烯、甲烷、萘等化学品	不同化学品税率不同
	破坏臭氧层化学品税	一氟三氯甲烷、二氯二氟甲烷、三氟三氯乙烷、二氯四氟乙烷、五氟氯乙烷、二氟一氯一溴甲烷、三氟溴甲烷等	对每磅臭氧消耗化学品征收的税款应等于基本税额乘以此类化学品的臭氧消耗系数。（1995 年以前任何一个年度销售或使用破坏臭氧层物质的基准税额应为 5.35 美元，1995年以后每年增加 45 美分）
丹麦	氯化溶剂税	二氯甲烷、四氯乙烯、三氯乙烯	（1）二氯甲烷每千克净重0.2686 欧元； （2）四氯乙烯每千克净重0.2686 欧元； （3）三氯乙烯每千克净重0.2686 欧元
	对氯氟化碳、氢氟碳化合物、全氟化碳和六氟化硫征税	– HFC23、R508 A、R508 B、SF6、全氟甲烷、全氟乙烷、全氟丙烷、全氟环丁烷、全氟乙烷、全氟丁烷、全氟戊烷，用于制造和维护冰箱、冰柜、喷雾罐等的氯氟化碳和哈龙	（1）– HFC23、R508 A、R508 B、SF6、全氟甲烷、全氟乙烷、全氟丙烷、全氟环丁烷、全氟乙烷、全氟丁烷、全氟戊烷，每千克 80.58 欧元； （2）用于制造和维护冰箱、冰柜、喷雾罐等的氯氟化碳和哈龙，每千克 4.01 欧元

（三）农药和化肥税

从税率看，丹麦以批发价的 30% 对昆虫、哺乳动物和鸟类的化学威慑物征税，对大鼠、小鼠、鼹鼠和兔子的抑制剂、用于木材保护的杀真菌剂等以批发价的 3% 征税，对杀虫剂以批发价的 40% 征税，包括消费税但不包括增值税。丹麦还对加入阿维拉霉素、卡巴多司等添加剂的饲料征收生长促进剂税。各国相关农药和化肥税比较，如表 4 - 69 所示。

表 4 - 69　　　　　　　　　各国相关农药和化肥税比较

国家	税/费	征税对象	税率
丹麦	杀虫剂税	昆虫、哺乳动物和鸟类的化学威慑物；大鼠、小鼠、鼹鼠和兔子的抑制剂，用于木材保护的杀真菌剂等；杀虫剂	（1）昆虫、哺乳动物和鸟类的化学威慑物，批发价的 30%； （2）大鼠、小鼠、鼹鼠和兔子的抑制剂，用于木材保护的杀真菌剂等。批发价的 3%； （3）杀虫剂，批发价的 40%
	生长促进剂税	阿维拉霉素在动物饲料中用作添加剂、卡巴多司用作动物饲料添加剂、黄磷磷脂醇在动物饲料中用作添加剂、莫能菌素钠用作动物饲料添加剂等	

（四）机动车税

在机动车环境税收方面，税收种类很多，覆盖的范围也很广，基本涵盖了机动车影响环境的方方面面。国外对机动车征收的税种主要有汽车购置税和使用税。日本、韩国征收汽车购置税，相当于中国的车辆购置税。日本、荷兰有按照汽车重量征收的汽车重量税。俄罗斯对飞机、直升机征收交通运输税，而美国、英国、德国、法国对乘坐航空运输的乘客、财产征税。各国相关机动车税比较，如表 4 - 70 所示。

表 4 - 70　　　　　　　　　各国相关机动车税比较

国家	税/费	征税对象	税率
美国	特定车辆使用税	总重量超过 55 000 英镑的公路机动车辆（连同通常用于与该公路机动车辆同类型的公路机动车辆的半挂车和拖架）	55 000 磅以上但不超过 75 000 磅，每年 100 美元，超过 55 000 英镑的每 1 000 英镑（或其部分）再加 22 美元。超过 75 000 磅，每年 550 美元
	适用于航空运输税的特殊条款	人员、财产	人员：一般按支付金额的 7.5% 征收税款； 财产：征收相当于为这种运输所支付金额的 6.25% 的税

续表

国家	税/费	征税对象	税率
美国	油耗税	环境保护局（EPA）测量的燃油经济性标准为每加仑22.5英里以下的车型的制造商销售的汽车征收税款	税率基于燃油经济性评级
	重型卡车、拖车和拖拉机的零售税	（1）卡车底盘和车身；（2）卡车拖车和半拖车底盘和车身；（3）主要用于公路运输的拖拉机，与拖车或半拖车结合使用	销售价格12%
	船舶乘客税		对某些船舶航程征收每位乘客3美元的税。该税只对每位乘客征收一次，无论是在美国首次上船还是下船
俄罗斯	消费税	轿车、摩托车	根据发动机功率大小而异
	交通运输税	交通运输税以依法注册的交通运输工具为征税对象，包括汽车、摩托车、小轮摩托车、公共汽车、飞机、直升机、机动船舶、游艇、帆船、船、雪地车等	根据征税对象的分类，区分有引擎的交通运输工具的发动机功率（马力、千克力、总吨位）或无引擎的交通运输工具的数量单位（个），实行每单位马力（千克力、总吨位或交通运输工具的数量单位）1～200卢布不等的定额税率，具体由俄罗斯联邦主体的法律确定
日本	汽车重量税	汽车和轻型汽车	汽车重量税也为从量税，计税依据是：汽车为重量计量单位为吨；轻型汽车为车辆数。税率根据汽车的重量、车检有效期间以及用途不同来确定
	汽车税	征税对象是汽车，具体包括小轿车、卡车、客车、三轮小汽车等	汽车税为从量税，计税依据为车辆数。但是，税率则根据汽车类型、排气量大小及自家用与营业用等有所区别

续表

国家	税/费	征税对象	税率
日本	汽车购置税	征税对象是汽车，具体包括普通汽车（小轿车、客车、货车）、轻型汽车和三轮以上的微型汽车	汽车购置税的计税依据为汽车购置价额。税率是，营业用普通汽车和轻型汽车为2%，自家用普通汽车和其他汽车为3%。但是，电动汽车与以煤气为动力的汽车以及二氧化碳排放量低的汽车实行低税率（减轻2%）。此外，对于购置价不足50万日元的汽车实行免税
	汽车环境性能税	征税对象是汽车，包括三轮以上的小型汽车、普通汽车（特殊汽车除外）等	汽车环境性能税的计税依据为汽车取得价额。赠予等无取得价格的情况下，按照总务省令规定的价格计算。电动汽车等环保型车辆免征汽车环境性能税，其他车辆按照所用燃料基准划分适用1%~3%税率
	轻型汽车税	征税对象为轻型汽车，包括摩托车、轻型汽车、轻型特种汽车等	轻型汽车税为从量税，计税依据为车辆数。但对不同用途和不同型号的轻型车辆规定不同的税率
	环境绩效消费税	购买柴油或汽油动力轻型机动车	（1）购买柴油或汽油动力轻型机动车，零售价的0~2%；（2）购买柴油或汽油动力车辆用于商业用途，零售价的0~2%；（3）购买柴油或汽油动力车辆供私人使用，零售价的0~3%
韩国	汽车税	汽车	汽车税按照车辆类型不同，按量定额征收
	车辆购置税	非商务乘用车、其他非商业车辆、其他车辆、两轮车	（1）购置非商务乘用车，不含增值税零售价的7%；（2）收购其他非商业车辆，不含增值税零售价的5%；（3）购置其他车辆，不含增值税零售价的2%；（4）购置两轮车，不含增值税零售价的2%；（5）购置车辆用于商业用途，不含增值税零售价的4%

续表

国家	税/费	征税对象	税率
英国	车辆消费税	道路上行驶的车辆	
	航空旅客税	航空客运税，就是买机票时要付的税	根据从英国出发的航班价格而定
法国	车辆保险附加税	车辆保险费	保险费的 15%
	公司汽车的年度税	公司车辆	根据每公里排放的二氧化碳而异
	对具有高二氧化碳排放量的机动车征收年度税	二氧化碳排放量大的机动车	160.0 欧元
	游船年度税	游船	根据船体长度和发动机功率而异
	民航税	在法国搭乘航班飞往其他国家的乘客、货物或邮件	(1) 在法国搭乘航班飞往其他国家的乘客，每位乘客 7.85 欧元； (2) 在法国搭乘飞往欧盟或瑞士的航班的乘客，每位乘客 4.36 欧元； (3) 货物或邮件重量，每吨 1.30 欧元
	对高污染二手车征税	高污染二手车	根据二氧化碳排放量和发动机功率而异
	登记证税	机动车	税率由地区确定
	车轴税	在法国注册并在公共道路上行驶的重型车辆	季度费率，取决于重量和轴数
德国	航空税	从 2011 年 1 月 1 日起，从德国出发的所有客运航班都需缴纳航空税	税款缴纳数额取决于到最终目的地的距离
	重型货车道路收费	货车、卡车	根据车辆吨数、轴数、废气排放标准而异
	机动车税	机动车	根据排放废气的程度采取不同的税率

续表

国家	税/费	征税对象	税率
荷兰	乘用车和摩托车税	乘用车、摩托车	（1）净市场价格高于2 133欧元的摩托车的登记，税后市场价格净额的19.4%； （2）净市场价格低于2 133欧元的摩托车的登记，税后市场价格净额的9.6%； （3）每公里排放88～124克二氧化碳的汽油发动机乘用车登记，每公里排放88克以上的二氧化碳，每克105.0欧元； （4）每公里排放124～182克二氧化碳的汽油发动机乘用车登记，每公里排放的二氧化碳超过120克，每克34.00欧元
	重型车辆税	货车	根据车辆吨数、轴数、废气排放标准而异
丹麦	乘用车和货车的环境责任	乘用车税（最高9人）和货车（最大3 500千克）	每年1 000.0丹麦克朗
中国	车辆购置税	车辆购置税以列举的车辆作为征税对象，未列举的车辆不纳税。其征税范围包括汽车、有轨电车、汽车挂车、排气量超过150毫升的摩托车	车辆购置税实行统一比例税率，税率为10%
	车船税	车船税的征税范围是指在中华人民共和国境内属于《车船税法》所附《车船税税目税额表》规定的车辆、船舶	车船税实行定额税率
	消费税	小汽车、摩托车	（1）乘用车依据气缸容量而异； （2）中轻型商用客车5%； （3）超豪华小汽车10%； （4）摩托车气缸容量250毫升的3%，250毫升以上的10%

第十二节　环境类绿色税收政策的借鉴

2018 年 1 月 1 日，《环境保护税法》正式实施。这是中国第一部专门体现"绿色税制"、推进生态文明建设的单行税法，是绿色税制发展的一个重要里程碑。[①] 环境保护税法把大气污染物、水污染物、固体废物和噪声都纳入了征税范围，其他税种如消费税、企业所得税、车辆购置税等也对环境保护有相关的条款规定。通过对其他几个国家的借鉴，中国现行环境类税收可以在以下几个方面进行改革完善。

一、完善环境保护税

（一）将其他重要污染物纳入征税范围

《环境保护税法》弥补了中国绿色税收中主体税缺乏的不足，但是体系本身还存在很多缺陷，其中最为显著的就是征税范围小的问题。[②] 环境保护税作为绿色税收体系中的主体税，仅对大气污染物、水污染物、固体废物和噪声征税。但是环境保护所涉及的范围远不止这些，要扩大环境保护税的覆盖范围，将电子、电器废弃物、有害化学品、化肥农药、废弃轮胎等纳入课税科目。

我国是电器电子产品的生产和消费大国，近年来，我国电子产品的升级更新换代和消耗较快，产生了大量的废弃电器电子产品。废弃电器电子产品及其组件种类繁多，具有污染性，但公众对电子产品的处置方法不够规范，露天焚烧或随意丢弃，造成严重环境污染，危害人体健康。很多国家都对电器废弃物征税，如韩国对电气和电子设备的回收征税，将电子设备划分为通信和办公设备、大型设备、中型设备、移动电话、小型设备四类，税率因不同类型而异，其中移动电话税率最高，每千克 2 717.0 韩元。

有害化学品对于工农业生产及人民生活带来极大的危害，发达国家对

---

① 马蔡琛，赵笛. 构建以环境保护税为基础的绿色税收体系［J］. 税务研究，2020（11）：39－45.

② 薛宇欣，李梦文. 浅析我国绿色税收体系的现状与问题［J］. 市场周刊，2020，33（11）：121－123.

此普遍征税。比如美国、丹麦，美国对乙炔、苯、丁烷、丁烯等42类化学品征收特定化学品税；对一氟三氯甲烷、二氯二氟甲烷、三氟三氯乙烷、二氯四氟乙烷等20类化学品征收破坏臭氧层化学品税，制造商、生产商或进口商销售应税化学品应该交税。大量施用化肥、过度使用农药及农膜会造成严重的农业污染，在丹麦，对部分农药、化肥、抗生素和生长激素等有害化学品都要征税，例如氯化溶剂税、生长促进税，而在中国，国家为了扶持农业生产，对农业生产所需的农机、农膜、某些农药和化肥免征增值税。中国环境保护税中的噪声只包括工业噪声，而日本、韩国、法国、德国、荷兰等国的都对飞机产生的噪声征税。

废轮胎在自然状态下难以降解，长期露天堆放，不仅占用大量土地，而且极易滋生蚊虫传播疾病。轮胎在焚烧过程中会释放出烟雾、一氧化碳、二氧化硫及氮氧化物，严重污染大气，而且还极易引起火灾。建议参照多国对不同轮胎设定不同税率的做法，将废旧轮胎纳入环境保护税的征收范围。①

（二）提高环境保护税税率

自2018年征收环境保护税以来，2018～2021年环境保护税税收收入分别为151亿元、221亿元、207亿元、203亿元，占全国税收总收入不到0.2%。环境保护税法总体上遵循了税费改革中"税负平移"的原则，税率大致沿袭了排污税费。整体税率水平较低，难以激发企业节能减排、治理污染，对企业的污染行为约束力不足，从而所起到的保护环境作用有限。可以根据环境污染情况以及社会经济发展等因素，逐步提高法定税率标准，增加企业排污成本，使企业主动研发和使用节能设备、减少污染物排放。

（三）完善税收优惠政策

我国目前有关环境治理和生态保护的税收优惠政策较少，相关税收优惠政策也存在优惠力度弱、优惠不合理等问题。在《环境保护税法》中规定，农业生产（不含规模化养殖）、机动车和航空器等流动污染源、依法设立的城乡污水集中处理场所及生活垃圾集中处理场所等符合标准的暂免征收环境保护税。不能只根据行业分类不同，而使农业生产、机动车等污染

---

① 李庆生. 对固体废物征收环境保护税的国际经验借鉴［J］. 国际税收，2019，68（2）：70－74.

源获得免税优惠，要调整现有税收优惠政策的程度，可以根据其排放的应税污染物对环境造成的污染程度来设置减免税政策和差别税率，以此来激励相关行业和人员减少污染物排放。

（四）注重专款专用、规范税款用途

尽管环境税对于治理环境污染、节约资源具有其他经济手段所不可比拟的优越性，但是这并不意味着仅靠环境税便可以解决环境污染问题，还必须与其他手段相协调。[①] 可以借鉴国际上的广泛经验，将税收收入纳入一般预算进行统筹使用，以进一步充实一般公共预算资金；而收费收入则采取专款专用的方式，设立相应的基金账户实行专款专用，从而更加有效地追踪和监管资金的使用方向，例如，美国设立环境保护信托基金并下设超级基金，其资金来源于联邦环境保护税收，并专门用于环境保护工作。[②] 虽然我国没有明确对环保税采取专款专用的方式，但各地可以根据自身情况设立环保专项基金，通过专项基金适当补贴环保方面的投入，鼓励研发环保技术、实施环保项目等。

（五）合理设置税基

为保护和改善环境，减少污染物排放，推进生态文明建设，我国在选择税基时应优先保证环境治理效果，不以税收为最终目的。以大气污染物中的二氧化硫为例，国际上确定计税基础的做法，既有按二氧化硫的排放量征收，也有按能源产品的含硫量征税，还有采用排放量与含硫量相结合的方式征收。我国采用的是根据二氧化硫的排放量征收，在《环境保护税法》正文内容后附有应税污染物及当量值表，明确了计税基础。这样的设置比按含硫量征收在实际监测上难度会低一些，更有利于数据的统计及分析，并确定最终的应税额。囿于我国的技术水平、环境规制政策以及排污者的接受程度，我国采用的是较为简单的计税基础。但从长远来看，制定能够反映污染成本、资源价值的动态税基，将是我国税收制度改革的重要方向。[③]

---

① 孙闯. 国外环境税实践及其启示 [D]. 蚌埠：安徽财经大学，2015.

② 马蔡琛，赵笛. 构建以环境保护税为基础的绿色税收体系 [J]. 税务研究，2020（11）：39－45.

③ 刘佳慧，黄文芳. 国外环保税收制度比较及对中国的启示 [J]. 环境保护，2018，46（8）：71－74.

（六）夯实法律基础

实行环保税需要强有力的法律保障，大多数国家以法律法规作为征收税费的依据，对不同方面的污染都制定了相关法律，如美国有《清洁空气法》《资源保全和回收法》《固体废物法修正案》《联邦噪声控制法》等，德国有《废水纳税法》《垃圾循环法》《电子废弃物法规》《噪声技术导则》等。我国应该加快全方位的立法进程，提供更加强有力的征管依据。

我国已经施行的《环境保护税法》第一次将环保税提到人大立法的高度，但由于我国"费改税"的历史沿革问题，《环境保护税法》仅针对排放污染物的行为，没有涉及自然资源、生态保护及环境交易等方面。从这一点来说，现行的《环境保护税法》还需与广义领域的环保税协调建立配套制度。[①]

二、完善其他环境相关税种

（一）消费税

首先，扩大消费税征税范围。将高消耗、高污染产品纳入消费税的征税范围。如塑料制品、含磷洗涤剂、大型高能耗的重型车辆等。如丹麦对由纸、塑料等制成的购物袋征税，纸质手提袋每千克4.24欧元，塑料制成的购物袋每千克9.32欧元；美国对重型卡车、拖车和拖拉机征收销售价格12%的零售税。

其次，实行价外税。美国等一些发达国家的消费税采取的就是价外税，而我国的消费税推行的是价内税，消费者很难领会到国家对该类商品征收消费税的意图和感受到税负，不利于发挥对生产、消费的引导和调节作用，所以要尽快实现价内税向价外税转变，增加税收透明度，提高民众的纳税意识和环保意识，贯彻国家的产业政策和消费政策。

（二）车辆购置税

车辆购置税的税率为10%，虽然相较其他税种而言税率不低，但是我

---

① 刘佳慧，黄文芳. 国外环保税收制度比较及对中国的启示［J］. 环境保护，2018，46（8）：71－74.

国并没有对车辆购置税税率进行细分。日本的汽车购置税根据不同类型的车辆征收差别比例的税收，营业用普通汽车和轻型汽车为2%，自家用普通汽车和其他汽车为3%，韩国车辆购置税将车辆划分为非商务乘用车、其他非商业车辆、其他车辆、两轮车，所以我国可以考虑实行差别比例的车辆购置税率。

（三）完善税收优惠政策

首先，要发挥增值税的激励引导效应，对那些从事环境治理技术开发、回收利用废弃物、绿色产品开发等纳税主体给予税收减免和优惠；其次，在企业所得税方面应规范产业目录，适度扩大生态友好企业税收优惠范围，特别是对环保节能产品的生产和使用企业给予税收优惠；最后，在进口关税上，对环保节能设备、技术进口给予关税减免。与此同时，还要加强课税与收费、行政管制之间相互配合。①

三、优化税种布局

虽然我国环境相关的税种已形成一定体系，但专门针对环境污染的税种较少，我国环境税收体系税种缺失、分散，对环境的保护力度不够。许多国家并没有专门的环境保护税，但有针对各类污染行为和物品的具体税种，全面覆盖了对环境产生污染的产品和行为。如美国的轮胎税、特定化学品税、油耗税等，日本对汽车征收汽车重量税、汽车税、汽车购置税、汽车环境性能税、轻型汽车税，涉及汽车的多个范围和多个环节。

所以需要对现有税种进行改进，更加科学合理符合可持续发展观，而后要根据经济的发展情况和环境的污染情况设置新的税种，对于一些高污染的产品和行为考虑征收新税种。②

---

① 郎威，陈英姿. 绿色发展理念下我国绿色税收体系改革问题研究 [J]. 当代经济研究，2020（3）：105 – 112.

② 王英. 环境税的税制结构、绿色发展效应与政策启示 [D]. 武汉：中南财经政法大学，2020.

主要参考文献

[1] 白彦锋，柯雨露. 中国税制"绿化"进程演变研究 [J]. 新疆财经，2022 (2).

[2] 陈佳男. 我国现行环境税体系分析 [D]. 昆明：云南财经大学，2016.

[3] 陈小兰. 我国与国际绿色税收的现状及思考 [J]. 区域治理，2019 (46).

[4] 陈烜正. 我国环境税征收管理法律制度研究 [D]. 桂林：广西师范大学，2020.

[5] 邓晓兰，王赟杰. 提高中国税收制度绿化程度的思考 [J]. 经济体制改革，2013 (6).

[6] 董瑶. 日本环境税制度研究及其对我国的启示 [D]. 大连：东北财经大学，2018.

[7] 龚振中. 中美能源税制体系演变的比较研究 [J]. 经济社会体制比较，2008 (5).

[8] 广西地方税务局财产和行为税处与广西玉林市地方税务局联合课题组，韦兴文. 深化资源税改革问题研究 [J]. 经济研究参考，2018 (11).

[9] 国家税务总局国际税务司国别（地区）投资税收指南课题组. 中国居民赴德国投资税收指南：2022 [EB/OL]. [2023 – 04 – 05]. https：//www. chinatax. gov. cn/chinatax//n810219/n810744/n1671176/n1671206/c2352715/5116161/files/64a27b3d7c54468daaec6b253bf32235. pdf.

[10] 国家税务总局国际税务司国别（地区）投资税收指南课题组. 中国居民赴俄罗斯投资税收指南：2022 [EB/OL]. [2023 – 04 – 05]. https：//www. chinatax. gov. cn/chinatax//n810219/n810744/n1671176/n1671206/c2069894/5116155/files/6f6625fdc8cf4cadbfbcd933f02350b4. pdf.

[11] 国家税务总局国际税务司国别（地区）投资税收指南课题组. 中国居民赴法国投资税收指南：2022 [EB/OL]. [2023 – 04 – 05]. https：//www. chinatax. gov. cn/chinatax//n810219/n810744/n1671176/n1671206/c2581097/

5116171/files/3c19ba384ccb4c919e39e6d507e65084. pdf.

　　[12] 国家税务总局国际税务司国别（地区）投资税收指南课题组. 中国居民赴韩国投资税收指南：2022 [EB/OL]. [2023 - 04 - 05]. https：// www. chinatax. gov. cn/chinatax//n810219/n810744/n1671176/n1671206/c2269673/ 5116167/files/08ad3eb57dfb41dea222b02b59cd7488. pdf.

　　[13] 国家税务总局国际税务司国别（地区）投资税收指南课题组. 中国居民赴荷兰投资税收指南：2022 [EB/OL]. [2023 - 04 - 05]. https：// www. chinatax. gov. cn/chinatax//n810219/n810744/n1671176/n1671206/c5140117/ 5140117/files/124e5be67d2641d3b1da91da717ede92. pdf.

　　[14] 国家税务总局国际税务司国别（地区）投资税收指南课题组. 中国居民赴美国投资税收指南：2022 [EB/OL]. [2023 - 04 - 05]. https：// www. chinatax. gov. cn/chinatax//n810219/n810744/n1671176/n1671206/c2069914/ 5116156/files/1971108b8f4e40c9955c23695605c06e. pdf.

　　[15] 国家税务总局国际税务司国别（地区）投资税收指南课题组. 中国居民赴日本投资税收指南：2022 [EB/OL]. [2023 - 04 - 05]. https：// www. chinatax. gov. cn/chinatax//n810219/n810744/n1671176/n1671206/c2183143/ 5116165/files/7c168eaec9b746adb142bcde087283d0. pdf.

　　[16] 国家税务总局国际税务司国别（地区）投资税收指南课题组. 中国居民赴英国投资税收指南：2021 [EB/OL]. [2023 - 04 - 05]. https：// www. chinatax. gov. cn/chinatax//n810219/n810744/n1671176/n1671206/c4394378/ 5116224/files/74d0712fc20642a0bc12e2843db7bb86. pdf.

　　[17] 郝春旭，邵超峰，董战峰，等. 2020 年全球环境绩效指数报告分析 [J]. 环境保护，2020，48 (16).

　　[18] 何杨，王文静. 英国税制研究 [M]. 北京：经济科学出版社，2018。

　　[19] 蒋亚娟. 美国能源税收激励法律制度介评 [J]. 西南政法大学学报，2016，18 (5).

　　[20] 景蕊. 美日可再生能源税收优惠政策的比较与借鉴 [J]. 福建质量管理，2016 (3).

　　[21] 郎威，陈英姿. 绿色发展理念下我国绿色税收体系改革问题研究 [J]. 当代经济研究，2020 (3).

　　[22] 李继岿. 美国环境税研究 [D]. 长春：吉林大学，2018.

　　[23] 李利. 欧盟国家环境税制的现状及特点 [J]. 武汉商学院学报，

2017, 31 (1).

[24] 李庆生. 对固体废物征收环境保护税的国际经验借鉴 [J]. 国际税收, 2019, 68 (2).

[25] 李思格. 英国环境税征管及借鉴 [J]. 税收征纳, 2017 (8).

[26] 厉荣, 孙岩岩. 改革完善成品油消费税制度浅议 [J]. 税务研究, 2019 (3).

[27] 梁本凡. 绿色税费与中国 [M]. 北京: 中国财政经济出版社, 2002.

[28] 梁宁. 政策目标视角下国外水资源税 (费) 制度分析与启示 [J]. 水利发展研究, 2022, 22 (6).

[29] 廖乾. 环境税制度的国际经验及其对我国的启示 [J]. 财会月刊, 2017 (9).

[30] 林颖, 李成. 我国成品油消费税职能作用优化探析 [J]. 税务研究, 2022 (3).

[31] 刘佳慧, 黄文芳. 国外环保税收制度比较及对中国的启示 [J]. 环境保护, 2018, 46 (8).

[32] 刘晓凤. "金砖四国" 石油税制比较研究 [J]. 财会研究, 2011 (12).

[33] 陆亚如. 丹麦的有害化学品税对我国的启示 [J]. 劳动保障世界, 2016 (3).

[34] 马蔡琛, 赵笛. 构建以环境保护税为基础的绿色税收体系 [J]. 税务研究, 2020 (11).

[35] 穆斌. 完善我国环境税法律制度的思考 [J]. 中国物价, 2020, 371 (3).

[36] 潘楠, 蒋金法. OECD 成员国环境税收发展趋势及经验借鉴 [J]. 税务研究, 2022 (8).

[37] 商务部国际贸易经济合作研究院, 中国驻丹麦大使馆经济商务处, 商务部对外投资和经济合作司. 对外投资合作国别 (地区) 指南——丹麦: 2022 年版 [EB/OL]. [2023 - 02 - 07]. http: //www. mofcom. gov. cn/dl/gbdqzn/upload/danmai. pdf.

[38] 商务部国际贸易经济合作研究院, 中国驻德国大使馆经济商务处, 商务部对外投资和经济合作司. 对外投资合作国别 (地区) 指南——德国: 2022 年版 [EB/OL]. [2023 - 02 - 07]. http: //www. mofcom. gov.

cn/dl/gbdqzn/upload/deguo. pdf.

[39] 商务部国际贸易经济合作研究院，中国驻俄罗斯大使馆经济商务处，商务部对外投资和经济合作司. 对外投资合作国别（地区）指南——俄罗斯：2022 年版 [EB/OL]. [2023 – 02 – 07]. http：//www. mofcom. gov. cn/dl/gbdqzn/upload/eluosi. pdf.

[40] 商务部国际贸易经济合作研究院，中国驻法国大使馆经济商务处，商务部对外投资和经济合作司. 对外投资合作国别（地区）指南——法国：2022 年版 [EB/OL]. [2023 – 02 – 07]. http：//www. mofcom. gov. cn/dl/gbdqzn/upload/faguo. pdf.

[41] 商务部国际贸易经济合作研究院，中国驻韩国大使馆经济商务处，商务部对外投资和经济合作司. 对外投资合作国别（地区）指南——韩国：2022 年版 [EB/OL]. [2023 – 02 – 07]. http：//www. mofcom. gov. cn/dl/gbdqzn/upload/hanguo. pdf.

[42] 商务部国际贸易经济合作研究院，中国驻荷兰大使馆经济商务处，商务部对外投资和经济合作司. 对外投资合作国别（地区）指南——荷兰：2022 年版 [EB/OL]. [2023 – 02 – 07]. http：//www. mofcom. gov. cn/dl/gbdqzn/upload/helan. pdf.

[43] 商务部国际贸易经济合作研究院，中国驻美国大使馆经济商务处，商务部对外投资和经济合作司. 对外投资合作国别（地区）指南——美国：2022 年版 [EB/OL]. [2023 – 02 – 07]. http：//www. mofcom. gov. cn/dl/gbdqzn/upload/meiguo. pdf.

[44] 商务部国际贸易经济合作研究院，中国驻日本大使馆经济商务处，商务部对外投资和经济合作司. 对外投资合作国别（地区）指南——日本：2022 年版 [EB/OL]. [2023 – 02 – 07]. http：//www. mofcom. gov. cn/dl/gbdqzn/upload/riben. pdf.

[45] 商务部国际贸易经济合作研究院，中国驻英国大使馆经济商务处，商务部对外投资和经济合作司. 对外投资合作国别（地区）指南——英国：2022 年版 [EB/OL]. [2023 – 02 – 07]. http：//www. mofcom. gov. cn/dl/gbdqzn/upload/yingguo. pdf.

[46] 沈志远. 国外资源税收改革的经验分析及启示 [J]. 对外经贸实务，2017（10）.

[47] 孙闯. 国外环境税实践及其启示 [D]. 蚌埠：安徽财经大学，2015.

[48] 万莹，徐崇波．成品油消费税税率和税负水平的国际比较研究 [J]．当代财经，2016 (2)．

[49] 王红晓．中国与东盟国家税制比较研究 [M]．北京：中国财政经济出版社，2021．

[50] 王金龙．论税收优惠对新能源产业的导向作用 [J]．经济研究导刊，2017 (20)．

[51] 王金霞．绿色税收 [M]．北京：中国环境出版社，2017．

[52] 王玮．税收学原理 [M]，北京：清华大学出版社，2020．

[53] 王英．环境税的税制结构、绿色发展效应与政策启示 [D]．武汉：中南财经政法大学，2020．

[54] 王智烜，陈丽．OECD 环境税近期发展及启示 [J]．国际税收，2018 (1)．

[55] 吴云军．绿色税收体系与指数研究综述 [J]．财政监督，2017 (17)．

[56]《新时期促进绿色发展的财税政策改革》课题组，傅志华，施文泼．环境保护税实施两周年评估和制度完善建议 [J]．财政科学，2020，59 (11)．

[57] 许闲．财政视角下德国能源税收征管及其对我国的借鉴 [J]．德国研究，2011，26 (3)．

[58] 薛宇欣，李梦文．浅析我国绿色税收体系的现状与问题 [J]．市场周刊，2020，33 (11)．

[59] 严陈玲．德国塑料垃圾减量及回收再利用措施 [J]．再生资源与循环经济，2022，15 (6)．

[60] 杨志宇．欧盟环境税研究 [D]．长春：吉林大学，2016．

[61] 杨卓昇．俄罗斯环境规制对中国对俄直接投资的影响 [D]．乌鲁木齐：新疆大学，2020．

[62] 姚林香．国外资源税费制度经验与启示 [J]．社会家，2017 (1)．

[63] 占楠茜．我国环境保护税的绿色效应研究 [D]．南昌：江西财经大学，2020．

[64] 张京萍．美国税制研究 [M]．北京：经济科学出版社，2017．

[65] 张静．韩国的成品油价格与税收 [J]．化学工业，2009，27 (8)．

[66] 张荣静.“双碳”背景下碳税制度设计的国际经验借鉴 [J]. 中国注册会计师，2022（3）.

[67] 周旭，郭天昱. 环境税收体系的国际经验借鉴与启示 [J]. 财会通讯，2021（9）.

[68] 朱俊炜. 基于双重红利视角完善我国环境税制 [D]. 昆明：云南财经大学，2021.